美孚石油公司
与
中国政府
1870-1953

MOBIL AND
THE GOVERNMENTS OF CHINA
1870-1953

陈礼军 —— 著

社会科学文献出版社
SOCIAL SCIENCES ACADEMIC PRESS (CHINA)

目　录

序　言

"除了少数国家之外，跨国公司是唯一具备在规模上、技术上和经济上全面影响人类全球事务的力量。"① 近代外资企业为数众多，而跨国大企业因对中国的政治、经济和社会有着重大影响而备受关注。在一个社会里，政府和企业被认为是最有力量的两大组织，因而政企关系相当重要。近代中国特殊的历史环境使得外国企业（它们往往是跨国公司）与中国政府之间存在复杂的关系。关于近代外企与中国政府的关系有三种主要的观点。

第一种观点是，近代外企凭借不平等条约压迫中国政府，在中国具有压倒性的优势，并通过其庞大的组织掠取了巨额的利润。比如沙逊洋行和太古洋行在中国获得了惊人的利润。这种企业往往依靠特权压迫中国政府从而攫取垄断利润，在西方列强侵华过程中发挥了重要作用。②

第二种观点强调了中国政府在政策上对外企的主动性。比如在影响巨大的关税自主问题上，"与其说她屈从于列强的压迫和侵略，不如说她克服了列强的压迫和侵略"，向着恢复国家主权、实现经济独立自主发展

---

① Thomas Donaldson, *The Ethics of International Business* (Oxford University Press, 1989), p. 31.

② 张仲礼、陈曾年：《沙逊集团在旧中国》，人民出版社，1985，第163页。

的目标迈进，一步步恢复关税自主。① 一个极端的例子是 20 世纪 50 年代早期西方在华企业不得不向中国政府屈服，停止了在中国的经营，而中国政府控制了这些企业的资产。②

第三种观点强调外企与中国政府身份的平等。外企并不能任意规定与中国政府合作的条件，中国政府对外企仍有主动权。从经济的角度看，外企向中国政府提供了服务、技术和资本，在一定范围内有溢出的社会经济效应。但中国政府因自身的问题，如传统官僚控制着本质上为政治服务的中国重要企业，未能利用好西方的技术和资本来引发中国的重大经济变革。③ 外企与中国政府的关系并不是"压迫"和"侵略"，市场逻辑是其更本质的内容。

不过，之前对近代著名外国大公司的研究，突出的如怡和、太古、英美烟和沙逊，较多关注的是外企的资本性质、经营管理和利润方面，也有少数研究将研究视野扩展到社会和外交方面④，总的来说，这些研究虽然使我们对外企与中国政府的关系有了更多元的了解，但对两者之间关系的描述仍不够清晰，而这方面之前被无意忽略了。

进一步的研究需要解决的第一个问题是，借助什么理论分析近代历史环境中的外企与中国政府的关系。在一般的理论中，政府与企业（包括外企）是管制和被管制的关系，政府处于主导地位。当然，跨国公司与所在国政府的关系与一般政企关系不同，它涉及跨国公司与所在国及

---

① 〔日〕久保亨：《走向自立之路：两次世界大战之间中国的关税通货政策和经济发展》，王小嘉译，中国社会科学出版社，2004，第 1 页。

② 〔以色列〕谢维伦：《被监押的帝国主义：英法在华企业的命运》，张平等译，中国社会科学出版社，2004，前言第 2～7 页。

③ 〔英〕勒费窝：《怡和洋行：1842—1895 年在华活动概述》，陈曾年等译，上海社会科学院出版社，1986，第 123～127 页。

④ Irvine H. Anderson, *The Standard-Vacuum Oil Company and United States East Asian Policy, 1933 - 1941* (Princeton University Press, 1975). 〔美〕高家龙：《大公司与关系网：中国境内的西方、日本和华商大企业（1880—1937）》，程麟荪译，上海社会科学院出版社，2002。

母国的关系。帝国主义理论强调工业巨头为寻找国外市场而进行投资，并与政治力量相结合，从而形成对弱小国家的剥削。近来，越来越多的研究从跨国公司的国家主权和公司权力、跨国公司的社会责任、跨国公司伦理、跨国公司的政治社会和文化挑战、跨文化管理、本土化等角度分析跨国公司与政府之间的关系。① 这些角度和理论提醒我们要将近代中国的外企放到更广阔的视野中去探讨。但就近代中国的情况而言，需要在具体的历史条件下找到更合适的角度。

1914 年 7 月 11 日，全国煤油督办熊希龄在与美孚交涉开发延长石油矿的过程中，对总统袁世凯说："盖托拉斯公司势力宏伟，几如国敌，我之交涉人员，非同心一致，不足以预防后患。"熊希龄将美孚作为"国敌"，美孚在谈判中也说中国政府排斥自己。② 这些判断是在双方接触、谈判后形成的观念，这相当自然地揭示出政企关系的形成是互动的过程。可以肯定的是，近代外企的文化、组织、经营及其对政治社会议题的应对、与其母国的外交交涉，与中国政府的计划、法规、管制、社会目标等之间实际是相互作用、相互影响的。将近代外企与中国政府的关系描述为一个由多种力量相互作用的互动过程，可使我们找到一条穿起近代外企与中国政府复杂关系演变的线索。

还有一个问题是，什么是合适的研究对象。近代中国出现了许多著名的外国大公司，无论是英国的怡和洋行、太古洋行、英美烟和沙逊，还是德国的美最时洋行，日本的三井、三菱，美国的美孚、德士古等，各国的政策不同，各公司贸易、投资重点不同，制度、文化也不同，表现出来的外国公司与中国政府的关系也就不同。因此，基于具体大公司

---

① 〔美〕默里·L. 韦登鲍姆：《全球市场中的企业与政府》，张兆安译，上海人民出版社，2002。

② 熊希龄：《为华美公司议订章程上书大总统书》（1914 年 7 月 11 日），《为中美会议情形呈大总统文》（1915 年 8 月 20 日），载周秋光编《熊希龄集》（五），湖南人民出版社，2008，第 163 页、第 294 页。

情况的政企关系的实证研究具有独特的研究价值。

熊希龄所说的托拉斯就是在近代中国被称为"美孚"的石油公司，也是美国在华最大企业。1870 年，传奇人物约翰·洛克菲勒（John D. Rockefeller）创办了标准石油公司（Standard Oil Company）。1879 年，洛克菲勒收购了真空石油公司的控制性股权，其后又将旗下的各家公司组织成标准石油托拉斯（Standard Oil Trust）。1882 年，纽约标准石油公司（Standard Oil Company of New York，简称 Socony）成立。在其后的 29 年中，真空石油公司及纽约标准石油公司在国内和海外的业务，均由洛克菲勒及其标准石油集团管理。

1911 年，美国依据谢尔曼反垄断法案（The Sherman Antitrust Act）做出判决，标准石油公司必须出售所属 33 家公司的所有股权，其中包括纽约标准石油公司和真空石油公司。标准石油公司解散后最大的继承公司是新泽西标准石油公司（Standard Oil Company of New Jersey），其次是纽约标准石油公司。1912 年起，真空石油公司（中文名为光裕油行）和纽约标准石油公司便各自独立在世界各地开展业务。远东的销售业务也由这两家公司开展。

1931 年，纽约标准石油公司和真空石油公司得到美国联邦法庭批准，组成纽约标准真空石油公司（Socony Vacuum）。两年后，即 1933 年，纽约标准真空石油公司与新泽西标准石油公司将两者在远东的设施及业务合并，组成标准真空石油公司（Sandard-Vacuum Oil Company，简称 Stan-vac）。标准真空石油公司的业务遍及多国，从东非到新西兰都有它的踪迹。

在第二次世界大战中，标准真空石油公司受到沉重打击。不过在战后初期，该公司业务迅速恢复。1955 年，纽约标准石油公司成立了纽约标准美孚石油公司（Socony Mobil Oil Company），当时大部分产品以 Mobil 的名义行销，目的是加深消费者对标准真空石油公司产品的认识。1960 年，美孚石油公司（Mobil Petroleum Company）成立，负责纽约标准美孚石油公司对标准真空石油公司的投资。1962 年，新泽西标准石油公司和纽约标准石油公司分摊了标准真空石油公司的资产。1964 年，香港美孚石油公司（Mobil Oil Hong Kong，简称 MOHK）成立，负责标准真空石油公司在中国香港、澳门及台湾地区的市场活动。

1966 年，纽约标准美孚石油公司将英文名称改为 Mobil Oil Corporation，以进一步提高"美孚"商号的知名度。1976 年，统揽美孚在世界各地庞大的石油开采及化学品生产业务网络的控股公司——美孚公司正式成立。① 1972 年，新泽西标准石油公司更名为埃克森（Exxon）公司。1999 年，美国政府有条件地批准埃克森和美孚合并为埃克森美孚公司（Exxon-Mobil），合并后的埃克森美孚公司是当时世界上最大的公开上市的石油公司。今天，埃克森美孚仍是世界上最大的石油化工巨头之一。

与怡和洋行、太古洋行、沙逊和英美烟四大英资公司相比，美孚有自己鲜明的特点。它是世界上第一家垄断企业，经营的是有战略意义的石油，是美国在华最大企业，和美国的成长及扩张关系密切……这使观察者更容易通过美孚观察中美政经关系中外国公司与中国政府的互动情况。

关于美孚在中国的研究，除了高家龙在《大公司与关系网》一书中对美孚在华销售体系演变有详尽论述外，相关研究成果主要集中在美孚与外交关系的探讨上。中华人民共和国成立后，国内有关美孚的文章主要是美孚职员对公司内部组织、管理、销售、经营的回忆资料。20 世纪 50 年代到 80 年代，在经济史类著作中，国内学者大多从经济侵略背景出发，描述了美孚的投资、石油开发和垄断性经营。国外学者主要从外交角度观察美孚。1975 年，美籍学者安德森出版了《美孚石油公司与美国的远东政策（1933—1941）》（*The Standard-Vacuum Oil Company and United States East Asian Policy, 1933 – 1941*），该书是第一部专门研究美孚与

---

① 香港美孚石油有限公司编《先锋与典范：美孚在中国的一百年》，香港美孚石油公司，1994，第 2 ~ 5 页。

美国外交政策，特别是远东政策关系的著作，清晰地论述了美孚石油在美国外交政策中的作用。1983 年，切斯特出版的《美国石油政策与外交：20 世纪的回顾》（*United States Oil Policy and Diplomacy，A Twentieth-Century Overview*）一书提供了美孚（包括德士古）与美国对华政策关系的简明线索。其后入江昭对此也发表了相关论述。

21 世纪后，美孚渐为国内学者关注，相关成果多集中在企业与外交交涉方面。2002 年，吴翎君的《美孚石油公司在中国（1870—1933）》从企业、政府与外交的角度，讨论了 1870～1933 年的美孚对中国的民生、近代化的影响，重点从外交角度审视了企业与中国政府的角力。① 2011年，张小欣的《跨国公司与口岸社会：广州美孚、德士古石油公司研究（1900—1952）》在论述了美孚和德士古在广州的经营为城市扩展创造条件的同时，从外交互动角度探讨了广州政府煤油征税事件。②

本课题进一步的研究建立在对原始资料的挖掘和梳理上。美孚在华分公司的档案成为系统了解其内部情况的基础。有关部门内部汇编印制的关于上海外商的资料，包含了 1949 年后美孚在中国的情况，这是了解这一时期美孚在华情况的重要信息来源。通过阅读数量庞大的清末外交档案、北洋政府外交档案、美国政府对外文书（FRUS）、部分英国外交文件（FO371），能直观地看到各个时期美孚与中国政府的交涉情况。中华民国史料汇编及藏于中国第二历史档案馆的中国石油公司档案和行政院输出入管理委员会档案提供了有关美孚与中国石油公司、美孚与国民政府相互关系的文件。在《申报》的报道和美孚职工的回忆和自传中也有许多令人意想不到的线索。通过充分利用多元化的资料和扩大观察视野，本课题得以比较完整地梳理出近代以来美孚与中国政府之间主要的

---

① 吴翎君：《美孚石油公司在中国（1870—1933）》，台北：稻乡出版社，2001。
② 张小欣：《跨国公司与口岸社会：广州美孚、德士古石油公司研究（1900—1952）》，暨南大学出版社，2011。

事件及关系。

本课题的基本思路是，将美孚置于近代中国政治环境变化的宏观视野下，运用档案资料，围绕美孚与近代中国政府之间的主要事件去分析各个历史时期两者相互的认知、利益交涉及相互关系的外在影响因素等，展现美孚与中国政府互动的演变脉络、特点和影响，据此讨论近代外资企业与中国政府互动及形成的关系对于建构中外经济关系和中国对外经济观念的意义。

首先，本课题始终强调美孚是一个具有自主思想和行动的主体。美孚的独立性在以往的研究中比较容易被人忽视。美孚本质上是资本主义私人企业。美孚与美国政府的关系不是简单的管理关系——美孚不服从或依附于美国。美孚的这种自主性可以从其文化价值观、实力和行动中体现出来。阅读文献也能发现美孚与美国政府斗争和合作的多面性。此外，美孚这种大型跨国托拉斯企业经营的世界性，要求我们在研究中国问题时将研究范围扩展至中国之外，如同时考虑某些特定的历史时期的日本和中东。只有这样，我们才会清楚美孚在中国做出这样或那样的决定的原因。在全世界的调整和布局正是美孚实力和自主性的一部分。

其次，从"大"视野讨论美孚与中国政府的关系。美孚在华的销售、设立油池、打官司、开办油矿和中国政府的主权、外交、税收、管理，这些都是两者打交道的内容，反映了政企的互动。除此之外，本课题将美孚的社会责任、义务等也纳入政企互动范围。这是因为，在宏观层面上，中国的历代历届政府实际上都有经济、政治和社会目标。美孚既然已影响到社会层面，必然对中国政府的目标产生直接或间接的作用，比如美孚对消防队的援助就增强了地方政府的公共产品供给能力。同时，关注社会层面的内容也使我们在更广泛的意义上理解美孚如何通过社会层面的互动将其影响力传递到政府层面。

最后，尝试说明中国政府在与美孚交往中反映出的一些思想。清政府、北洋政府、广州政府、南京国民政府、中华人民共和国中央人民政府，甚至各时期的地方政府在与美孚的交涉中都有自己的目标和思想。这些目标和思想既有差异，也有相同之处。无论是保安全、息争议、增税收、实行"国营主义"，还是实现独立自主，这些思想及相应的政策或多或少对社会、政治和经济产生影响。当这些思想及影响逐渐积累、变化、调整，而中国的政治、社会经济又发生相应变化时，它们终会推动中国政府形成新的对待外企、外国经济的观念。从美孚身上窥见的近代外企与中国政府所联结的不同于西方的政企关系，不但对理解中外经济关系有重大价值，而且能增加对中国发展道路的认识。

在跨国公司时代，美孚代表了一种类型的公司——强大的美国资本主义私人跨国大公司。理解美孚在中国的历史对当代政治经济无疑是有价值的。2022 年 6 月，美国总统拜登公开抨击埃克森美孚，"埃克森美孚今年赚的钱比上帝还多"，督促埃克森美孚为抑制高油价采取行动。拜登的话虽然激烈，但反映的还是美孚与政府关系的旧内容。

第一章
标准石油托拉斯与晚清政府

1903 年 4 月，梁启超访游美国。在托拉斯组织最为集中的纽约，他得以直接观察和接触托拉斯。他惊呼起源于 1882 年由洛克菲勒创办的石油托拉斯："此怪物者，其势力远驾亚历山大大帝、拿破仑第一而上之者也，20 世纪全世界唯一之主权也。"他断言："自今以往，且由国内托辣斯进为国际托辣斯，而受害最剧者，必在我中国。"①

梁启超是近代中国较早观察托拉斯组织的国人之一。自美国归来，梁启超马上在《新民丛报》上以《二十世纪之巨灵托辣斯》为题，用约 2 万字的篇幅全面介绍了托拉斯产生的原因与利弊、欧美国家的托拉斯政策、托拉斯与帝国主义的关系等问题。他认为，在 20 世纪以产业竞争为主的时代，托拉斯就是生计界的帝国主义。托拉斯组织不但关系一国的强弱，而且关系一国的兴亡。他对积弱的中国在应对托拉斯的竞争时充满忧虑，"吾不知吾民之复何以聊生也"。在文章最后他特别提到"至如煤油托辣斯，近亦西吞俄罗斯，东袭日本矣。以此趋势，不及十年，将

---

① 梁启超：《新大陆游记》，湖南人民出版社，1981，第 21 页、第 29 页。

披靡于我中国"。① 梁启超提到的煤油托拉斯即标准石油公司（在中国习惯称之为美孚）。只不过标准石油公司的产品早在 1870 年代即已进入中国。1880 年代，中国政府已与美孚打交道。1894 年美孚于上海正式设立办事处，开始引进其首创的直营系统，将中国纳入其全球销售系统。美孚是晚清政府最早面对的托拉斯组织。

第一节　标准石油托拉斯的组织及理念

作为第一个托拉斯组织，标准石油公司在理念、组织、营销等方面有许多首创和独特的地方，这使得标准石油公司成为现代工业企业的典范。但就与中国政府的关系而言，标准石油托拉斯的组织及理念尤应值得关注。这两点对理解美孚与中国政府的关系至关重要。

一　标准石油托拉斯的组织及财力

1870 年，传奇人物约翰·洛克菲勒（John D. Rockefeller）创办标准石油公司（Standard Oil Company）之后，洛克菲勒领导的标准石油公司一路高歌猛进，通过购买、兼并等方式不断扩张。1879 年标准石油公司已占全美国石油生产份额的 90%，1880 年增加到了 95%，此外还控制了大量的输油管道和一些主要铁路干线。② 1882 年，洛克菲勒将旗下的各个公司组织为标准石油托拉斯（Standard Oil Trust）。一直到 1911 年美国通过谢尔曼反垄断法（Sherman Antitrust Act）裁定解散标准石油托拉斯为止，标准石油托拉斯不但垄断美国的石油生产，而且控制了大部分的石

---

① 梁启超：《二十世纪之巨灵托辣斯》，载汤志钧、汤仁泽主编《梁启超全集（第四集）》，中国人民大学出版社，2018，第 245~265 页。
② 〔英〕约翰·D·洛克菲勒：《洛克菲勒日记》，1880 年 9 月 17 日，文岗译，中国纺织出版社，2003，第 257 页。

油销售，它的组织也变得越来越庞大，发展出一种特别的组织形态。

经历过石油混乱、经济衰退和无法管理公司联盟的洛克菲勒相信，"彻底的兼并"才是石油行业的发展之道。① 但是，如果简单地将公司组织结构调整为总公司和附属公司，由总公司管理一切附属公司的业务，这种方式是违法的。所以，洛克菲勒经过研究，设计了一个能规避法律制裁且源于"英国法"的信托制度——"托拉斯"。按照设计，各公司在法律上是独立的，各自有独立的账簿、股票和董事。各公司的命名方式相同（州名＋标准，如加州标准）且拥有相同的经营方式，它们由一个共同的执行委员会指挥，其股票交由托管委员会管理。"总公司"以托管的名义发行证券，各股东凭证券分得红利。各公司名义上是分散、独立的，而实际为托管委员会所控制。由9名委托人组成的托管委员会是一个虚构的"实体"，有无限的权力，掌握着40多家公司，有权任命这些公司的管理人员和董事，但无法做生意、签合同和记账。在持股人中，洛克菲勒拥有超过1/3的信托证明。他与包括其弟弟威廉·洛克菲勒（William D. Rockefeller，纽约美孚的董事长）在内的来自克利夫兰的4人，在公司和董事会内有压倒性的多数股份。这5人是最核心的团体。②

1882年1月2日，洛克菲勒牵头签订石油公司托拉斯协议，开创了一个新的商业时代。这份协议的主要内容有：①个人和公司的不动产、资产与业务转让和归属于标准石油托拉斯；②参加的成员，其个人持有的原公司的股票转让给受托人；③成员个人转让股票后，可获得托拉斯凭证，并据此获得股息分红；④受托人是以洛克菲勒为首的9人，受托人对所有公司的业务进行管理、指导和监督，受托人选举组成"执行委员会"；⑤受托人通过董事会创立规则和章程，挑选高级管理人员管理托拉

---

① 〔英〕约翰·D·洛克菲勒：《洛克菲勒日记》，1873年6月24日，第202页。
② 〔英〕约翰·D·洛克菲勒：《洛克菲勒日记》，1882年4月11日，第265~267页。

斯；⑥债券、股票、账簿、注册证明等均保存于纽约总办公室。①

托拉斯内部结构复杂，洛克菲勒称："从托拉斯协议来看，是不可能搞清楚谁有什么产业或者什么活动由谁负责。"② 但很清楚的是，托拉斯组织以洛克菲勒为核心。参加标准石油托拉斯的 40 多家公司不但控制了美国 90% 以上的石油生产和销售，而且掌握着美国大部分的石油运输能力、石油产品附属产品生产和工具制造能力，形成了对美国石油业的垄断。

标准石油托拉斯用委员会和职能部门控制分公司的业务，利用各分公司执行不同的经济功能，这种组织管理结构被钱德勒称为功能性控股公司。钱德勒认为，标准石油托拉斯的这种形态是有效地组织由众多分公司组成的庞大的企业集团的必要且合理的方式。③ 但这种组织看上去"杂乱无章"。这个已经发展了一段时间的组织，是各个公司"杂乱的混合物"，各个公司都有自己的渊源、主管个人癖好，并服从所在州的法规。更为奇特的是，重要的制造公司和许多次要公司还派有销售代理在总部以处理各种石油业务。总公司中职能部门的设立也不都是合理的，个人和各公司的执行部门也能影响公司决策。④ 高度集中又高度分散正是标准石油托拉斯的一个最主要的特点。

托拉斯内部的核心是执行委员会。执行委员会对各公司拥有实际上的绝对指挥权和掌控权。委员们不但是大股东，也是标准托拉斯的元老，他们的切身利益与公司利益紧密相连，所以他们必然将公司利益放在首位，做出的决策也"让人放心得多"。整个托拉斯从产品生产、管理到销售的全

① 《1882 年公司托拉斯协议》，载〔美〕艾达·塔贝尔：《美孚石油公司史》，肖华锋等译，广西师范大学出版社，2019，附录 52 号、第 679 ~ 688 页。
② 〔英〕约翰·D·洛克菲勒：《洛克菲勒日记》，1882 年 4 月 11 日，第 268 页。
③ 〔美〕小艾尔弗雷德·D. 钱德勒：《看得见的手——美国企业的管理革命》，重武译，商务印书馆，1987，第 499 页。
④ Hidy, Rallph W. and Hidy, Muriel E., *Pioneering in Big Business* 1882 – 1911（Happer & Brothers，1955），pp. 329 – 331.

过程及各个方面，均由执行委员会制定方案。执行委员会下设一系列专门委员会，分别负责运输、管道、国内贸易、出口贸易、生产、采购等具体业务。专门委员会的成员通常是某方面的专家。他们每天收集、整理和形成专门意见，然后呈交执行委员会批准。这样，通过专门委员会（或特别委员会）和执行委员会，执行委员会主席就可以掌控这个庞大的石油托拉斯。① 可以说，当时的标准石油托拉斯聚集了美国石油行业内大量经验丰富、技术一流的顶尖人才。

标准石油托拉斯另一个重要的特点是用会计和统计数据来评估业绩，特别是发展了一套精确且详尽的评估主要制造成本的方法。标准石油托拉斯的董事会主要依靠各公司的统计数据评估业绩。各子公司都被要求产生利润，而利润就是销售价格和成本之间的差额。为了获得可对比的成本数据，执行委员会制定了所有子公司可应用的、统一的会计作业程序。原油储存部门每天提交一份详细的统计报表，包括全美各地的总生产量与储存量、标准石油托拉斯的总库存量、油井的流量、运输量、采购量以及所有新油井的信息等数据。桶装部门需要上交每月装桶和销售报告。销售部门除了报告自己的产品数据外，还需要列出竞争对手的产品数据。制造委员会则每月提交每个炼油厂的成本和产量报告。依据这些丰富、持续的、统一的会计数据，执行委员会得以评估各子公司的业绩并监督生产、销售和技术改进等业务。②

洛克菲勒认为，标准石油托拉斯的委员会制是一项极富创意的制度。它将不同的公司政策融为一体，同时又不剥夺各自的自主权。而如果托拉斯实行自上而下的等级制，则可能束缚各公司的手脚。委员会在提供总体指导的同时，也能根据经营业绩数据，鼓励和奖励各公司的竞争和

---

①　〔英〕约翰·D·洛克菲勒：《洛克菲勒日记》，1886 年 12 月 10 日，第 273～274 页。
②　〔美〕小艾尔弗雷德·D. 钱德勒：《看得见的手——美国企业的管理革命》，第 494～495 页。

创新。没有竞争的垄断企业很容易堕落成缺乏活力的庞然大物，所以刺激各子公司为争取自身利益而开展竞争将使各公司富于进取心。①

尽管直到 1920 年代中期以后，各标准公司才建立起一种更合理、更可行的组织管理结构，② 但早期标准石油托拉斯既高度集中又高度分散，其以会计和统计数据来评估和监督业务的模式，可以媲美当时任何工业生产企业，它表现出惊人的成长效率。

事实证明，洛克菲勒对标准石油托拉斯的组织安排是一种具有开创性的、利于企业迅速壮大的方式，尽管这些设计是不系统的。从 1882 年标准石油托拉斯成立，其账面净值从 6530 万美元，增加到 1911 年的 6.6 亿美元，增长了约 9 倍。整个标准石油托拉斯的净盈余也达到惊人的程度，除了 1882 年因合并净盈余为负数外，在连续 29 年时间内都持续为正且总体保持增长，1883 年净盈余为 110 万美元，到 1911 年达到了 5.621 亿美元（见表 1－1）。与美国政府相比，1911 年美国 GNP（国民生产总值）约为 358 亿美元（当年价格），联邦政府财政收入仅为 7 亿美元。③ 标准石油托拉斯的财力可见一斑。

表 1－1　标准石油托拉斯总资产负债表（1882～1911 年）

单位：百万美元

年份	设备	其他投资	应收账款	商品	现金	总资产	应付账款	净值	股本	净盈余	账面净值
1882	44.2	1.6	26.6	10.9	0.7	84.0	23.0	65.3	71.1	-5.8	65.3
1883	48.2	3.4	32.5	10.6	2.1	96.8	32.4	72.8	71.7	1.1	72.8
1884	45.4	7.1	29.1	16.7	0.7	99.0	32.2	75.9	71.2	4.7	75.9

---

① 〔英〕约翰·D·洛克菲勒：《洛克菲勒日记》，1886 年 12 月 10 日，第 274～275 页。

② 〔美〕小艾尔弗雷德·D. 钱德勒：《看得见的手——美国企业的管理革命》，第 498 页。

③ 刘畅：《美国财政史》，社会科学文献出版社，2013，第 357 页、第 389 页、附表 2 《1869—1946 年的美国国民生产总值（GNP）及其增长率》、附表 22《1789—1939 年美国联邦财政收入》。

续表

年份	设备	其他投资	应收账款	商品	现金	总资产	应付账款	净值	股本	净盈余	账面净值
1885	39.5	9.7	29.7	26.0	0.9	105.8	41.5	76.7	71.2	5.5	76.7
1886	45.3	7.8	38.3	18.9	0.8	111.1	42.5	87.0	73.3	13.7	87.0
1887	46.1	6.5	50.3	23.7	1.0	127.6	51.1	94.4	90.2	4.2	94.4
1888	44.6	6.6	58.2	23.4	1.4	134.2	50.7	97.0	90.3	6.7	97.0
1889	52.2	7.2	62.1	24.9	1.5	147.9	56.1	101.3	90.3	11.0	101.3
1890	69.9	10.9	80.4	27.4	1.5	190.1	77.0	115.8	96.9	18.9	115.8
1891	76.5	7.7	83.4	29.2	1.5	198.3	76.5	120.8	97.2	23.6	120.8
1892	70.0	10.4	99.4	32.2	1.9	213.9	85.8	128.1	99.8	28.3	128.1
1893	69.3	10.2	110.3	36.7	2.5	229.0	97.1	131.9	99.8	32.1	131.9
1894	68.0	12.8	111.2	39.5	2.0	233.5	97.7	135.8	99.8	36.0	135.8
1895	64.0	14.4	115.1	50.4	3.5	247.4	104.1	143.3	98.5	44.8	143.3
1896	69.2	16.3	98.4	52.6	2.2	238.7	91.5	147.2	98.5	48.7	147.2
1897	77.8	15.5	102.5	47.1	2.2	245.1	92.3	152.8	98.5	54.3	152.8
1898	83.6	19.4	85.2	56.9	11.2	256.3	92.1	164.2	98.5	65.7	164.2
1899	83.5	21.7	95.2	70.4	24.0	294.8	98.1	196.7	97.3	99.4	196.7
1900	91.3	21.1	95.8	69.4	21.9	299.5	94.0	205.5	97.5	108.0	205.5
1901	98.1	21.6	113.8	73.2	15.0	321.7	110.7	211.0	97.5	113.5	211.0
1902	117.7	20.8	130.3	73.5	15.7	358.0	126.2	231.8	97.5	134.3	231.8
1903	143.1	22.6	131.1	89.8	15.3	401.9	131.7	270.2	97.5	172.7	270.2
1904	156.4	29.4	166.1	97.0	18.6	467.5	170.0	297.5	98.3	199.2	297.5
1905	158.6	36.8	201.5	95.1	18.4	510.4	194.8	315.6	98.3	217.3	315.6
1906	177.8	42.3	209.4	96.0	13.2	538.7	179.3	359.4	98.3	261.1	359.4
1907	227.3	53.7	230.6	113.6	8.1	633.3	181.9	451.4	98.3	353.1	451.4
1908	285.2	45.3	225.8	151.6	10.0	717.9	191.4	526.5	98.3	428.2	526.5
1909	303.2	56.3	276.3	154.6	10.0	800.4	231.7	568.7	98.3	470.4	568.7
1910	339.2	75.9	266.9	161.3	9.2	852.5	236.6	615.9	98.3	517.6	615.9
1911	363.4	79.4	234.8	168.0	14.8	860.4	200.0	660.4	98.3	562.1	660.4

资料来源：Hidy, Rallph W. and Hidy, Muriel E., *Pioneering in Big Business 1882 – 1911* (Harper & Brothers, 1955), table 51, pp. 636 – 637.

　　了解标准石油托拉斯的组织和财力对理解美孚与中国政府的关系很重要。首先，石油行业需要稳定的流量，这是石油企业趋向联合的一个因素。其次，稳定流量的形成和标准石油托拉斯的形成，不但使标准石油托拉斯内部企业关联度非常高，而且也联合了众多的关联企业。标准石油托拉斯成立前，负责石油出口贸易的是洛克菲勒的弟弟威廉·洛克菲勒。1882 年，纽约标准石油公司（Standard Oil Company of New York）成立，负责人和业务不变。1911 年美国裁决拆散标准石油公司后，纽约标准石油公司是拆分后最大的两家之一（另一家是新泽西标准石油公司，即后来的埃克森）。1931 年，纽约标准石油公司和真空石油公司（真空石油公司成立于 1866 年，1879 年被洛克菲勒收购，1882 年成为托拉斯的一个部分，后于 1912 年独立）获准组成纽约标准真空石油公司（Socony Vacuum）。1933 年，纽约标准真空石油公司与新泽西标准石油公司将两者在远东的设施和业务合并，组成标准真空石油公司（Standard-Vacuum Oil Company）。这些分合表明标准石油托拉斯组成和拆分后各成员之间保留着密切关系。在这种意义上，美孚在华的经营，可以看作美国石油界的行为。即使后来进入中国的另一家美国石油公司——德士古（Texas）①与美孚在华的竞争，也是联合竞争（比如当时美孚、德士古和新泽西标准石油公司在中东的联合投资），并不是对抗式的竞争。美孚天然地拥有与美国石油业各主要公司的联系。最后，标准石油托拉斯的资本和能力，使其备受关注，这也成为其政治和经济影响力的基础。在中国，美孚是

---

　　① 德士古由乔瑟·柯利南于 1901 年创立于美国，是美国石油巨头之一。德士古进入中国的时间比美孚晚，开始时主要委托洋行代销。约 1914 年，德士古在上海设立办事处自行经销。1929 年，德士古美国总公司将上海的公司扩大为德士古中国股份有限公司（Texas Co. ［China］, Ltd），并在中国各城市兴建油栈，建立销售体系。1936 年德士古与原标准系的加州石油公司各出资 50% 组成德士古－加州石油公司，德士古中国遂成为其子公司。美孚、德士古和亚细亚在近代中国被称为"外商在华石油三公司"或"三公司"。三公司以美孚为首，是 1950 年以前中国石油市场的主宰者。

第一家进入中国的石油企业，也是投资最多、资产最多和体量最大的在华美国企业。换句话说，晚清政府所面对的美孚，是一个有稳定供应能力、资本雄厚、技术先进、体量巨大，几乎可等同于美国石油行业的巨型跨国集团。这可能就是梁启超感叹托拉斯将成为 20 世纪世界唯一主权的原因。

二　独特的政商理念

如果不了解美国大企业的政商理念，就很难理解美国企业与中国政府的关系和美国对华政策的内在逻辑。本质上是资本主义私营企业的标准石油托拉斯及其后继企业，在特定的历史背景下形成了自己的政商理念，主要有两点：一是政商不分；二是独立自主。洛克菲勒无疑是对标准石油托拉斯政商理念影响最大的人。

洛克菲勒在 1879 年 9 月 15 日的日记中写道："众所周知，在我们这个时代，政府与商界几乎不可能分得清彼此之间的界限。我的事业起步于一个政府对商界施以自由放任政策的时代。而与此同时，政府又大量参与经济活动，发放土地使用权、铁路经营权和银行特许权许可证；等等。因此，美国政界和商界之间事实上是一种相互帮助、相互支持、相互勾连的关系。"[1] 洛克菲勒深刻地认识并准确地把握住了 19 世纪美国经济与政治特殊的本质关系：政商混淆。因为政府大量参与商业活动，这就为企业通过行贿等手段获得商业利益提供了土壤。"当我们自身的利益受到威胁时，不得不动用一些政治上的手段来解决"。[2] 实际上，在利用政治获利方面，标准石油托拉斯走得更远。

1879 年，标准石油托拉斯为了继续维持在宾夕法尼亚州等地的输油管独家特许经营权，反对自由铺设输油管的法案。标准石油托拉斯的

---

① 〔英〕约翰·D·洛克菲勒：《洛克菲勒日记》，1879 年 9 月 15 日，第 253～254 页。
② 〔英〕约翰·D·洛克菲勒：《洛克菲勒日记》，1879 年 9 月 15 日，第 254 页。

做法首先是游说州议会；其次是雇请律师冒充"怒气冲冲"的农民和
土地所有者，要求维持现行制度，以营造公众对新法案不满的气氛，最
厉害的是，标准石油托拉斯对宾夕法尼亚州法令的草案进行了有利于自
身的修改，并最终使法令不能公之于众。纽约州类似法令同样是这种
命运。①

1884 年俄亥俄州选举美国参议员的佩恩案则反映了标准石油托拉斯不
是在利益受到威胁时才使用政治手段来解决问题，而是有着更为长远的打
算。1884 年 10 月，俄亥俄州产生了新一届州议会。民主党提名乔治·H.
彭德尔顿和杜宾·沃德中的一人竞选参议员。H. B. 佩恩，该州多年来活
跃于民主政坛上的著名人物，并没有被提名。佩恩的儿子奥利弗·H. 佩
恩，标准石油的财务主管，在州议会开会时"掀起了一股对佩恩不一般
的支持"。结果，在奥利弗·H. 佩恩的支持下，之前未被提名的佩恩当
选参议员，舆论一片哗然。据说这是其儿子和标准石油托拉斯合作的结
果。此事引发了长时间的揣测和争论。1887 年，作为参议员的佩恩确实
投票反对不利于标准石油托拉斯的州际贸易法案。② 自 1870 年代起，美
国媒体就有很多关于标准石油托拉斯利用政治获利的报道。这其实是标
准石油托拉斯发展壮大的因素之一。但标准石油托拉斯对此通常保持沉
默，"我信奉沉默的力量"。③ "它们处理公司事务的一贯作风是不动声色
不大张旗鼓，一旦发功便势不可挡"。④ 与不断的批评相比，标准石油托
拉斯习惯于按自己的节奏利用政治获益。

除了这些容易引人非议的方式外，标准石油托拉斯当然还有其他隐
蔽的、制度化的方法，比如重要的集团情报网络。这个情报网一部分从

---

① 〔英〕约翰·D·洛克菲勒：《洛克菲勒日记》，1879 年 9 月 15 日，第 254 页。

② 〔美〕艾达·塔贝尔：《美孚石油公司史》，第 296 ~ 302 页。

③ 〔英〕约翰·D·洛克菲勒：《洛克菲勒日记》，1880 年 9 月 17 日，第 258 页。

④ 〔英〕约翰·D·洛克菲勒：《洛克菲勒日记》，1905 年 2 月 7 日，第 374 页。

商业系统收集情报，另一部分则是从美国外交系统收集信息。部分美国驻外领事是标准石油托拉斯的代理人。1890 年代俄国石油业崛起，俄国石油成为标准石油托拉斯的全球强劲对手，而巴库是俄国石油工业重心，因而巴库石油的情报就显得特别重要。美国驻俄国巴库的领事钱伯斯（Chambers），同时也是标准石油托拉斯在巴库的代理人。① 标准石油托拉斯在此安插政治和商业代理人，不仅是为了收集情报，更重要的是可以利用政治力量去协调和消除俄国政策中的某些不利因素，或达成某种协议。所以，标准石油托拉斯向全球各地派出的"巡游密使"都会与当地的美国官员沟通协调，以解决标准石油托拉斯面临的问题。

洛克菲勒擅于操纵商业和政治之间的微妙关系。"长期以来，我本能地与政府作对，现在却发现自己正在与华盛顿携手平息金融市场的恐慌"。② 1893 年美国发生经济恐慌，美国财政部发现黄金储备在金本位制的支持下合法地持续下降，美国金本位行将崩溃，美国国库被迫出售债券以补充储备。当时人们普遍对金融系统缺乏信心，美国政府不得不向大银行家 J. P. 摩根等求援。③ 摩根，包括另一位大银行家斯蒂尔曼面对巨额现金需求也无能为力。斯蒂尔曼转而求助洛克菲勒。洛克菲勒说，"给我一小时的时间"。一小时后，洛克菲勒让标准石油托拉斯从欧洲电汇过来 1000 万美元，又从其他渠道筹集了 100 万美元交给了斯蒂尔曼。这不仅帮助美国财政部克服了迫在眉睫的危机，而且为标准石油托拉斯成为华尔街核心开辟了道路，尽管洛克菲勒本人不喜欢与华尔街银行结盟。洛克菲勒的弟弟威廉·洛克菲勒在华尔街银行就有大笔资产，而洛克菲勒自己则手握大量的美国政府债券，他本身还是 1904～1905 年美国银行团

---

① Hidy, Rallph W. and Hidy, Muriel E., *Pioneering in Big Business* 1882－1911, pp. 235－236.

② 〔英〕约翰·D·洛克菲勒：《洛克菲勒日记》，1894 年 6 月 1 日，第 333 页。

③ 〔美〕斯坦利·L. 恩格尔曼、〔美〕罗伯特·E. 高尔曼主编《剑桥美国经济史》（第二卷），王珏等译，中国人民大学出版社，2008，第 471 页。

对中国政府贷款的大股东。① 这些都是标准石油托拉斯的隐性影响力。

标准石油虽然善于并且能利用政治谋利，却异常强调公司的独立自主。洛克菲勒一开始就认为，石油事业应当是有序的，而不是混乱的，石油企业需要速度、一致性和效率，最好的方式是"整个石油业应该直接掌握在标准石油公司手中"。② 成立标准石油特拉斯之后，他"把公司的经营看成一场圣战。我希望这种托拉斯能够成为以雇员共同拥有公司为标志的民众资本主义的样板。我会让每个人都成为资本家"。③ "当红色蔷薇含苞待放的时候，只有剪除周围的别枝繁叶，才可以在日后一枝独秀，绽放出妖媚艳丽的花朵。美国'月季美人'——标准石油在绚丽的光辉和芬芳的香气中产生，给观赏的人带来了欢愉，它之所以能这样，是以牺牲它周围的花苞为代价的，在商业竞争中正是这样，这是个人无能为力的自然法则和天理。"他认为，公众往往是"愚蠢的"，自由企业之间的竞争只会造成劳动力和资源的浪费。小企业的时代已经过去，取而代之的应该是有共同利益的规模庞大的制造和销售企业集团。④

但政治为其实现这些目标设置了"障碍"。他认为，"这种不公平的法律体系"使其公司举步维艰，他本人不得不疲于应付各种各样的限制性法律。商人为避开法律，他们会去和政客及各种组织机构暗中交易。"我对政治不屑一顾的态度在很大程度上来源于此。"⑤

洛克菲勒和标准石油托拉斯确实有对政治"不屑一顾"的资本。1882 年，标准石油托拉斯的净资产为 6530 万美元，美国联邦政府财政收入为 4 亿美元，标准石油托拉斯净资产约为美国联邦政府财政收入的

---

① 〔英〕约翰·D·洛克菲勒：《洛克菲勒日记》，1894 年 6 月 1 日，1892 年 3 月 2 日，1908 年 6 月 21 日，第 333～334 页、第 324 页、第 399 页。
② 〔英〕约翰·D·洛克菲勒：《洛克菲勒日记》，1872 年 8 月 9 日，第 199 页。
③ 〔英〕约翰·D·洛克菲勒：《洛克菲勒日记》，1882 年 4 月 11 日，第 268 页。
④ 〔英〕约翰·D·洛克菲勒：《洛克菲勒日记》，1890 年 12 月 10 日，第 314～315 页。
⑤ 〔英〕约翰·D·洛克菲勒：《洛克菲勒日记》，1880 年 9 月 17 日，第 263 页。

16%；1889 年，标准石油托拉斯净资产超过 1 亿美元，而当年美国联邦政府财政收入为 3.8 亿美元，前者约为后者的 26%；1900 年，标准石油托拉斯净资产超过 2 亿美元，当年美国联邦政府财政收入为 5.7 亿美元，约为 36%；1911 年，在标准石油托拉斯解散前，标准石油托拉斯净资产达 6.6 亿美元，当年美国联邦政府财政收入为 7 亿美元，约为 94%。标准石油托拉斯每年的净盈余也很高：1889 年为 1100 万美元，1900 年为 1.1 亿美元，1905 年为 2.2 亿美元，1907 年为 3.5 亿美元，1908 年为 4.3 亿美元，1910 年 5.2 亿美元，1911 年为 5.6 亿美元。随着时间推移，标准石油托拉斯的年利润越来越高，[①] 说标准石油托拉斯富可敌国也没问题。

洛克菲勒的思想一直影响着标准石油公司。埃克森美孚（由 1911 年拆解后最大的新泽西标准石油公司和纽约标准石油公司于 1999 年合并而成）的董事长雷蒙德承认，现在公司的许多基本原则来自洛克菲勒时代。在其他石油公司眼里，埃克森美孚独来独往，高深莫测。一位美国外交官这样评价标准石油托拉斯的继承者——埃克森美孚，"大多数情况下，他们更喜欢自行解决行业内的问题，只有在深思熟虑后想要撤回其要求才会来找国务院。但如果他们所做的努力未能解决问题，或使问题变得更加严峻了，他们又会马上回来要求国务院采取行动"。[②]

2001 年，印度最大的国有石油公司想投资俄罗斯库页岛的石油项目，俄罗斯总统普京批准了这一投资计划。因库页岛项目是先由埃克森美孚投资的，所以印度的加入需要埃克森美孚同意，而埃克森美孚的态度是先审查再决定。印度首相曼莫汉·辛格（Manmohan Singh）请布什总统

---

① Hidy, Rallph W. and Hidy, Muriel E., *Pioneering in Big Business 1882 - 1911*, table 51, pp. 636 - 637. 刘畅：《美国财政史》，附表 22《1789—1939 年美国联邦财政收入》，第 388 ~ 389 页。

② 〔美〕史蒂夫·科尔：《石油即政治：埃克森美孚石油公司和美国权力》，杨蝉宇译，文汇出版社，2017，第 35 页、第 126 页。

出面干预。"你怎么不直接告诉他们该怎么做呢？"辛格问。"没有人能告诉那些家伙他们该做什么。"布什回答。①

利用政治而又与政治保持距离、坚持独立性是标准石油公司与近代一些在华大企业不同的地方。比如怡和洋行，1895 年前其指导方针是，"要在中国官方与外国人之间的任何有关交通运输和通信联络设施的财务安排以及在创办各种企业的交往方面保持领先地位"。因此，怡和洋行承接了非常多的政府业务。怡和洋行企图通过贷款影响内务府，甚至有作为慈禧太后"私人银行家"的计划。但实际上怡和洋行对中央政府各部门的影响非常有限，因而其将重点放到铁路和地方上。② 从标准石油公司早期在华的经营情况看，其注意力放在了开拓石油市场上，与晚清政府的关系主要是从这一层面拓展开来的。

第二节　美孚在华的营销与清政府的监管

1903 年梁启超在美国游历时看到美国对托拉斯的监管处在一个"求以适宜之方法，直接间接以监督之，以防垄断之弊于未然"的阶段。如何监管这种托拉斯企业实际是一个大难题。他断定，中国必是"受害最剧者"。在欧美国家，比较通行的做法是国家掌握监督主权，直接或间接干涉托拉斯。③ 对清政府而言，如何"监管"一个庞大的跨国托拉斯企业是个比较陌生的问题，无旧例可循，亦无成法可鉴，但清政府还是表现出了一个成熟的传统政府一定的应对能力。美孚虽在 1894 年才正式在上海设立办事处，但早就开始与清政府打交道了，所以很难用现代的政府

---

① 〔美〕史蒂夫·科尔：《石油即政治：埃克森美孚石油公司和美国权力》，第 225 页。

② 〔英〕勒费窝：《怡和洋行：1842—1895 年在华活动概述》，陈曾年等译，上海社会科学院出版社，1986，第 56 页、第 91 页。

③ 汤志钧、汤仁泽主编《梁启超全集（第四集）》，第 263 页。

监管理论去概括清政府对美孚的监管。这里面有主权、公众利益、官员利益和传统习惯等因素。在美孚早期的营销活动中，最先也最为清政府关注的是煤油安全和用地问题。

一　煤油安全问题

自 1870 年代初煤油（火油）进入中国以来，煤油的安全一直为朝野所关注，特别在通商口岸，主要原因是煤油很容易引起火灾。相较传统的植物油，煤油具有更好的亮度，其亮度是植物油的数倍，而且价格便宜，但是极易燃烧，"性烈""猛暴"，遇火即燃，难以阻止，也不能用水浇灭，所以稍有不慎即酿成大火。

1870 年代引进煤油作为点灯之用后，因使用煤油而引起火灾的报道就频繁见诸报端和中美外交文件中。除了煤油易燃的物理特性之外，引起火灾的原因还有当时煤油灯具简陋、人们对煤油特性认识不足、通商口岸房屋建筑特点等。1880 年 8 月宁波南门内大街一杂货店有火星掉到火油箱后，店内伙计慌忙中用水浇之，结果火随水流燃至麻、丝、棉花等物，顿时变大火。① 12 月，杭州三元坊街口煤油灯在燃烧过程中突然炸裂，煤油四溅，顷刻点燃了旁边的店铺，引起大火。② 当时城镇的房屋建得稠密，房屋材料多为木头，贫民多以苇、草、竹、木等造屋，这些建筑只要偶遇火星，便能引发大火。所谓太平水缸等消防设施用之不便，遇有火警，民众手足无措，往往酿成大祸。③

关于煤油与火灾的关系，当时人们有着直观的认识，"火灾之所由来，起于火油者十之八九"。④ 正是基于这种认知，部分地方人士"众口

① 《宁郡火灾》，《申报》1880 年 8 月 19 日。
② 《火灾轻重说》，《申报》1880 年 12 月 11 日。
③ 《弥火患说》，《申报》1898 年 12 月 21 日。
④ 《弥火患说》，《申报》1888 年 4 月 25 日。

一词，相率禀官严禁，官即俯如所请"。① 1880 年左右，部分通商口岸及附近开始禁用煤油，比如苏州。面对禁令，作为对华主要的煤油贸易企业，美孚很清楚这个问题。② 但当时美孚并未在中国设立办事机构，其在华业务通过代理商进行。所以，美孚的应对方式主要有两个：一是由代理油商进行辩解；二是通过美国国务院向中国政府提出交涉。

在沿海地区，每次地方政府禁用煤油后，《申报》上几乎都会出现关于煤油利弊的分析文章，这并不是巧合，而是在华美孚代理商所为。1882 年 4 月，苏州官府禁用煤油后，名为"艺隐人"的人士当月即向《申报》投名为《书禁火油示谕后》的文章。文章针对苏州、上海两地的煤油禁谕，提出"火油则似不宜尽禁也"的观点。理由一是煤油利民，如便宜、亮度高；二是中国就算不用煤油也有火灾；三是鸦片流毒无穷而不禁，煤油"利及千万人而被灾不过一二"，更不应禁；四是只要小心使用煤油，煤油是安全的；五是煤油销路愈广并不影响中国的蜡烛和豆、菜油铺的生意。③ 5 月，《申报》又有一篇名为《论火油通行与洋布同不必议禁》的文章，从更深的经济层面为煤油辩护。

1882 年 9 月，美国驻华公使杨格（John Russell Young）照会清政府总理衙门领班大臣恭亲王奕䜣，称上海禁用煤油违反条约，而且提请总理衙门注意，"美商此等贸易尤多，于本国最有关系"，"为本国之大宗贸易也"，要求将上海煤油禁令撤去。④ 在未了解上海禁用煤油事前，总理衙门先给了一个很有意思的判断，"禁止煤灯系预为民间防火起见"。⑤ 11

---

① 《火油惯用说》，《申报》1886 年 10 月 17 日。

② Hidy, Rallph W. and Hidy, Muriel E., *Pioneering in Big Business 1882 – 1911*, p. 137.

③ 《书禁火油示谕后》，《申报》1882 年 4 月 26 日。

④ 《上海禁用煤灯请撤去示禁》（1882 年 9 月 20 日），载《中美往来照会集（1846—1931）》（第 6 册），广西师范大学出版社，2006，第 208 页。

⑤ 《上海禁用煤灯已饬现任关道酌核办理》（1882 年 10 月 20 日），载《中美往来照会集（1846—1931）》（第 6 册），第 124 页。

月 30 日，总理衙门核查后正式回复杨格，上海禁用煤油是因为近日居民用煤油灯不慎引起多起火灾，所以地方政府"示劝"居民仍用豆麻等油只是为了预防火灾，没有禁止洋商、洋行买卖及使用煤油，虽禁上海一地但并没有阻止其他地方的煤油贸易，更无关通商大局。总理衙门最后称，地方官员出"劝谕"属分内之事，并不违约，且所贴告示已日久损坏，更无须收回。①

1882 年左右，美孚一流的商务外交官利比来到中国考察煤油市场。在考察期间，他看到了人口众多的中国市场的潜力，也了解到了煤油贸易面临的问题，如本地植物油的竞争、本地商会的压力，而一些地方禁止销售煤油，主要是因为煤油引起火灾。当时的美国国务院驻华外交代表已充分认识到了煤油对美国商业版图拓展的重要性。② 在利比到达中国的同时，美国国务院已决意指导在华外交代表推进煤油贸易。③

利比认识到了因缺乏安全、廉价的灯具引起的火灾问题。他回国后，提议制造廉价、安全的小型油灯，同时改良煤油炼制方法，过滤掉对人体有害的挥发油等物质以提高煤油使用的安全性。④ 不过在当时，他更主要的任务是坚定地告诉美国国务院，石油的使用是一种有利于民众的廉价的文明。1884 年，利比在给清政府海关总税司司长赫德（Robert Hart）的信中，敦促中国采用统一的煤油检测方法。在一本翻译成中文的小册子中，他详细地描述了煤油的优点和安全使用煤油的方法。⑤

美孚和美国国务院虽竭力促进对华煤油出口，但因使用煤油而引起的火灾层出不穷。广东汕头和虎门大火，将煤油安全问题推到了风口浪

---

① 《据上海道复禁用煤灯之示已损坏无需收回》（1882 年 11 月 30 日），载《中美往来照会集（1846—1931）》（第 6 册），第 150～151 页。

② 吴翎君：《美孚石油公司在中国（1870—1933）》，台北：稻乡出版社，2001，第 33 页。

③ Hidy, Rallph W. and Hidy, Muriel E., *Pioneering in Big Business 1882 – 1911*, p.137.

④ 吴翎君：《美孚石油公司在中国（1870—1933）》，第 35～36 页。

⑤ Hidy, Rallph W. and Hidy, Muriel E., *Pioneering in Big Business 1882 – 1911*, p.137.

尖之上。1887 年 11 月 3 日（光绪十三年九月十八日），汕头永盛纸店火水灯炸裂起火，大火烧至附近各店，而各店均有火水存储，风高物燥，大火难灭，共烧去大小商铺、房屋 400 多家。更惨的是 12 月 15 日发生在虎门外的省港华洋轮渡起火事件。当时轮渡上有乘客、水手共七八百人，客舱因火水灯炸裂，火油的火势迅猛，根本无从扑救。虽经当地水手等营救，短时间内"该船已成灰烬"，只救活七八十人，死者达 700 多人，"残骨浮尸徧满洲渚，惨毒殊不忍言"。①

两广总督张之洞因之专门给皇帝上奏折，请求禁止煤油进入中国。作为封疆大吏的张之洞，清楚煤油的来源和流行的原因。"火水油一项大都来自美国，价格甚贱，行用日多，其性猛烈，稍一不慎辄致焚如。"广东向来多火灾，其失火原因，"十九由于火水"，伤民损财甚巨。此外，张之洞认为煤油盛行有碍国内花生油、菜油、豆油的行销。但禁煤油须考虑中外条约，不能随意为之。因此张之洞建议以美国限制华工为理由，以安全问题为据限禁煤油。如果不行，则仿照鸦片成例，立煤油税则，对煤油课以重税，以使煤油输华数量减少。②

应该说，张之洞的观点在当时有一定的代表性。1880 年代，美国煤油（主要是美孚煤油）进入中国后，许多地方都出现过禁煤油的官方公告。1888 年左右，不仅广东，福州和重庆等地也一度禁止使用煤油。地方官员出于安全考虑禁止使用煤油乍一看是愚昧之举，却是符合当时实际情况的一种选择。当时中国城镇房屋相邻，商户稠密，房屋建筑材料多为易燃木材，贫民居住之所则多为木、草等物所筑，且城乡消防设施几近于无，一般平民的煤油知识也非常有限。这些因素使液体煤油极易

---

① 张之洞：《洋商火油有害中国民命物业请禁阻》（1887 年 12 月 3 日），载赵德馨主编《张之洞全集》（二），武汉出版社，2008，第 45～46 页。

② 张之洞：《洋商火油有害中国民命物业请禁阻》（1887 年 12 月 3 日），载赵德馨主编《张之洞全集》（二），第 46 页。

成为引起火灾的"元凶"。对地方官员而言，这些问题是现实的，在当时的社会、技术和经济水平下是无法解决的。而且火灾发生之后，灾民流离失所，露宿风餐，情形殊堪。所以从现实的角度，"禁"也就成了一种可行的选择。对此，总理衙门是清楚的。一般来说，对于地方政府禁用煤油，总理衙门是默许的。但与地方政府不同的是，总理衙门面临另一种压力——禁用煤油有违条约。

通过美国国务院，美孚很快知道了两广总督要限制和禁止煤油输入的消息。鉴于张之洞的强硬态度及两广限制煤油后的不良连锁后果，美孚正式要求国务院采取行动以免损害美孚在华的煤油贸易。美孚这次直接找到了国务卿贝阿德（T. F. Bayard）。

美孚在给贝阿德的信中，声称美孚公司已从近日访华归来的利比处了解了情况，认为中国禁止和限制美国煤油是"荒谬"的。第一，禁止和限制石油产品违背了条约的目标和精神。第二，石油产品是美国输华的主要商品，对平衡美国对华贸易、获取贸易顺差至关重要。第三，中国政府的限制措施导致了输华石油产品的减少，商人对此很不满。第四，禁止或限制石油产品并不利于广大民众，而只是利于部分中国传统行业或商人。第五，中国相比其他国家，对石油产品的消费量还很低，只有世界平均水平的1/62，还比不上人口更少的日本和爪哇。1887年，中国225人仅消费一箱石油，而美国2人的石油消费量是两箱。第六，美孚公司输华的石油产品的质量与出口到世界各地的产品的质量是一样的，是安全的。其他国家没有采取类似中国政府的禁限行为。最后，美孚认为，煤油给远东包括中国带来的是文明，对这些地区是有益的。中国排斥更便宜、亮度更高的煤油仅是由于当地传统的花生油商人们的反对。①

---

① "Mr. Flagg to Mr. Bayard, March 20, 1888", *The Executive Documents of the House of Representatives for the Second Session of the Fiftieth Congress, 1888 – 1889* (Government Printing Office, 1889), pp. 276 – 277.

　　美孚清晰地向国务卿表达了三个主要的观点。首先，石油对美国贸易增长很重要。其次，中国市场潜力巨大。最后，中国政府的举措会影响煤油贸易。贝阿德自然清楚其中的利益关系，因此，他将此问题交给了驻华公使田贝（Charles Denby）处理。①

　　其实田贝早就向总理衙门提出交涉，强调煤油按约是可以自由贸易的，中国不得阻碍煤油贸易，并特别说明煤油"系本国特与有关涉之事"。② 这是田贝与清政府煤油交涉的要点。对此，总理衙门是清楚的，回复也颇为强硬，"本衙门详核粤者所称各节系属实情"，首先表明对地方官员的支持，然后说明煤油性烈易引起火灾，造成人物损失是实际情况，各国亦有禁煤油的举措。"至中国再三告诫仍准贩运燃点"，既有预防之意，也不想损害两国贸易。"如火患难平，民生有碍，自当彼此筹商办理亦无须讳言"。③ 总理衙门的思路是明确的：公然禁限煤油贸易，这种明显违约的事中央政府不会做，但支持地方政府根据实际情况处理问题。这是总理衙门处理煤油安全问题的重要原则。

　　不在全国明禁煤油，只是在个别地方禁限煤油，对美孚输华煤油的影响总体上并不大。根据海关的不完全统计，1870～1877年，从上海进口的煤油每年少于100万加仑，1878～1888年平均每年超过300万加仑。从全国来看，1888年到1909年的总体趋势也是增长的。不过禁限争议激烈的1887～1888年，煤油进口明显减少。④ 除了没有在全国明禁煤油，

---

① "Mr. Bayard to Mr. Denby, March 22, 1888", *The Executive Documents of the House of Repre-sentatives for the Second Session of the Fiftieth Congress, 1888－1889*（Government Printing Office, 1889），pp. 275－276.

② 《广东加税火油请饬撤销并还各商亏折》（1883年12月1日），载《中美往来照会集（1846—1931）》（第6册），第256～257页。

③ 《火油加厘粤督所复系实情请查照》（1887年6月8日），载《中美往来照会集（1846—1931）》（第6册），第486页。

④ 吴翎君：《美孚石油公司在中国（1870—1933）》，附录1－2《上海进口煤油净量、净值，1868－1888》、附录1－3《各国（地区）煤油输入总量及总值，1887－1909》、第279～283页。

煤油本身更便宜、亮度更高的特性，加上美孚提供廉价安全的煤油灯，确使民众更加喜欢使用煤油。"凡有镇市处无不争用火油。"即使官府有禁买告示，各店"暗中交易，利息信饶，积久渐忘，几等于开门七件"。①这些都是难以禁限煤油的原因。

尽管清政府未能一禁了之，但在煤油安全监管方面还是采取了相应的措施。1880年代开始，地方政府首先限制煤油店存油量。上海工部局定有章程，"凡店铺出售火油者，其店存油立有限制，不符逾额、设有余额外多存者，一经巡捕查出照章罚判，决无宽贷"。②之后，芜湖、九江、杭州等地纷纷规定在市内限制煤油囤积量，很多地方规定以10箱为限。其次，规定煤油囤积地要远离市区，如上海的煤油囤积地位于偏远的浦东。九江地方政府更进一步，下令建煤油公栈，将九江市所有煤油店的存油全部堆放在公栈，待销售时各店只能取一二箱。煤油公栈建于偏僻空旷之地，资金由煤油店共同捐助。地方政府认为，"此一转移间消患无形，有利无害，谅尔等亦乐从也"。③火灾甚至推动了地方更加重视消防设施建设，如杭州建立消防水龙，并由政府议订出资章程，以保证救火能力。④

从煤油池建造安全问题一事，可以看出清政府对煤油安全处理的重视。1893年，德国商人在上海浦东陆家嘴购地建筑煤油池以存储散装煤油，这是上海也是中国第一个煤油池。外商修筑煤油池到底有什么影响，清政府一时也无法判断，但清政府内部极为关注此事。有御史力主禁阻，而洋商和在华公使多次与清廷辩论，坚决要求建设。清廷下旨，让南、北洋大臣详细查明此事，"设法阻止，妥筹办理"。与清政府"设

---

① 《火油慎用说》，《申报》1886年10月17日，第1版。
② 《军火宜储善地说》，《申报》1886年9月29日，第1版。
③ 《慎用火油说》，《申报》1892年8月19日，第1版。
④ 《论杭垣创兴水龙事》，《申报》1892年8月19日，第1版。

法阻止"不同，两江总督兼南洋大臣刘坤一在综合考虑各方面因素后，提出了更为客观与符合实际的观点和方案。刘坤一仔细了解了油池情况。

> 该栈外筑围墙，内设圆筒三具，高约三丈有奇，围圆约二十丈有奇，悉用钢板制成，即系储油之具，名虽为池，实则形类于桶。各桶之下填筑塞门泥土，以防渗漏，桶顶蓄水，桶旁竖杆，以避日炙电触之虞。桶外设有钢管机筒，备油船抵埠用以吸油于桶。三桶之外，复设小桶一具，为澄净油渣之用。一切做法，均尚周密牢固。[①]

为谨慎起见，刘坤一还请驻英、法、意、比公使薛福成，驻日公使汪凤藻查探伦敦、日本所设油池情形，得到的答复是，上海油池与海外油池并无二异。"东洋油池自设立以来尚无危险之事"。刘坤一还了解到，油池在中国虽是初创，但"在各国实已视为故常"。上海所设油池，北临黄浦江，东南西三面均为田畴，地极空旷，离镇市遥远，居民稀少，"民情亦尚相安"。刘坤一认为，英德等国耗费巨资，"坚请试办，情词极为迫切"，"难以中止"，重要的是"与议立设限防险之法"以杜流弊。经苏松太道聂缉椝与地方绅董讨论，并与英、俄、德三国领事商议，议定章程十条。章程之外，刘坤一还要求该商存银10万两作为保证金，"以备不虞赔恤之需"。刘坤一将上海浦东建筑油池一事定为"暂行通融办理"，他处"不得援此为例"。[②]

刘坤一除了议定章程外，还有两个非常重要的意见。一是确定此后建油池的程序。"如欲仿办，必须禀由本管领事照会关道，查明于地方居

---

① 刘坤一：《议定洋商试办火油池栈章程折》（光绪二十年六月初九日），载《刘坤一集》（第二册），陈代湘校点，岳麓书社，2018，第302页。

② 刘坤一：《议定洋商试办火油池栈章程折》（光绪二十年六月初九日），载《刘坤一集》（第二册），第302页。

民有无险害，禀报总理衙门，照会饬知遵办。"即外商向本国领事提出申请，领事向当地海关提出申请，海关会同地方政府查明建油池对地方居民是否有害，然后再报总理衙门核准，通知领事知照办理。二是严密安全措施。"查池栈之设，必当体察地方民情，既经勘明栈设旷地，并无贴邻，所制桶管亦均稳固，油船必须出海洗涤，油池严防渗漏，亦已备列设限防险章程之内，似与民居汲饮不致有妨。且又载明倘有渗漏碍及汲饮，或有失慎殃及民居，确有明证，除赔偿外，即由地方官会同领事饬令将池拆毁，不得再行建造。"①

刘坤一对比海内外煤油池情况，为煤油池建设设定了章程，规定了原则和程序，这成为此后所有在华石油经销商，包括美孚设置油池油栈的参考标准，也是日后清政府处理油池油栈事务的主要依据。"现已将所拟章程通行各口，一体遵照。"② 这是清政府在煤油安全监管方面突出的成绩。

二　土地的取得

1880 年代中期，美孚在全球石油市场上出现了一个强有力的竞争对手——俄国石油。俄国石油不但占据了英国 30% 的市场份额，"更严重的是它还在向欧洲其他地区扩展"。面对激烈的竞争，洛克菲勒用诗歌鼓励下属，"我们没有老去，也未沉睡，我们必须起来行动，勇敢地迎接任何命运，进取不息，追求不止，学会努力与等待"③。

具体的应对措施是：第一，以高质量取胜；第二，发挥石油储备和价格优势；第三，建立全球范围内的标准石油分销组织；第四，运销散装石油以降低成本和价格。其中最重要的是建立全球分销系统。1888 年，

---

① 刘坤一：《议定洋商试办火油池栈章程折》（光绪二十年六月初九日），载《刘坤一集》（第二册），第 302～303 页。

② 刘坤一：《议定洋商试办火油池栈章程折》（光绪二十年六月初九日），载《刘坤一集》（第二册），第 303 页。

③ 〔英〕约翰·D·洛克菲勒：《洛克菲勒日记》，1888 年 3 月 15 日，第 284～285 页。

标准石油第一个海外分销机构——英美石油公司成立。① 在中国，美孚同样面临俄国石油的压力。1894 年，美孚在上海正式设立办事处，开始了美孚直销系统的建设。

1894 年美孚香港办事处成立，1899 年美孚设烟台办事处，1901 年设汉口办事处，1904 年设营口、天津、青岛、济南办事处。这些较早设立办事处的地方都是中国人口较多、位置重要、交通便利的通商口岸，美孚以这些点为基地进一步拓展。美孚设置办事处、油栈和分销点等都是有规划的。美孚的分销系统基础设施包括油栈、油池、仓库、油船、附属工厂、码头等一整套的石油设施。

美孚进行这些基础设施建设的前提是要取得土地。在近代条约体系中，外国人在中国租赁、购买土地和建造房屋等是有限制的。比如美孚与清政府土地问题交涉中常提到的 1858 年中美《天津条约》第十二款：

> 大合众国民人在通商各港口贸易，或久居，或暂住，均准其租赁民房，或租地自行建楼，并设立医馆、礼拜堂及殡葬之处。听大合众国人与内民公平议定租息；内民不得抬价掯勒；如无碍民居，不关方向，照例税契用印外，地方官不得阻止。大合众国人勿许强租硬占，务须各出情愿，以昭公允。倘坟墓或被中国人毁掘，中国地方官严拿，照例治罪。其大合众国人泊船寄居处所，商民、水手人等只准在近地行走，不准远赴内地乡村、市镇，私行贸易，以期永久彼此相安。②

这个条款一方面给予了美国人在通商港口租赁房屋和租地建房的权利，另一方面也将租赁土地房屋等行为限制在通商口岸，并明确美国人

---

① 〔英〕约翰·D·洛克菲勒：《洛克菲勒日记》，1888 年 9 月 15 日，第 286 页。
② 王铁崖编《中外旧约章汇编》（第一册），生活·读书·新知三联书店，1957，第 91～92 页。

不准赴内地乡村市镇。在同年的中美《通商章程善后条约：海关税例》第八款中，特别强调其"不得到中华京都贸易"。[①] 在 1903 年更清晰的中美《通商行船续订条约》第三款中，对美国人行为的地域限制更为清晰：

> 美国人民准在中国已开及日后所开为外国人民居住、通商各口岸或通商地方往来、居住、办理商工各业制造等事，以及他项合例事业；且在各该处已定及将来所定为外国人民居住合宜地界之内，均准赁买房屋、行栈等，并租赁或永租地基，自行建造。美国人民身家、财产所享之一切利益应与现在或日后给予最优待之国之人民无异。[②]

这里的通商口岸、通商地方、合宜地界指的是特定的地方。所以，从这些约定来看，美孚依约是可以在中国租、购土地的，但有限制。并且，因中外双方对条约的解释和理解不同，美孚建油栈、油池的位置往往不在规定地界之内，其也不遵循中国政府所定的办事程序，因而美孚取得土地的方式并不符合常规。

1903 年左右，美孚在汉口建了第一个油池，自此美孚进入了在长江中下游大规模租、购土地建设油池等基础设施的时期。在众多的购地案例中，芜湖购地一案可以反映美孚当时取得土地的情况。1904 年，美孚负责九江、镇江、南京、芜湖等地业务的经理刘懋思（T. F. Newman，又名刘海如），经中介以英洋 500 元购买了芜湖民人田某的一块地（俗名田家荡）。该地块距长江一里多，东、南两边是池塘，西面为空地，北面临街，距离通商口岸有一河之隔。刘懋思在购地时所用名字为"刘海如"，原地主称并不知道其购买用途。1905 年，芜湖地方政府和海关在刘懋思差不多建成油栈时才发现和弄清刘的身份。芜湖官员还发现刘懋思 1905 年在芜湖还

---

① 王铁崖编《中外旧约章汇编》（第一册），第 139 页。
② 王铁崖编《中外旧约章汇编》（第二册），生活·读书·新知三联书店，1959，第 183 页。

买了另一块临长江的滩地（弋矶山下），该地的用途未知。芜湖地方政府因情况不明、与约章不符等原因没有发放契照。①

南洋大臣为此向美国驻南京领事马纳斯发出照会，声明芜湖县属非通商之地。美孚油栈设在临街人烟稠密、草屋林立之处，有碍安全，且刘懋思私买土地于约不合。南洋大臣要求美孚退租田家荡土地，并说明所买弋矶山下滩地的用途。同时，照会还表示要对此前建成的瑞记洋油栈和广业公栈进行调查。②

按照清政府程序，美孚如要购买、租赁土地应先向领事提出，然后领事会同地方政府和海关实地核查，再报总理衙门（外务部）批准。美孚在芜湖购地显然并不符合此程序。因而，无论是地方政府还是中央政府都有充分的理由要求美国领事和美孚迁移、退租。但"驻宁美领事理阻日久不复，该商亦匿不出面。现有径行运油建栈之行"，也就是领事既不出面按约阻止，也不回复，刘懋思也不出面协商，反而无视地方的停工命令，将油栈建成，并要运油进栈。芜湖道感叹："阻之既无从商办，对之恐激事端，实属查阻为难。"③

芜湖道不知道的是，美国驻南京领事也不一定知道美孚购地。同样在 1905 年，当南洋大臣将闹得沸沸扬扬的美孚私购南京汉西门外土地报知驻南京领事时，南京领事对美孚购地一事竟一无所知。这使得南京领事相当被动，不知所措，只能向驻华公使柔克义咨询。④ 柔克义根本没提

---

① 《芜湖关道至安徽巡抚函》（1906 年 1 月 12 日），载中国第一历史档案馆等编《清代外务部中外关系档案史料丛编——中美关系卷》（第四册），中华书局，2017，第 406 页。

② 《照会金陵美国黑领事原稿折》（1906 年 2 月 3 日），载中国第一历史档案馆等编《清代外务部中外关系档案史料丛编——中美关系卷》（第四册），第 407 页。

③ 《照录芜湖道来禀》（1906 年 3 月 5 日），载中国第一历史档案馆等编《清代外务部中外关系档案史料丛编——中美关系卷》（第四册），第 408 页。

④ "Consul McNally to Minister Rockhill, December 5, 1908", *Papers Relating to The Foreign Relations of The United States with The Annual Message of the President Transmitted to Congress, December 7, 1909* (Washington Government Printing Office, 1914), pp. 53 – 54.

美孚私购土地并擅自改变土地用途的问题，而是指示南京领事要声明美国政府的态度：除另有规定，中国所有的通商口岸是完全开放的，外国人（包括美国公民）有权在口岸内租赁、购买、转让、出售土地。他还强调，不承认中国对条约中给予外国人权利的限制。[1] 美国国务卿支持柔克义的观点并再次强调美国公民有在华购置地产的权利。[2] 这相当于在事后变相支持了美孚不合程序取得土地的行为。这大概也是美孚屡次被南京官府要求搬迁而"概未遵办"的底气。这就是国务院对美孚在取得土地问题上的态度。

民间对美商在长江沿岸设置油栈、油池有很大的反对声音，尤其是在1905年抵制美货运动期间。江西举人张汝芹等向两江总督上书，历数刘懋思在南京违约建油栈，并沿江而上在芜湖、九江、汉口等口岸遍设油栈等事，要求治刘懋思违约之罪，禁油栈，清商业，以"自固国权"。[3] 刘懋思在芜湖私买土地建油栈一事传开后，当地商学界反应尤为强烈。1906年3月，芜湖商学界联名电请南洋大臣（由两江总督兼）照会美总领事，设法禁阻刘懋思强行运油入栈，并要求将油栈迁往他处。[4] 两江总督一面交涉，准备援南京汉西门一案令刘懋思迁走，另一面担心民情过于汹涌，谕令芜湖商学界"无庸干涉此事"。[5] 但芜湖商学界并不肯就此罢休。1906年4月，芜湖商学界再次向安徽藩司请求，以公款回购美孚已运入油栈的煤油，交商人买卖，之后不准再运煤油到美孚油栈。[6]

刘懋思私购土地不合程序且确有碍居民安全，加上民意反对，1906年

---

① "Minister Rockhill to Consul McNally, December16, 1908", FRUS, *The Annual Message of the President Transmitted to Congress*, December 7, 1909, p. 54.

② "The Secretary of State to Minister Rockhill, February 23, 1909", FRUS, *The Annual Message of the President Transmitted to Congress*, December 7, 1909, p. 54.

③ 《严禁美商各埠遍设油栈》，《申报》1905年11月21日。

④ 《请阻美商强运煤油入栈》，《申报》1906年3月17日。

⑤ 《美商违章饬援宁案禁阻》，《申报》1906年3月29日。

⑥ 《拨款购汇入栈煤》，《申报》1906年4月23日。

4月，清政府外务部向驻华公使柔克义正式提出照会。外务部的照会不但列举了刘懋思私买土地、私建油栈有碍民居，强行入栈，驻宁领事不管等与"情理不合"之事，而且还提到官府让刘懋思退租南京汉西门一事"概未遵办"，要求柔克义下令南京领事与当地关道协商将美孚油栈迁往他处。①

1906年5月，中国方面先有所行动。安徽巡抚派人与芜湖官绅商学商议，打算将弋矶山北的一块地划给美孚建油栈，而原建在南岸的油栈则回购作为官地。② 美孚显然并不满足于此，反而以外商瑞记在芜湖建有油池为例，提出不但要建油栈，还要援此例建油池。

1907年4月，刘懋思曾到芜湖与芜湖道及海关道官员商议，三方议定，美孚在芜湖弋矶山只建油栈，不建油池。此租地设栈协议于当日（光绪三十三年三月二十八日）三方签字。但刘懋思返回南京后即反悔，并向两江总督表示所签协议不算数。刘的理由是，本国驻沪领事称建油池一事须由领事审核，商人不能做主。对这个说法，两江总督认为，"经商贸易，权衡自商。公使领事只认保护，断无该商自愿建油栈而公使无事迫令建筑油池之理"，认定是刘懋思反悔，又不愿对领事说明有签字一事，蒙骗领事而不遵守协定。③

1907年4月，外务部致函柔克义，明确要求美孚按照之前安徽巡抚与领事的议定，在弋矶山只建油栈，而不能改建油池。外务部称，至于瑞记在芜湖建油池以及英商（亚细亚）私下从教士手中取得土地之事，政府仍未核准，不能成为美孚援引之例。④

---

① 《外务部为照会美使柔美商刘海如在芜湖所建煤油栈与民居有碍应妥商迁徙事致本部呈稿》（1906年4月28日），载中国第一历史档案馆等编《清代外务部中外关系档案史料丛编——中美关系卷》（第四册），第415页。

② 《拨款购回油栈述闻》，《申报》1906年5月25日。

③ 《江督复驻芜美领事函》，《申报》1907年6月27日。

④ 《外务部为美孚洋行在弋矶山租地建油池与原议不符请饬遵原议办理事致美公使信函稿》（1907年4月19日），载中国第一历史档案馆等编《清代外务部中外关系档案史料丛编——中美关系卷》（第三册），第259～260页。

　　从函中看，外务部的意见很明确，允许美孚在芜湖租地，但要尊重地方意见。尽管外务部的态度比较温和，但芜湖地方与美孚的关系很紧张。1907 年 7 月，芜湖一经销美孚煤油的商号被当地学商两会要求停业，后经人斡旋方准其停止进货，迁出闹市另租一四周无居民的偏僻之处营业方罢。①

　　与地方不同的是，在驻南京领事和柔克义的催促下，加上到 1907 年汉口、营口、九江、福州等地已允许美孚建油池，外务部实际已很难坚持禁止芜湖建油池。几乎同时，英国亚细亚公司也提出在芜湖购地建油池的请求。因久未见复，英国南京领事向两江总督提出抗议，"现九江地方已由外务部准设油池。岂有九江能设芜湖独不能设之理乎？况贵大臣既有允行之意，万难任地方官违抗不遵"。② 在英美两国的压力和外务部的息事宁人态度下，两江总督同意美孚、亚细亚在芜湖建油池，"但必须先由地方官将地址勘明，实与地方情形毫无妨碍，始能会议章程，请外务部核示"。同时说明，美孚在弋矶山建油池的主要问题是商学两界多次禀请阻止，现在官府虽已有定议，但仍需"开导"商学两界。官府解决"商学两界尚未允洽"的办法是，"值此各种新学新识日开，两年之后或能醒悟息事。届时如欲建筑油池，再援汉口丹水地火油池成案办理"。③

　　两江总督既无法顶住外交压力反对外务部允办油池的饬令，也无法忽视已有多个口岸建油池的事实，遂将重点放在了税费问题上，要求按汉口成例，每加仑煤油捐银七分半，并批准了美孚增购 12.6 亩土地的请求，同时要芜湖地方官"劝导"商民，减少民众的误解和担忧。④ 1908 年春，原来反对美孚建油池最力的学界士绅吴云提请芜湖县将煤油捐款

　　① 《油栈纠葛案议结》，《申报》1907 年 8 月 1 日。

　　② 《英领为亚细亚建筑油池案致江督函》，《申报》1907 年 9 月 3 日。

　　③ 《附江督复函》，《申报》1907 年 9 月 3 日。

　　④ 《核准美商建造油池之批词》，《申报》1907 年 12 月 15 日。

拨充学堂经费。安徽巡抚对这种反复极为恼火，"昔见其害今则因以为利，前后如出两人，殊堪诧异。中国人为糨人所轻，皆由于见利而不能思义，不明公理，只便私私图足惟败坏风气"。安徽巡抚不但申斥了芜湖县令，而且撤掉吴云所任劝学所董事职务。①

在这些大的障碍都被清除后，1908 年 3 月 23 日，美国驻宁领事马纳斯和刘懋思一起到芜湖与海关官员磋商建火油池事项。事后马纳斯接到安徽巡抚函，称已饬令芜湖道盖印给予美孚地契。未料过了一个月，刘懋思向马纳斯反映还未收到盖印地契。②此后，为地契事，美孚、驻宁领事与安徽巡抚、芜湖道、芜湖海关等就具体油池建设有多次交涉，待芜湖地方正式盖印并给予美孚芜湖地契，时间已到 1910 年。③算起来，从 1904 年刘懋思买地到 1910 年最终拿到地契，时间长达六年之久，该年已是宣统二年。

1903 年到 1910 年，是美孚在中国大规模购置土地建设油池等基础设施的阶段。美孚芜湖拿地是美孚在华取得土地的缩影，可以看到，首先，美孚肯定不是一个遵守"规则"的企业。业务的需求使美孚的用地通常超出通商口岸范围。不仅在芜湖，在早期的汉口万家庙、营口、福州罗星塔、镇江莲花泮等地，美孚都是先买了土地才交涉。美孚买地不仅中国政府不知道，有时美国领事也不知情。有时为了取得土地，美孚还会通过含混或冒用华人名义顶购土地。其次，美孚善于或习惯沿用成例取得土地。自 1894 年清政府批准上海德商瑞记建油池以来，美孚即援此为例，1903 年首先在汉口丹口池举取得突破，这又成为此后美孚和英商亚细亚反复援引的例子。美孚或援引前例或互相援引，成为解决土地问题的突破点之一。再次，利用外交助力。美孚取得土地的具体手段和程序虽不合规定，但显然美国国务院对此并不太在意，国务院更在意的是美

---

① 《批斥芜湖县妄请学费》，《申报》1908 年 3 月 3 日。
② 《马领函催美孚地契》，《申报》1908 年 5 月 30 日。
③ 《函催议覆油池防害章程》，《申报》1910 年 7 月 20 日。

国商人在华权利的声张，其背后则是美国商业势力的强力扩张。1903 年美孚申请建汉口油池时，美国驻汉领事魏礼格"迭赴宪辕既职关饶舌，以美孚油池所化费用甚巨，必欲准予设立而后已"。[1] 1908 年美孚在长沙买地建油池受阻，柔克义竟要亲自跑到外务部找总理大臣庆亲王"面议"，[2] 其外交强横可见一斑。洛克菲勒说，美国政界和商界之间事实上是一种相互帮助、相互支持、相互勾连的关系，可谓准确地说出了当时美国政商关系的本质。最后，托拉斯的雄厚财力和耐心。美孚芜湖土地交涉时间前后长达 6 年，屡经人事变化及政府、民众和外交的角力，所耗费人力和财力非一般企业能承受。1903 年前，美孚在汉口建油栈花了 25 万两白银。[3] 1911 年美孚光修固镇江美孚码头就耗资 4 万两白银。[4] 美孚营口永租地花费洋银 64166 元，面积达 183 亩。[5] 从美孚租购地合约看，其租地的花费亦颇巨。美孚厦门嵩屿油池占地面积 103.45 方丈，永租租金为 7000 元洋银，另每年每一方丈租金为 1 两银，每年 103.35 两银，还有 10000 两汇丰银行担保单质押。[6] 如果将各地的花费加起来，这种投资规模是惊人的。据统计，1903 年到 1914 年，美孚在中国投资了超

---

① 《署理湖广总督端方为议准美商美孚洋行在日本租界拟建火油池地基请查照事致外务部谘呈》（1903 年 9 月 21 日），载中国第一历史档案馆等编《清代外务部中外关系档案史料丛编——中美关系卷》（第八册），第 332 页。

② 《美国驻华公使柔克义为美孚行在长沙开设行栈事请酌定日期赴部面议希速复事致庆亲王照会》（1908 年 9 月 5 日），载中国第一历史档案馆等编《清代外务部中外关系档案史料丛编——中美关系卷》（第四册），第 536～537 页。

③ 《署理湖广总督端方为议准美商美孚洋行在日本租界拟建火油池地基请查照事致外务部谘呈》（1903 年 9 月 21 日），载中国第一历史档案馆等编《清代外务部中外关系档案史料丛编——中美关系卷》（第八册），第 332 页。

④ 《美孚修筑码头》，《申报》1911 年 9 月 5 日。

⑤ 《直隶总督袁世凯为美商欲租海城县营口对面辽河地方地段案将办理查禁情形先行咨复事致外务部咨呈》（1905 年 12 月 11 日），载中国第一历史档案馆等编《清代外务部中外关系档案史料丛编——中美关系卷》（第八册），第 359 页。

⑥ 《福州将军崇善为美商三达公司请租嵩屿海滩起盖油池一案前后办理情形事致外务部咨呈》（1907 年 2 月 7 日）附件一，载中国第一历史档案馆等编《清代外务部中外关系档案史料丛编——中美关系卷》（第四册），第 472～483 页。

过 2000 万美元用于建设中国销售体系，是美孚在亚洲其他地方投资的总和。① 美孚购地交涉往往经年累月，就算比较顺利，比如厦门嵩屿也花了两年多时间。美孚在中国获得土地的过程体现了托拉斯企业的雄厚资本和足够的、持续的耐心。"购买土地—投入巨资造成事实—取得承认"成为美孚取得土地的基本思路。

相对而言，中国政府在应对美孚土地要求时的步调并不一致。无论是总理衙门（外务部）还是地方督抚，虽有维护利权的观念，但各自考虑的重点并不一致。总理衙门往往要履行条约的义务，也要考虑地方的实际情况，总想要调和各方。地方政府更多考虑的是安全、民情还有税收等实际问题。在中国政府机构中，海关是个特殊的角色。在最初处理瑞记油池问题时，清政府给予了海关审核外商土地使用的权利，之后成为定例。总税务司司长赫德对美孚土地使用的态度，一定程度上也是海关的态度，是比较"宽容"的。比如美孚煤油船的起卸地点，赫德主要考虑的是安全和税课问题。按照条约一般规定，美孚煤油船不能停泊在口岸之外，但在他看来，煤油油池、停泊点"应在僻静处，所距他船停泊界限较远之区建置"。"至有无流弊一节，查特行制造之池栈，不但不准他项货物起卸，且须特派专员或常川住宿或随时前往稽查，自无流弊。"② "此等举动均系顺商情，一面保税课起见"，"与关务征税两无违碍即应请由贵部照该行所请施行"，"既在限处停泊，应令遵照专章办理，另付专费以符常例"。③ 实际上，虽然关于"通商口岸""口

---

① 〔美〕高家龙：《大公司与关系网》，第 39 页。

② 《总税务司赫德为九江关火油船停泊在他船停泊界外起卸方无流弊已饬该关税司事致外务部丞参信函》（1906 年 1 月 9 日），载中国第一历史档案馆等编《清代外务部中外关系档案史料丛编——中美关系卷》（第四册），第 362 页。

③ 《总税务司赫德为美孚洋行木栈前起卸火油事应请准照施行并令另付费以符常例事致外务部丞参信函》（1906 年 2 月 6 日），载中国第一历史档案馆等编《清代外务部中外关系档案史料丛编——中美关系卷》（第四册），第 375 页。

岸""城镇"等的定义在晚清政府内部有不同的观点，但无论是中央政府还是地方政府，都想将外商贸易地点控制在一定的范围内以保证中国的权利。这是晚清政府内部比较有共识的一个观点。① 赫德对美孚用地的考虑显然与中央、地方政府有不一样的地方，他更倾向于顺应美孚所请。如果说总理衙门与地方政府关于美孚租购土地的不同考虑是一条小裂缝的话，那么，海关的考虑则是一条大裂缝了。这无疑是有利于美孚的。

第三节　美孚地位的确立及与清政府交往的特点

标准石油托拉斯在华经营的主要目的当然是要实现对石油市场的掌控。这也是石油托拉斯的特征之一。在 1895 年之前，美国煤油占中国进口的比重在 70% 以上，这里面绝大部分是美孚煤油。表 1 - 2 展示了 1886 ~ 1920 年中国照明用煤油进口数，据此可以直观地了解美国煤油（主要是美孚）的市场情况。

表 1 - 2　中国照明用煤油进口数（1886 ~ 1920 年）

单位：百万加仑，%

年份	美国		俄国		苏门答腊		婆罗洲		日本		总计
	数量	占比	数量	占比	数量	占比	数量	占比	数量	占比	数量
1886	23.0	100									23.0
1887	12.0	100									12.0
1888	16.6	100									16.6

---

① 《湖广总督端方为美孚行认宜昌城内为口岸设立行栈请力为主持照美使转饬领事遵照事致外务部谘呈》（1911 年 9 月 1 日），载中国第一历史档案馆等编《清代外务部中外关系档案史料丛编——中美关系卷》（第四册），第 669 ~ 674 页。

续表

| 年份 | 美国 | | 俄国 | | 苏门答腊 | | 婆罗洲 | | 日本 | | 总计 |
	数量	占比	数量	占比	数量	占比	数量	占比	数量	占比	数量
1889	13.0	69.5	5.7	30							18.7
1890	23.6	76.6	7.2	23.4							30.8
1891	39.3	79.7	10.0	20.3							49.3
1892	31.9	78.8	8.6	21.2							40.5
1893	36.7	73.4	13.3	26.6							50.0
1894	51.6	73.7	18.0	25.6	0.5	0.7					70.2
1895	23.1	44.3	26.6	51.1	2.4	4.6					52.1
1896	33.5	50.0	28.3	42.2	5.2	7.8					67.0
1897	48.2	48.5	36.9	37.2	14.2	14.3					99.3
1898	50.1	51.7	19.9	20.5	26.9	27.8					96.9
1899	40.7	46.0	35.7	40.4	12.0	13.6					88.4
1900	34.4	41.2	32.7	39.2	16.4	19.6					83.5
1901	57.8	47.7	22.5	18.6	40.6	33.5	0.2	0.2			121.1
1902	43.3	49.3	10.1	11.5	33.8	38.5	0.7	0.8			87.9
1903	31.1	36.5	13.5	15.9	39.9	46.9	0.6	0.7			85.1
1904	67.1	43.0	32.6	20.9	55.9	35.9	0.3	0.2			155.9
1905	80.0	52.5	12.7	8.3	48.5	31.8	11.1	7.3			152.3
1906	62.9	48.9	0.0	0.0	38.8	30.2	26.9	20.9			128.6
1907	95.6	59.3	0.7	0.4	39.1	24.2	25.9	16.1			161.3
1908	121.7	65.4	2.8	1.5	43.5	23.4	18.0	9.7			186.0
1909	84.0	57.7	3.6	2.5	43.4	29.8	14.7	10.1			145.7
1910	96.1	60.0	2.2	1.4	42.8	26.7	19.0	11.9			160.1
1911	157.5	66.8	2.8	1.2	49.5	21.0	26.0	11.0			235.8
1912	123.4	62.6	4.0	2.0	47.3	24.0	22.4	11.4	0.02	0.01	197.1
1913	112.5	61.1	6.0	3.3	41.9	22.8	23.6	12.8	0.03	0.02	184.0
1914	162.4	70.5	7.2	3.1	37.5	16.3	22.6	9.8	0.5	0.2	230.2
1915	128.9	69.7	0.9	0.5	30.1	16.3	23.9	12.9	1.2	0.6	185.0

续表

年份	美国		俄国		苏门答腊		婆罗洲		日本		总计
	数量	占比	数量	占比	数量	占比	数量	占比	数量	占比	数量
1916	108.8	74.6	1.0	0.7	19.2	13.2	10.4	7.1	6.4	4.4	145.8
1917	107.4	68.6	0.3	0.2	33.6	21.5	9.8	6.3	5.4	3.5	156.5
1918	48.2	68.6	0.0	0.0	8.5	12.1	11.7	16.6	1.9	2.7	70.3
1919	157.3	79.5	0.0	0.0	33.6	17.0	6.4	3.2	0.6	0.3	197.9
1920	140.7	74.5	0.9	0.5	37.3	19.8	9.5	5.0	0.4	0.2	188.8

资料来源：罗森萨尔：《中国市场——神话还是现实？美孚的案例，1875—1918》，第 17 ~ 18 页。转自高家龙：《大公司与关系网》，第 34 ~ 35 页。

从表 1 - 2 可以看出，1895 年之前美国煤油占有绝对优势，美孚在华没有竞争对手。但 1895 ~ 1905 年，美国煤油在中国进口份额跌落至年均 46% 左右的水平。这期间美孚主要是受到了俄国石油和荷兰皇家石油公司（Royal Dutch）的冲击。

1891 年，M. 塞缪尔公司的老板马库斯·塞缪尔（Marcus Samuel）与罗思柴尔德银行订立合同，允许塞缪尔在苏伊士运河以东地区独家经营黑海和里海石油公司[①]的煤油，为期 9 年，至 1900 年止。1892 年，塞缪尔的新型油轮"骨螺号"满载俄国煤油通过苏伊士运河到达曼谷新建的储油库，这是一次对世界石油市场的"突然袭击"。[②] 1894 年底，塞缪尔将俄国煤油用散装油轮运到中国。这些俄国煤油在中国的售价比美孚的煤油便宜 1/3。[③]

就在俄国煤油源源不断地涌入中国市场之后不久，荷兰皇家石油公司（Royal Dutch）又引进了苏门答腊的煤油。在塞缪尔和荷兰皇家石油

---

① 即 1886 年罗思柴尔德家族开设的"黑海和里海石油公司"，后来以其名称中俄文首字母组成的简称"Buito"而闻名。

② 〔美〕丹尼尔·耶金：《石油风云》，上海译文出版社，1997，第 62 页、第 71 页。

③ 〔美〕高家龙：《大公司与关系网》，第 33 页。

公司的轮番攻击下，1895～1905 年，美国煤油（绝大部分是美孚的产品）在中国市场的份额从 1886～1894 年的年均 83% 以上跌落到 46% 左右。

1897 年，塞缪尔将旗下全部石油企业、油船队和属于不同商号的储油库都合在一起，组成了一个新公司——壳牌运输和贸易公司。1901 年，塞缪尔公司和荷兰皇家石油公司联合，组成了"壳牌运输荷兰皇家石油公司"（也称"英荷石油公司"）。1902 年，罗思柴尔德家族加入，三方组成更大的联合体"亚细亚火油公司"。1907 年，壳牌和荷兰皇家石油公司正式合并，皇家壳牌集团诞生。这是一个能与美孚在全球分庭抗礼的组织。[①] 合并后的皇家壳牌集团整合了两家公司的资源和罗思柴尔德的俄国石油及荷属东印度群岛的石油，成为美孚公司在全球的最大对手，也是其在中国市场上最强劲的对手。[②]

1894 年美孚设立上海公司后，开始直销系统的建设以应对竞争。到 1910 年左右直销系统初具规模后，美孚的竞争能力大大增强，反映到市场上就是份额的稳步上升。从表 1－2 中也可以看出，1906～1912 年美国煤油份额回升至年均 60%，1913～1920 年更升至年均 68%。可以说，自 1870 年代进入中国后，美孚是中国石油市场的开拓者和具有领导地位的供应者。

美孚在华的优势地位并不只表现在市场份额上，还体现在能利用政治力量塑造有利局面。它创造了自己与中国政府交往的模式。

---

① 〔美〕丹尼尔·耶金：《石油风云》，第 140 页、第 139 页、第 145 页。

② 1907 年，壳牌和荷兰皇家石油公司合并后，两家公司的所有生产资料合在一起，并在伦敦和海牙各设一个总行。在集团内部，有关技术方面听命于海牙总部，海牙还管理东印度的石油资源；有关商务活动和船舶运则听命于伦敦总部。皇家壳牌集团在伦敦的总部用亚细亚这块招牌，在中国、越南、马来亚、菲律宾、土耳其的分支机构也用亚细亚招牌加上地区的名称，如"亚细亚火油（华南）有限公司"。壳牌在进入中国之初，也是通过代理商销售。1902 年亚细亚石油公司成立后，公司即在中国投资建立自己的销售体系。1907 年，设立上海亚细亚火油公司。1908 年，在华机构分为华南和华北两个公司。二战结束后，英文名称改用"The Shell of China"，中文名称仍沿用"亚细亚火油有限公司"，不再有华南和华北的区分。

第一，美孚和美国国务院在中国构建了一种互相利用的稳固关系，并使这种关系成为与清政府打交道的利器。早期美国在华的领事不少由商人负责处理通商口岸事务。1856 年，美国国会通过一项有关领事体制的决议以后，美国驻外领事不得兼营商业，美国驻华领事才逐步由专职人员担任。1880 年代到 1910 年代是美国国力日渐强大的阶段，但在中国，英国的影响力在美国之上，这反映在领事派驻上，就是英国在各地的领事要比美国多。在许多地方美国力有未逮，这使得美国在处理在华商业事务上不得不借助商业组织的力量，而美孚是最有实力的一个。据清政府 1907 年统计，九江口岸有英商太古洋行等 7 家、日商 4 家、俄商 2 家、德商 1 家、美商 2 家（其中之一就是美孚）。九江口岸只有英国派驻了领事。在这些地方，可谓先有美孚，后有美国领事。① 在这些美国未派领事或更偏远的地方，美国驻华使馆要依靠美孚了解情况，解决问题。

美孚确实为驻华使领办理相关事务提供了便利条件。1907 年 5 月，美国驻上海总领事乘"贝福德"运输舰运救灾面粉到镇江，当地大小官员及美国官商出迎，而设宴款待的则是美孚。② 在长江流域航行的美孚船队船只，经过特别设计以应对长江风险，这使得船队成为能长期航行于长江的唯一船队，因此美孚的船只承担着美国在华传教士、商人和外交人员的接载任务。美孚航行于长江的"美孚号"、"美峡号"、"美平号"和"美安号"等比美国在华的炮舰都大。③ 所以对美国国务院而言，美孚是能长期为在华人员提供实质性帮助的企业。

---

① 《九江口岸各国领事姓名及洋商行栈各字号清折》（1907 年 5 月），《兼办南洋大臣周馥为九江关道开送第一百八十一结期满九江口岸各国领事姓名及洋商字号清折事致外务部咨呈》（1906 年 2 月 6 日），载中国第一历史档案馆等编《清代外务部中外关系档案史料丛编——中美关系卷》（第二册），第 348 ~ 350 页、第 258 页。

② 《美总领事莅镇》，《申报》1907 年 6 月 2 日。

③ 香港美孚石油公司编《先锋与典范——美孚在中国的一百年》，香港美孚石油公司，1994，第 41 页。

因此，无论是对国家商业利益还是对美国国务院本身而言，美孚在华的地位都十分特殊。正因如此，美国国务院对美孚的利益尤为关心。翻开近代美国与中国的外交档案，美孚的名字出现的次数是美国所有在华商业组织中最多的。1895 年是美孚面临俄国散装煤油竞争的第一年，当时俄国散装煤油无须先缴纳关税，而是待出售时才缴纳关税，这就降低了俄国煤油的成本。而美孚的煤油都是箱装，为降低成本，美孚想参照散装煤油缴纳关税。驻华公使田贝听闻此事后，积极向总理衙门交涉，称美国煤油均为箱装，应给予散装煤油相同的待遇，才能"同沾利益"，体现公允。在田贝的协调下，清政府同意美孚箱装煤油比照散装煤油纳税办法办理。[①]

1904 年 8 月，日俄战争中俄国驱逐舰"阿斯科洛德"号自旅顺败退至上海，在美孚油栈附近的船坞修理。美国国务院获悉此事后，马上通过驻华公使康格向清政府提出照会，称俄军舰靠近美孚油栈，"甚有危险"，一旦交战，有损美商财产。康格要求清政府说明要如何处理，并声明如将来美孚财产受损，"定惟所应担此责成者是问"。照会最后还特别强调，此事"系为最要之事。望速见复"。[②] 从言辞中亦可见美国国务院对美孚的重视。

对美国国务院而言，要拓展美国商业利益，煤油作为对华出口的第一大货物，自然备受关注。美孚既是美国扩张商业版图的先锋，也是国务院在华的"助手"。对美孚而言，利用政治力量解决商业扩张难题，既是一种可能，也是一种成功的实践。所以尽管标准石油托拉斯在美国国内因垄断而不断被批评，乃至最后被法院拆分，但在中国，美孚和国务

---

① 《请准美国装箱火油亦按池油办法办理》（1895 年 5 月 4 日），《装箱火油按池油办法应立箱栈章程》（1895 年 5 月 20 日），载《中美往来照会集（1846—1931）》（第 8 册），第 24～25 页、第 27～28 页。

② 《俄驱逐舰在上海美孚行油栈旁修理恐美商财产受损之照会》（1904 年 8 月 23 日），载《中美往来照会集（1846—1931）》（第 10 册），第 137 页。

院结成了一种相当稳定且相互需要的关系。

第二，美孚发展出一种适合自己的与清政府打交道的方式——与政治保持一定距离。美孚早期在华经营时并无意卷入中国政府的内部事务。另一家英国大企业怡和洋行显然走的是不同的路子。怡和洋行以鸦片代理发家，之后成为投资人。怡和洋行在这一时期的特点是寻求同中国政府传统的上层人物结成利益同盟。因此，怡和洋行不但投资棉花和铁路，还为中国政府提供贷款，为内务府提供借款，俨然成了中国政府的特别代理人。怡和洋行想通过与统治阶级合作而获利，但这个阶段的怡和洋行也发现，尽管中国日趋衰落，企业也并不能随意规定合作的条件，"官僚政治使用传统的办法，将有限的自强发展规划，确保仍处于其控制之下"。清政府的官员对外资企业的态度总体上是控制和利用为主。即使像怡和洋行这样深入参与清政府事务的大企业仍很难处理中国传统观念、官员思想、社会和政治秩序等复杂的问题。[①] 1894～1912年，美孚在华经营的重点是建设直销系统，在各要地建油池、油栈和创建运输系统以应对竞争。在这些活动中，美孚常常要打破原有界限，去取得土地建设油池，加上各种安全问题和利税等问题，美孚与清政府之间常常发生纠纷，客观上也不易使两者发展成一种亲近的关系。

第三，保持经济的完全独立，避免受到复杂的中国政商习惯的影响。标准石油托拉斯在海外设立分支机构时，一般都比较注意与所在国的商人联合组建营销和运输公司。比如在法国、德国和加拿大，标准石油托拉斯的分公司设立之初都是合营公司。[②] 但在中国，美孚自始至终都是独资公司。这固然与中国当时没有法德等国从事石油产业的关联公司有关，不过更重要的是标准石油托拉斯非常看重资金的自主性及由此带来的完

---

① 〔英〕勒费窝：《怡和洋行：1842—1895年在华活动概述》，第123～126页。
② Hidy, Rallph W. and Hidy, Muriel E., *Pioneering in Big Business 1882 - 1911*, pp. 238 - 258.

全自主权。洛克菲勒曾说，标准石油公司的资金一直自筹，从不受华尔街银行的摆布。"标准石油是一个真正意义上的最庞大的银行——我们是一个行业内部的银行，为行业提供资金以抵抗一切形式的竞争，并且不断把大笔的金钱借给急需的借贷者，要求他们用高等级的担保品做抵押，就像其他大银行的做法一样。"①

所以，美孚在代理制度的设计上，避免了中国商人对美孚业务的影响。美孚在中国设立机构后，逐渐以经理制代替原来的买办包销制。美孚的代理商一般是当地殷实的商家。美孚代理合同的主要内容包括以下几个方面。①代理商和美孚签订合同后，不得代销其他公司的产品，也不得自行转让给其他油行经销。②代理商应交存一定数量的保证金，由公司核定，付给年息6厘。③货物离开公司所在地栈房后，除人力不可抗拒的自然灾害外，一切责任均由代理商负责，但在货款未付清前所有权仍归公司。④公司统一规定售价，代理商不得任意抬高或压低价格。⑤代理商售出货物，公司按营业额付给2%的佣金，在每次货款内扣除；由所属代理处经售的货物，公司只给1%的佣金。⑥货款应于售出一个月内缴入公司指定的银行；每星期造具销货单、每月造具存货单，报给公司，公司有权随时检查账目和存货。⑦代理商应将股东姓名、职业等开具名单，连同合伙单报送公司，公司有权向有关股东核对。合伙股东应对合同负连带无限责任，并放弃抗辩权。⑧代理商应努力完成双方议定的经销额，超额可得奖金，不足限额以推销不力论。⑨公司通知调价时，代理商应即按新价售货，但遇有特殊情况，允许按原价报销，以解决业务上的实际困难。⑩合同不定期限，公司可随时于一个月前通知代理商取消合同。代理商要求取消合同，则应于三个月前通知公司。②

① 〔英〕约翰·D·洛克菲勒：《洛克菲勒日记》，1894年6月1日，第332页。
② 苗利华：《美孚石油公司》，载中国人民政治协商会议全国委员会文史资料研究委员会编《工商经济史料丛刊》（第4辑），文史资料出版社，1984，第46～47页。

　　这种合同一是确立了代理商与美孚的托售关系，二是确立了美孚对代理商的管理权，三是将保证金与代销货品数量相联系。托售和保证金制度确保美孚拥有了主动权和承担有限的责任。如果代理商的生意出现问题，或是官司缠身，对美孚都没有影响，因为保证金只与货物价值等同。这就使美孚在华的坏账很少。美孚认为这个方法异常成功。[①] 这种方式实际上使美孚与代理商的关系简化了，从而起到了减少中国代理商复杂的政治关系对美孚的影响。

　　以往有研究者强调条约体系对外企在华取得经营优势的作用，而相对忽视外企自身的组织能力和财力等因素的影响。标准石油托拉斯在中国市场销售网络的实现和石油市场地位的确立，首先表现出的是其强大的企业组织能力和雄厚财力，其甚至为美国国务院处理在华事务提供便利。美孚实质上集合了企业组织力、财力和稳固的政治关系，并非单纯利用了条约体系。在与清政府打交道的过程中，美孚展现了作为托拉斯的扩张、独占和强横特征，这给清政府官员留下了深刻的印象。面对这个强大的石油托拉斯，在政治主权受损的情况下，清政府只能施加有限的监管，无法做到用其利而去其弊。

---

　　① 　香港美孚石油公司编《先锋与典范——美孚在中国的一百年》，第11页。

第二章
动荡时代：美孚与南北政府

在 1912～1928 年，美孚发现自己必须与中国不同的政府打交道才能掌控中国市场，先是袁世凯政府，接着是北京政府和南方的革命政府。在与北方政府交涉中国石油矿开发、维持市场和处理南方政府煤油税等问题上，美孚的主要目标是维护市场领导地位。在这个中国政治动荡的年代，美孚的行为往往超越了本身的意义，主动或被动地卷入了中国政府事务、中美关系和中国革命中。在这个过程中，中国政府不但意识到了美孚对中国财税的意义，而且逐渐了解到美孚这类大型跨国企业对中国事务的影响。

第一节　中美合资创办石油公司之争

1914 年 2 月 10 日，代表中华民国政府的农商总长张謇、国务总理熊希龄、财政总长周自齐、交通总长朱启钤和美孚代表艾文澜在北京签订了《中美合资创办石油公司合同》（又名《美孚推广事业合同》）。这是美孚与北洋政府在民国之初的一次大动作，也是美孚在中国中央政府层面最具实质性的活动。美孚最终想通过此合同取得中国石油矿开采权并借以主导中国石油业，而北洋政府意欲借美孚之力开采国内石油矿并取得借款。这是近代以来中国政府与美孚，也是与外国企业在中国石油事业上的第一次交锋。

一　合同的签订

20 世纪初期，美孚在中国已基本建成了一套较完整的直销系统，包括销售系统和运输、存储系统。这套系统使美孚在中国的石油市场上处于绝对的优势地位。但在这个时期，亚细亚进入中国并成为美孚的主要竞争对手。与美孚相比，亚细亚拥有离中国较近的荷属东印度群岛油源，因而在石油产品价格上具有相当优势。为应对亚细亚在远东的挑战，美孚一直尝试在缅甸和东印度群岛获取油源但无功而返。尽管屡遭挫败，美孚仍不放弃在远东找到油源的机会。[1]

晚清以来，朝野时有利用外企开发中国石油矿的呼吁，其间亦达成过一些协议。例如 1902 年 9 月，四川与法国和成公司签订《巴万油矿章程》。《巴万油矿章程》是四川地方政府想利用法国资本和技术在四川省内勘探开采石油，并从中获得税款和报效银而签订的。[2] 开矿获利是清政府从事矿务的重要动因。20 世纪初，美孚即有意与清政府接触，尝试开采中国石油矿。1906 年，美孚特地安排了"出洋五大臣"的戴鸿慈等人参观了其在纽约的炼油厂。戴鸿慈在参观过程中发出了"其精细洵可惊也"的感慨。[3] 自此，清政府保持与美孚的商业联系。[4]

1913 年，袁世凯政府为解决财政压力，开辟借款新来源，由国务总理兼财政总长熊希龄向美国驻北京代办提出，如美孚能提供 1500 万美元

---

[1] Hidy, Rallph W. and Hidy, Muriel E., *Pioneering in Big Business 1882 – 1911*, pp. 497 – 503.

[2] 《巴万油矿章程》（1902 年 9 月 29 日），载王铁崖编《中外旧约章汇编》（第二册），第 116~118 页。

[3] 戴鸿慈：《出使九国日记》，陈四益校点，湖南人民出版社，1982，第 91 页。

[4] 《北京电》，《申报》1914 年 2 月 24 日，第 2 版。

的贷款支持中国政府，美孚将获得陕西石油矿的开采权。[①] 袁世凯政府之所以如此着急以石油开采权换取借款，是因为当时财政困难。国务总理熊希龄曾致电各省都督和民政长通告中央财政困境。通电中称，自民国元年至1914年初，各省上缴中央的解款仅260余万元，而1914年2月至1915年6月应还的各种借款约为9000万元。"如何筹措，今尚渺如捕风"。[②] 因有以矿权换借款之意，袁世凯政府与美孚的谈判是秘密进行的。

当时已退出六国银行团的美国决定摆脱其他国家掣肘自己单干，扩张在华的经济势力。当时美国驻华公使是芮恩施（Paul S. Reinsch）。芮恩施竭力推进美国企业在中国的业务以实现美国的经济利益。[③] 对美孚与北洋政府的谈判，芮恩施积极协调，以推进"把美国参加中国的工业和经济发展工作放在首要地位"这一目标的实现。[④]

尽管北洋政府和美国国务院都积极推动与美孚的磋商，但美孚有自己的考虑。美孚副总裁比密斯（W. E. Bemis）对媒体称，美孚与中国政府的合作仅限于商业考量。与远东商业"请托如获允诺辄有报酬"习惯不同，美孚并不想通过借款获取矿权之类的行为拓展国外贸易，所以美孚的处理方式是组织一个中美合资公司，中国政府协助美孚经营中国油矿，而美孚以中美公司所获利益的一部分给予中国政府作为报酬，"除合股外，别无他图"。对于北洋政府关心的借款问题，美孚认为美孚并非银行，所以不"辄附条件"的美国银行家应愿意提供中国所需借款。比密斯还认为，美孚获得中国油矿权是免除日本染指中国石油开采的胜利。[⑤]

---

① 吴翎君：《美孚石油公司在中国（1870—1933）》，第114页。
② 《综述财政困难致黎元洪暨各省都督、民政长通电》（1914年2月），载周秋光编《熊希龄集》（五），第81～82页。
③ 陶文钊：《中美关系史》（第一卷），上海人民出版社，2020，第40～41页。
④ 〔美〕保罗·S. 芮恩施：《一个美国外交官使华记》，李抱宏等译，商务印书馆，1982，第56页。
⑤ 《美孚协理之中国煤油谭》，《申报》1914年4月5日，第2版。

虽然美孚无意直接提供 1500 万美元的金融借款给北洋政府，但许诺支持北洋政府获得这种性质的借款。① 在芮恩施等的协调下，北洋政府与美孚签订了合同。从合同的内容和事后发生的事情看，这个合同是初步的和极具争议的。规定双方管理权利的主要是第三条：

> 公司股本美孚占百分之五十五，中国占百分之四十五，此百分之四十五内有三十七分半系由公司赠与，作为取得中国政府所给特权之代价，其余七分半由中国政府于公司成立之日起两年内照原价购买；如过期不买，仍作为美孚之股本。此合同期内，所有中国股份不得售与非中国人或为非中国人所有。将来在第一条所开场所加增资本，亦照上列办法按数分摊。公司完全管理经办之权授予董事部，以美孚人员及中国人员按照股本多寡，平均分配组织之。一俟此合同签字之后，即由中国政府之代表与美孚之代表会定公司名称及其规则章程。中国国民可在市面购买中美公司之股票。②

按照此规定，公司管理权归董事部，而管理权按股本多寡分配。这实际给予了美孚对中美公司实质性的管理权。更体现美孚意愿的第四条规定：

> 第四条　中国政府应允美孚，将陕西省延安府延长县、直隶承德府及其附连产油场所，全行交与中美合资公司开采、制炼及销售。中国政府应允极力相助，并加以保护，并应允无论何项外国人不给

---

① "Minister Reinsch to the Secretary of State, February 6, 1914", *Papers Relating to the Foreign Relations of the United States with the Address of the President to Congress*, December 8, 1914, pp. 62 – 63.

② 《美孚推广事业合同》（1914 年 2 月 10 日），载王铁崖编《中外旧约章汇编》（第二册），第 1006 页。

以产油场所专利之权，并允如中美合资公司所办开采之事未得中国政府及美孚满意，中国政府不得将中国境内产油场所给与其他外国人办理，惟此合同签约之日起，不得逾一年之限。

此合同自签字之日起实行，六十年为满，在此期内，中国政府应允不准其他外国人或外国团体在上开地方出取石油及其副产品。

倘陕西省延安府延长县、直隶省承德府及其附连油场查明不值开采，应准在直、陕两省内别处地方办理，仍以专门家探所指为限。①

从字面看，中美公司开采的地方限于陕、直两省，但同时限制了其他外国人开采中国任何地方的可能性，尽管仅有一年的时间限定。所以日本公使山座圆次郎将此认定为"将全国煤油概归美孚包办"。② 此外，如果中美公司正式营业并不断拓展开采区域，在 60 年内其他人将不得在公司开采地区从事石油业务。第四条的规定明显具有排他性。所以从合同内容，特别是第三条、第四条来看，美孚通过控制中美公司的管理权和排他性的规定，有独占中国石油矿开发权之意。

这个合同对美孚的意义，美国公使芮恩施是看得比较透彻的。他认为，这个合同给美孚"提供了获得较多股份的机会"，更重要的是"因为一旦建立这种合伙关系，一旦根据这种关系确定的工程以一种可以接受的方式进行，那么确实可以期望已经取得的特权会得到扩展"。③

袁世凯政府关心的借款问题为合同第八条，"如中国政府欲在美国办理债项，美孚公司应允暗中帮助"。无论是熊希龄还是此后接任财政总长

---

① 《美孚推广事业合同》（1914 年 2 月 10 日），载王铁崖编《中外旧约章汇编》（第二册），第 1006~1007 页。

② 《与日本山座公使关于美孚合同之谈话》（1914 年 3 月 12 日），载周秋光编《熊希龄集》（五），第 105 页。

③ 〔美〕保罗·S. 芮恩施：《一个美国外交官使华记》，第 72 页。

的周自齐都希望美孚利用其影响力达成政府向美国借款的计划。①

由于袁世凯政府与美孚的谈判是不公开的，而且合同签订之后，除一般条款外，其余未公开宣布，加上在税收上可能影响到地方权益，因此引起了国内舆论的揣测和反对。② 国内的反对舆论主要集中于让权借款、秘密外交、美孚垄断油矿权等方面。经过芮恩施、北洋政府和美孚的解释、说明和运作后，国内的反对声音才逐渐平息。③

合同所带来的外交压力主要来自日本和英国，特别是日本。合同中的排他性含义，隐含了对列强所谓"同沾利益"原则的破坏及对现实利益的影响。1914 年 3 月 12 日，日本公使山座圆次郎就美孚合同与全国煤油督办熊希龄交涉。从会议记录看，山座的态度强横，其主要关注两个方面的问题。一是认定中国政府将全国煤油归美孚包办。他认为此举有碍各国利益，而且中国政府在不告知日本的情况下与美国签约，"似有不顾邦交之意"。二是要求指定一省煤油矿与日本合办。对此，熊希龄称，中国政府与美孚合作纯属商业关系，并不涉及政治问题，且合同只限一年。至于合同中以全国煤油矿"概归"美孚的意思，是因为现时除陕西、直隶外，"究不知何省尚有煤油矿产，不得已以全国二字括之"，并未给美孚在全国的开发石油矿的专利权。对山座提出的要指定一省与日本合办煤油矿的要求，熊希龄以中国民众尚反对美孚合同的条款、中国政府未定具体办法、美孚合同本身的约束为由加以拒绝。山座对此并不满意，表示将与中国外交总长进一步交涉。④

英国的反应虽不如日本激烈，但英国国内亦相当关注。英国外交部副

① 〔美〕保罗·S. 芮恩施：《一个美国外交官使华记》，第 87 页。
② 《筹办全国煤油矿事宜处呈请决定办法两大纲文》（1914 年 4 月 2 日），载周秋光编《熊希龄集》（五），第 120 页。
③ 吴翎君：《美孚石油公司在中国（1870—1933）》，第 117 ~ 129 页。
④ 《与日本山座公使关于美孚合同之谈话》（1914 年 3 月 12 日），载周秋光编《熊希龄集》（五），第 104 ~ 106 页。

大臣不得不专门到下议院做了说明：第一，美孚合同无碍英国在四川的利益；第二，英国政府力促中国的矿产开发按条约进行；第三，英国在长江流域的利益未受影响，政府能保证英国在长江流域商业利益的扩展。[①]

美孚与北洋政府合同的签订，为双方合作构建了一个框架，但掀起了中外舆论的浪潮，加上合同本身确实存在问题，北洋政府就合作和石油矿开发问题与美孚开始了新的交涉。

二 "国有主义"与合作的破裂

1917年美孚最终决定终止1914年2月的合同，停止所有在中国的石油勘探工作。有学者认为主要原因有三：一是美孚在直隶和陕西勘探后没有找到有开采价值的油源；二是美孚认为北洋政府缺乏诚意，谈判迟缓且有意借其他公司抬高身价；三是美孚不能掌握中美公司。[②] 这些固然是一部分原因，但从中国政府本身更深层的考虑和美孚最大的感受而言，北洋政府越来越清晰的"国有主义"是一个更重要的因素。

晚清的部分官员已认识到了矿产关乎利税。袁世凯在直隶总督任上（1901～1907年）就有收回开平煤矿充实军费的计划和开办滦州煤矿公司扩充财政的行动。袁世凯对矿产开发的观点是允许外国人开发但不允许其占有。[③] 民国建立后，矿权属国家的观点在政治上已有相当共识。1912年11月1日，北洋政府召开了首届全国工商会议，参加的人员为各省和海外侨商代表150多人及政府各部代表。这是一次政府和全国工商实业界的盛会。会议的主题是国家经济政策，特别是实业问题。在开会之初，北京政府工商总长刘揆一在致辞时阐述了政府对工商业的三大政策。第一，基本产业政策。由政府选定有竞争力的丝、茶、瓷器和国内必需的

---

① 《英议院之中国矿产问答》，《申报》1914年4月2日，第2版。
② 吴翎君：《美孚石油公司在中国（1870—1933）》，第145～146页。
③ 〔加〕陈志让：《乱世奸雄袁世凯》，傅志明等译，湖南人民出版社，1988，第78～83页。

煤、铁、纺织、煤油等作为国家基本产业加以提倡扶持。第二，政府培育产业计划。其要义是"简易之事"由民间兴办，而如矿业等"繁重之事"由政府经营。第三，在不妨碍国家主权的前提下，有选择地利用外资。① 可以看出，北洋政府有政府经营基本产业，特别是矿业的思想。在本次工商会议的提案中，虽然有对政府经营或垄断实业的批评和否定，但也有一些提案以及代表要求政府干预开办困难的行业。这些情况说明，不但政府有经营实业之意，当时部分工商业人士亦感到有必要发挥政府作用以振兴中国实业。对袁世凯政府而言，如能控制矿业，进而扩大其经济实力，对其政治地位的巩固也有重大的现实意义。这些因素影响着北洋政府矿业开发，包括石油矿开发的思想和政策。

在利用美孚资本开发中国石油矿问题上，北洋政府的认识有一个不断深化的过程。1914 年 2 月北洋政府与美孚签订的中美石油事业合同原出于借款和开发石油矿的考虑，随着合同的具体化需要及不同声音的出现，北洋政府对石油开发事业所涉问题逐渐有了更清楚的认识。中美签订合同之后不久，时任北洋政府煤油督办的熊希龄在给袁世凯筹办全国煤油矿事务呈文中从四个方面阐述了煤油对中国的重要性。从军事上看，煤油关系到海军用油；从国家财政看，煤油为财政大宗；从民生看，煤油已成民众日常必需品；从国家权益看，煤油全赖国外进口，主动权掌握在外国人之手。②

基于这些认识，北洋政府决定：第一，将煤油矿定为国有；第二，筹办全国煤油矿事宜处，作为统筹石油事业的总机关。1914 年 3 月 11 日，在与美国签订合同的一个月后，袁世凯颁行了《中华民国矿业条例》，条例第六条规定，"食盐及煤油归国家专办"，煤油国有有了法律依

---

① 《工商会议开会日刘总长演说词》，《工商会议报告录》，工商部，1913。
② 《全国煤油矿事宜筹办大概情形呈大总统文》（1914 年 3 月 27 日），载周秋光编《熊希龄集》（五），第 108～109 页。

据。第四条又规定，"凡与中华民国有约之外国公民得与中华民国人民合股取得矿业权，但须遵守本条例及其他关系诸法律"。"外国人民所占股分不得逾全股分十分之五。"第九三条，"凡与中华民国人民合股办矿或受雇之外国人，关于矿务之争执，应呈由矿物监督署长裁决"。关于股份的规定显然不适合之前的中美合同，所以《矿业条例》最后专门规定，"本条例施行前，因招集外资办矿所订立之合同契约，均仍其旧"。[①] 这是要保证之前中美合同的合法性。尽管如此，《矿业条例》中所反映的由政府掌控与外资合作开发矿产的主动权的意图还是很明确的。

北洋政府另一个重大举措是将煤油矿事务从农商部独立出来，设"全国煤油矿事宜处"，作为政府特设机关，统筹办理全国煤油矿业务，该机关归总统和国务院管理。该处负责人为前总理熊希龄。在筹办全国煤油矿事务之初，熊希龄办理全国煤油事业的思路是：首先，勘查全国煤油矿，无论已开发还是未开发，官办还是商办，全部收归国有，此为入手办法；其次，利用外资，组成中外合资公司开发煤油矿，此为次要办法；最后，编译及引进石油矿学知识，逐渐发展中国石油产业学术，培养人才，此为辅助办法。[②]

在这样的背景下，北洋政府对美孚的定位就比较清晰了。1914 年 4 月，熊希龄给袁世凯的呈文中，清楚地表达了他对美孚在中国石油事业中地位的想法。第一，利用美孚的资本和技术是当前中国推进石油矿开发不得不为之的现实之举，但要限制美孚的开发范围和时间。因美孚合同"人民尚多反对"，类似的合同不能再出现。这表明了对美孚合同的限制之意。第二，政府与美孚合办油矿之利作为将来扩充开发全国油矿的

---

① 《矿业条例》（1914 年 3 月 11 日），载中国第二历史档案馆编《中华民国史档案资料汇编》（第三辑），江苏古籍出版社，1991，第 41 页、第 40 页、第 51 页、第 53 页。

② 《全国煤油矿事宜筹办大概情形呈大总统文》（1914 年 3 月 27 日），载周秋光编《熊希龄集》（五），第 110 页。

资本，是国家最终独立经营油矿的资本。第三，中美公司要考虑地方利益，在工人、教育及慈善事业等地方公益事务上要有所规划和作为。① 熊希龄打算将中美公司办成"国增其税，民受其惠"的"中国第一合办公司之起点"。② 因此，在煤油矿国有化方面，利用、限制外资成为北洋政府石油开发及与美孚合作的基本前提。

美孚与北洋政府的合同交涉大致可分为两个阶段。第一阶段是 1914 年 2 月到 1915 年 4 月，主要是美孚上海总办白来克和北京经理艾文澜与北洋政府进行了三次重要的会议。第二阶段是 1915 年 6 月美孚副总经理比密斯来华到 1915 年 8 月离华，其间双方有一系列的会谈。

在第一阶段与美孚正式会商前，北洋政府将原合同的性质定为"合同大纲"。"适因时势敦迫，仓卒成议，合同中尚有未尽完备之处，必须于此次章程内设法补救，以保我应有之权利，而免贻国人开放实业之口实。"意即要在具体章程中极力挽回原合同中的不足。③ 此时，北洋政府充分意识到了美孚的影响力，"盖托拉斯公司势力宏伟，几如国敌，我之交涉人员，非同心一致，不足以预防后患"。④

北洋政府对于中方与美孚所合办的中美公司（有时也称华美公司）的谈判，预设了两点。第一点关于公司具体章程。①确定美孚的实际出资总额。将赠给中国的 37.5% 的股份和美孚的实际出资区分开。②原合同将开采、炼制和销售全交给中美公司，而销售部分利益最大，所以北洋政府打算和美孚平分销售权。③原合同第一、第二条规定，中美公司

---

① 《筹办全国煤油矿事宜处呈请决定办法两大纲文》（1914 年 4 月 2 日），载周秋光编《熊希龄集》（五），第 120～121 页。

② 《为华美公司会议组织章程密陈决定办法文》（1914 年 7 月 11 日），载周秋光编《熊希龄集》（五），第 160 页。

③ 《为华美公司会议组织章程密陈决定办法文》（1914 年 7 月 11 日），载周秋光编《熊希龄集》（五），第 159 页。

④ 《为华美公司议订章程上大总统书》（1914 年 7 月 11 日），载周秋光编《熊希龄集》（五），第 163 页。

的管理权归董事部，而董事由资本多寡决定，美孚出资多，实际上管理权就由美孚掌握。北洋政府拟设督办一员以分美孚专权。④保障地方公益。第二点关于借款。原合同中，美孚协助北洋政府借款并无实际的约束。北洋政府认为，原合同给予美孚的排他性权利有时间（一年）和地点（直隶、陕西）的限制，加上存在其他国家的竞争，这是美孚有求于北洋政府的地方，即政府可作为获取权益和获得贷款的筹码。北洋政府谈判力争的结果是，以直隶、陕西（如两省无油则再指定一省）的开采权使美孚同意上述 4 项权利和借款。此外各省的石油矿按矿业条例均准国内外商民开办，以免中外舆论攻击。为了不与中美公司冲突，亦为实现煤油国有政策，北洋政府将煤油国有的形式定为开放开采权，而管道运输、炼油及销售由国家办理。① 北洋政府会议前的预判及要求已与原合同有很大的不同。

美孚在第一阶段的谈判策略是一边勘探一边谈，通过掌握实际勘探情况以取得主动权。美孚的目标大体上是落实原合同的内容。美孚代表为上海总办白来克和北京经理艾文澜，中方代表是熊希龄和周自齐。自 1914 年 12 月到 1915 年 4 月，双方进行了三次会议。美孚关于公司章程的主张主要有三点。①中美公司在美国领照，并将公司总部设于美国。②中美公司只负责石油开采和运输，炼油和销售由美孚负责。先招股 100 万美元作为开办资本。③董事部有制定、更改或修正公司章程的权力。按合同，董事人数和权力由股本多寡决定。② 美孚意在通过董事部控制中美公司，并将中美公司定位为负责开采和运输的石油上游业务公司，而美孚掌握炼油和销售，可以最终把中美公司纳入美孚销售系统中。按当

---

① 《为华美公司会议组织章程密陈决定办法文》（1914 年 7 月 11 日），载周秋光编《熊希龄集》（五），第 159～161 页。

② 《呈为历次会议中美公司交涉情形文》（1915 年 4 月 27 日），载周秋光编《熊希龄集》（五），第 268～269 页。

时情形，如果公司能正式开办，美孚将极有可能获得中国最有潜力的油源，而且合同第四条还给予了美孚在开采地 60 年期限的专利权。这样，美孚将成为中国石油业的主导力量。

北洋政府对美孚三点主张的回应如下。①公司虽在美国领照和设总办事处，但所涉煤油生产、存储、运输、地权、水权等相关事项都须加上"经由中国政府允许"等语加以限制。②中美公司资本总额必须确定。炼油和销售应按合同归于中美公司而不是美孚，华商应有销售之权。③董事部要制定或修改章程需经 2/3 以上股东同意。即使有 2/3 股东同意，亦不得妨害中国已得的权利。① 在第一个阶段的会议中，炼油、销售和管理权成为双方争夺的焦点。

在此阶段，中方逐渐认清了中美公司的性质和推行石油"国有主义"的途径。中国政府与美孚成立的中美公司，因拥有开采、炼油、销售和管道运输等权利，"其性质与托辣斯无异"。② 如不力争中美公司的主导权，中国石油事业有陷于美孚之手的危险。所以，政府应以"独占之权，监督其营业，意在抑制美孚之专横"。德国、希腊等国的政府专卖制度为北洋政府的石油"国有主义"提供了启示。根据中国实际，北洋政府打算将石油国有化集中于炼油、管道和销售等环节，而开放开采业务，同时规定国家有决定价格的权力，以保护国内生产者和消费者利益。政府与美孚的合作只适用于边远地区和需要大资本的地区，沿海各省石油开采则由本国商民经营。③ 所以，经袁世凯同意，设立督办、销售由中美公司承担、公司要遵守中国政府所定油矿法律等体现中国政府主导权的具

---

① 《呈为历次会议中美公司交涉情形文》（1915 年 4 月 27 日），载周秋光编《熊希龄集》（五），第 268～269 页。

② 《为修正筹办全国煤油矿大纲呈袁世凯文》（1914 年 12 月 9 日），载周秋光编《熊希龄集》（五），第 195 页。

③ 《为修正筹办全国煤油矿大纲呈袁世凯文》（1914 年 12 月 9 日），载周秋光编《熊希龄集》（五），第 192 页、195～196 页。

体条文出现在中方新议订的中美公司章程中。[①]

1914年底，中方正式形成了《中美石油公司新合同草案》（以下简称《合同草案》）。《合同草案》的主要目的是具体化中国政府的权利并代替1912年2月的合同。《合同草案》条文内容更详细具体，在公司管理权、销售权、煤油价格等核心问题上都有明确的规定。在公司管理权方面，草案第六、第九、第十条虽然规定美孚仍占55%的股份，但公司的9名董事中，4名由政府选派，其余董事由股东大会选举。公司除在美国设办事处外，另在北京设一办事处，公司各种事务必须经北京办事处审议。北京办事处的董事半数为中国人。此外，由中国政府任命公司督办一人。督办随时视察公司并向政府报告。在销售方面，公司产品可向任何人销售，即由公司掌握销售权。在油价方面，公司需采纳中国政府（油矿处）在需要时核定的价格。这些规定实际上足以让中国政府获得公司的管理权和销售权。作为交换，《合同草案》准备同意设置如果直隶油源不足，另指定一省作为新开采区的条款。[②]北洋政府的意图很明确，一定要取得公司主动权。当然这就改变了原合同美孚的主导地位。

周自齐和熊希龄在与白来克等的商谈中，发现白来克等的权力不足，事事均需向美孚总公司请示回复，往返费时致使事务推进缓慢，因而要求美孚总公司派全权代表来华会商。[③] 美孚遂派副总经理比密斯来华。美孚与北洋政府的会议进入第二阶段。

1915年6月，比密斯抵京，向中方提出关于新公司的7个方面的意见。①因陕西勘探结果未能满意，请中国政府考虑扩大勘探范围。②将中美公司改为中国煤油公司，按中国法律注册。③新公司资本定为1亿

---

① 《拟中美公司章程应加入各条与周自齐呈袁世凯文》（1914年12月10日），载周秋光编《熊希龄集》（五），第198～199页。

② 《中美石油公司新合同草案》（1914年），载周秋光编《熊希龄集》（五），第245～252页。

③ 《呈为历次会议中美公司交涉情形文》（1915年4月27日），载周秋光编《熊希龄集》（五），第268页。

圆。④赠给中国政府的股份仍照中美原合同数。⑤美孚除股款外，担负新公司营业所必需的借款。⑥新公司有在各省勘探、开采石油矿的权利，但不限制其他国家商民在同一区域开采。⑦新公司的成品油委托美孚销售，但若新公司的成品油超过全国销售额的 5% 时，再与中国政府商议另外的销售办法。这些意见的大意是调整部分原合同的内容，促成新公司成立，将新公司纳入美孚销售系统。但此时的北洋政府已不仅考虑新公司成立和按合同争取销售权益的问题，北洋政府的重点已放在如何实现政府控制石油业的问题上。袁世凯在给周自齐和熊希龄的批令中，明确要求"制炼设管之权必须国有，即使借款兴办，亦可逐渐偿还"。对于美孚变换地方和延长勘探期限的要求，袁世凯示意"必须收回炼油销售之权以为抵换"。① 至此，北洋政府设立国有炼油厂，并将全国开采石油统归国有炼油厂炼制之意已决。与 1914 年 2 月的合同相比，北洋政府显然想将炼油环节收归国有，并以此作为掌握新公司乃至中国石油业的主要方式。这倒与洛克菲勒早期控制美国石油业的方式颇为一致。

在 1915 年 7 月 17 日中美第五次会议上，比密斯坚决反对将炼油权收归国有，称此不利于中美公司，并质疑中国政府有排斥美孚之意。在会议中，无论周、熊两人如何解释，比密斯始终不同意中国政府收回炼油和销售权。随后，经袁世凯同意，中方加以变通。在第七次会议中，中方提出开采和销售由中美公司共同进行，炼油厂由中国向美孚借款自办，用美孚技术和机器，给予美孚一定比例的红利。比密斯同意，但前提条件是中美公司批发的油品暂时委托美孚代销。比密斯的这个条件意在避免中美公司冲击其市场。7 月 28 日，按袁世凯指令，中方再次在销售问题上让步。中方同意委托美孚暂时代销中美公司油品：在美孚已经设有经销点的地方，由美孚代销；在美孚没有经销点的地方，由中美公司设销售点

---

① 《密呈广狭两义办法以备采择文》（1915 年 6 月 19 日），《大总统批令》（1915 年 7 月 16 日），载周秋光编《熊希龄集》（五），第 283~285 页。

销售。之后，周自齐等恐比密斯还未清楚中方意图及历次会议情况，特地致函加以说明。第一，按中国政府新政策，中美公司专门从事开采。第二，炼油厂及管道建设由中国向美孚借款自办。第三，中国政府有油品定价权。第四，目前暂时利用美孚代销油品，但在没有美孚经销点的地方，由中美公司出资建设。第五，国有炼油厂负责中国境内所有石油炼制。国有炼油厂的油品交由中国政府指定的由华商与美孚组成的合资销售公司（股权中外平分）负责。①

因中国政府国有炼油厂计划极有可能对成品油市场产生冲击，加上自 1914 年开始在直隶、陕西两地勘探未获得有价值的油源，美孚对谈判的态度发生了转折性的变化。美孚复函称，美孚认为所有中国石油业务，美孚要按原合同比例（55%：45%）分享利益。现中国政府提议与此精神不符，所以"敝公司觉此事无可再商，请仍照去年二月十日原合同办理"。② 美孚态度已趋消极并且不留磋商余地。1915 年 7 月 31 日的第十次会议，比密斯直接声明，美孚现在仅要求另换一省勘探，其他全按 1914 年 2 月合同行事。周自齐等回答，首先，原合同并没有允许另换一省的规定。中方同意换一省的条件是美孚将炼油和销售权让与中国政府和华商。其次，现在美国既不愿继续投资勘探，又不愿出让权益，中国政府不能同意另换一省。最后，美孚如不同意之前的变通办法，中方难以通融美孚要求。比密斯不愿再多谈其他，只是要求中方提请袁世凯同意抵换一省。③ 至此，谈判已很难进行下去。

此次会谈后，中方谈判代表认为，美孚的转变在于不愿投入更多资

---

① 《为中美会议情形呈大总统文》（1915 年 8 月 20 日），载周秋光编《熊希龄集》（五），第 294～295 页。

② 《为中美会议情形呈大总统文》（1915 年 8 月 20 日），载周秋光编《熊希龄集》（五），第 295 页。

③ 《为中美会议情形呈大总统文》（1915 年 8 月 20 日），载周秋光编《熊希龄集》（五），第 296 页。

本并发现出让炼油权和销售权后难以获取垄断利益，所以最后只得提出另换一省，其余按原合同执行的要求。周等人在给袁世凯的报告中说，如果中方同意另换一省给美孚而没有相应的要求，中国必受制于原合同，一方面无法再与其他国合作，另一方面中国石油业将受制于美孚。更严重的是，从外交上看，如果中美公司的章程不能成为中外公司的模范，稍有迁就外方利益，将来被各国引用，"同沾利益"，中国权益损失将无可估量。周等建议，如果美孚不愿变通，只能严格按原合同进行。"彼即决裂停办，而国家权益所在，亦不得不然者。"①

1915 年 8 月 14 日，比密斯离京，不久即离开中国。这从另一个侧面说明美孚不愿再谈。1916 年 3 月，美孚通知中方决定 4 月停止在陕西的勘探。② 这样美孚的勘探事实上停止了。1917 年 3 月纽约总公司正式通知中方不再续办。4 月，中美合同正式取消。

北洋政府与美孚合作开办油矿，最初动因虽是借款，但随着谈判的推进和舆论压力的加大，北洋政府进一步认识到石油的重要性和原合同存在的问题。原合同有将整个中国石油业陷于美孚之手的可能，因而北洋政府想进行石油国有化，一方面借美孚之力开办石油业务，另一方面也弥补原合同利权损失过大的问题。北洋政府最后将重点放在对炼油环节的控制和争取部分销售权上。表面上看，北洋政府对直、陕两省的石油量估计过于乐观，从而对美孚"要价甚高"，但在列强"同沾利益"的要求下，这其实涉及重大利权损失问题。因而北洋政府在签订合同后的谈判要求与之前有很大的不同。这些谈判要求无疑冲击到美孚的市场利益。对美孚而言，其目标是通过合同获得更稳固的市场主导地位甚至垄

---

① 《为中美会议情形呈大总统文》（1915 年 8 月 20 日），载周秋光编《熊希龄集》（五），第 297 页。

② 《请筹拨陕西勘矿经费致政事堂》（1916 年 3 月 21 日），载周秋光编《熊希龄集》（五），第 345 页。

断利益。如果得不到保证（法律的市场占有保证或有价值的油源保证），美孚断不会投入巨资，更不用说北洋政府的国有主义对其市场的可能冲击。所以，北洋政府与美孚双方的追求有着很大的不同。中国是否有油并不是唯一的因素。

第二节　美孚与南方政府的煤油税争斗

袁世凯之后，北洋派系斗争日益加剧，进而演变成军事争斗，中国政局陷于混乱。美国对华政策大体上支持直系军阀等北方政府，以北京为中央政府。[①] 1917 年，孙中山到广东以"护法"之号组织军政府。1918 年护法战争失败。1920 年 11 月，孙中山打败旧桂系军阀后回广州重组军政府，正式形成南北对峙局面。

美孚发现中国政局的混乱直接导致了地方煤油税捐的泛滥。美孚最初想通过美国国务院使领用条约保护其经营，但效果不佳。不久之后美孚发现政治上与北京政府对峙的南方政府税收政策更激进，而美国国务院并不能帮助美孚解决南方政府管辖范围内的煤油税收问题。这使得美孚不得不将自己放到了与南方政府交涉的先锋位置。美孚的行动超出了原定的范畴，它实际上成了条约原则的破坏者，这在一定意义上促使了美国对中国南方政府政策的转变。

一　失控的地方煤油税捐

美孚出口到中国各地的煤油，按约只需要纳关税和子口税。虽然清末各地有不少对美孚煤油抽厘捐的行为，但在中央层面，清政府总体上承认关税和子口税为合法税。正因如此，美孚常通过领事和清政府外务

---

① 陶文钊：《中美关系史》（第一卷），第 86 ~ 94 页。

部处理各地的煤油税捐问题，而清政府基本上也比较约束地方对煤油的抽厘捐行为。美国驻华使领也按此维护条约利益。但随着北洋政府权力的式微，地方对美孚煤油征税的行为越来越难以控制。

1915 年，美孚九江分公司接到通知，江西省为保证货币稳定和协助本省财政，拟在省内抽收"九九商捐"，规定进入江西的各种货物按现价 1% 税率征收，包括美孚进入江西的煤油。九江公司马上向美国汉口领事投诉，称美孚运入江西的煤油已通过"保商标"的形式支付了税款。保商标约创于 1903 年到 1904 年，由海关保商标办事处一次性收取后签发税务收据，允许将货物运至目的地。由"保商标"承保到内地的货物，各关卡及内地税务机关不得干预、扣留或征税。这是一种类似子口税性质的税项。为减少海关对进口煤油征收的一些费用，九江公司采用的是保商标的形式进口煤油到江西。①

因 1915 年为民国建立不久，各种关系尚在调整之中，美国国务院对民国税捐问题考虑颇多。在正式向北洋政府外交部提出抗议前，美国驻华使领进行了讨论并达成了共识：不承认除关税和子口税外对外国货物的其他地方税；避免针对外国货物的歧视性税收，以维护贸易；不反对中国政府通过合法税收形式增加收入。② 这是这一时期美国对地方税捐的基本态度。

尽管美国汉口领事按指示对江西"九九商捐"提出了抗议，驻华公使馆也觉得美孚可以在支付保商标税后免除其他税捐，但九江公司还是直接承受了来自地方的压力。1916 年 8 月 17 日，九江公司致函汉口领事，打算在"九九商捐"问题上妥协。因为江西地方官员已经将征"九九商捐"的范围扩大到更多地方。如果美孚不缴，江西美孚的代理商就

---

① "Charge MacMurray to the Secretary of State, July 12, 1915", FRUS, 1915, pp. 224 - 225.

② "Charge MacMurray to the Secretary of State, July 16, 1915", "The Acting Secretary of State to Charge MacMurray, September 17, 1915", FRUS, 1915, pp. 226 - 230.

无法开展业务。而且九江公司与英国驻南昌领事曾讨论过此事，英国领事同意美孚的做法，并与南昌的官员进行了沟通。此外，美孚不愿与江西官员没完没了地讨论贸易权利问题。①

因九江公司的行为是对地方税捐的承认，破坏了子口税的效用和条约利益，所以美国驻华公使一方面要求九江公司以子口税而不是保商标的方式进口煤油到江西，另一方面向北洋政府外交部和江西省提出了抗议，不承认江西有权向美国进口货物征收"九九商捐"。② 1917 年 1 月 19 日，美国公使芮恩施照会北洋政府外交部，声明因按江西省要求用保商标不能够免"九九商捐"，九江公司现已按子口税章程办理，请免商税使美孚享受条约权利并停止向美孚代理商索要商捐。就在美使交涉江西"九九商捐"时，重庆也向美孚煤油征收落地税，且美国驻重庆领事多次交涉无果。考虑到可能的影响，2 月，芮恩施向外交总长就江西"九九商捐"提出严正抗议，因美孚已按约缴纳子口税而江西仍要其缴纳商捐，"美孚行定不缴纳此捐，盖该捐实在性质即系增加之税"，并警告中国政府，"如因江西官宪施行此项违约增加之税，该行受有损失。本政府于严重担负责任一节，当唯贵政府是问"。③

但芮恩施竭力防止的各地对美孚煤油征收税捐还是发生了。自 1917 年开始，山西、福建和河南等地对美孚运销到当地已缴纳子口税的煤油征收了各种各样的落地税。芮恩施对这些地方的抽捐行为都提出了抗议。其中令芮恩施担心的是北洋政府在处理河南归德税卡征收美孚落地税时

---

① "Minister Reinsch to the Secretary of State, September 29, 1916", "Standard Oil Company of New York, Kiuking Branch to the American Consul General, Hankow, August 17, 1916", FRUS, 1917, pp. 232－233.

② "Minister Reinsch to the Secretary of State, November 13, 1916", "The Secretary of State to Minister Reinsch, November 25, 1916", FRUS, 1917, pp. 236－238.

③ 《要求制止江西省强行收取美孚行货物九九商捐函》（1917 年 1 月 19 日）；《美孚行决不交纳江西省征的九九商捐的声明函》（1917 年 2 月 28 日），载《中美往来照会集（1846—1931）》（第 13 册），第 356～357 页、第 362 页。

态度的变化。1917 年 9 月，河南归德向美孚代理商恒记公司征收运到当地的煤油落地税，恒记当时就完成了落地税的缴纳。但到 10 月，恒记称总行只认可上交一半的落地税，所以申请归德税局归还部分税款，但税局以落地税"甚轻"且有章程为由拒绝。之后，经恒记与上级蚌埠美孚交涉，蚌埠美孚认可恒记原来的所缴数目并同意按此入账。这是发生在美孚代理商与归德税局之间的事，也是北洋外交代总长应芮恩施要求退还美孚落地税的回复。但让芮恩施担心的是回复中的这段话，"领有子口单之货仅于沿途各子口一概免征。若俟货抵销场，单货相离之后，内地税局向征落地税自於子口单之利益无碍"。①

这相当于外交部直接承认各地有权征收煤油落地税。这是外交部对煤油，包括其他洋货落地税态度的重大变化。所以芮恩施马上提出抗议。首先他称美孚缴纳落地税并非自愿，而是迫于经营生意的无奈之举。这一点有美孚向领事的报告作证。然后他重点对外交代总长的落地税言论进行了辩驳并表达了强烈不满。关于外交代总长认为的子口税单只在沿途各关口有效而落地后内地可征落地税一说，在芮恩施看来严重违背条约。运到内地洋货只纳关税和子口税其他一律免征的规定一旦被破坏，"必致于恢复向日抽厘旧法"。内地繁多的税捐将抬高洋货的价格，从而影响销售，有损贸易。他声明绝不承认落地税。如果中国政府听任各地税局向持有子口单的货物征落地税，就是"攻击子口单之办法暨其约章，亦即为攻击在中国之华洋贸易。攻击条约即系攻击法律"，因而要求财政部退还美孚的落地税。②

措辞严厉的外交抗议并不能解决江西煤油税捐问题，更不能阻止其

---

① 《复征收美孚行煤油落地税事自应免议》（1918 年 12 月 31 日），载《中美往来照会集（1846—1931）》（第 13 册），第 630～631 页。

② 《就河南归德税卡令美孚行运入内地煤油交纳落地税一事交涉函》（1919 年 1 月 2 日），载《中美往来照会集（1846—1931）》（第 14 册），第 5 页。

他地方出现的税捐问题。芮恩施与外交部交涉河南归德煤油落地税问题还未得到回复，陕西又发生向美孚煤油征落地税之事。1919 年 4 月 16日，外交部正式回复关于河南归德和陕西抽收煤油税捐一事。这是一个值得注意的回复。照会中，外交部对子口单权益做了解释，免征洋货落地税依据是中日商约第十一款，持子口单有内地各处征税一概豁免之说。外交部认为，该条款既明确说持子口单免征，所以持子口单时可免征是无疑的，但到指定地点后，子口单一旦缴销，即不能再享有免征权益。子口单仅能免沿途税卡重复征收，此为条款的宗旨。外交部还说，各地向洋货抽收落地税，"行之既数十年，各国商人向均照纳无异言，美商不应于此时再持异议"。这个解释颠覆了之前中国政府对子口单权益的定义。此时的北洋政府中央权力式微，中央对地方行政的掌控越来越难以维持，加上要修改税则、地方财政短绌等原因，外交部无力也无心按之前的章程处理地方税收问题。因此，对美国公使要求退还美孚落地税，外交部表示，"本国政府实属歉难照办"。对各地抽取煤油落地税问题，外交部希望美公使能"好意维持实纫睦谊"，[①] 难为之情跃于纸上。

在这种背景下，关于江西"九九商捐"一事就变得很难解决了。在美公使与外交部交涉期间，江西饶州、瑞州、安仁等地的美孚代理商也被地方抽收"九九商捐"，汉口领事多次设法与地方沟通均无任何效果。[②] 1919 年 9 月 24 日，外交部转江西省省长回复，称江西各地煤油"九九商捐"是地方官委托华商向消费者征收，各种洋货均抽收，并非针对美商。[③] 9 月底，外交部才就江西一事回复美公使，称前公使芮恩施曾说过

---

① 《退还美孚行货物落地税并通令各地对美商子口单货免征落地税中国实属歉难照办》（1919 年 4 月 16 日），载《中美往来照会集（1846—1931）》（第 14 册），第 137 页。

② 《严正声明美孚行定不交纳违法之九九商捐》（1919 年 9 月 17 日），载《中美往来照会集（1846—1931）》（第 14 册），第 73 页。

③ 《赣省九九商税纯属地方公益请美商行好意维持》（1919 年 9 月 24 日），载《中美往来照会集（1846—1931）》（第 14 册），第 184～185 页。

"商捐宗旨颇善"，含有承认煤油抽税之意，但美使予以否认。[1] 10 月 16 日，被美使多次催促后，外交部回了一个简单的函，称"九九商捐"是抽自落地后的货物，纯属地方公益捐，且捐款出自公议并非勒索。[2] 此后，美使还要求外交部对福建等地抽收美孚落地税加以制止，但外交部基本上认定落地税与子口单无关，对美使要求以"实属歉难照办"回复。[3]

外交上的无效作为使美孚不得不直接面对各地的煤油税捐问题。江西等地的煤油税捐问题反映到纽约总公司后，总公司审慎地做出了判断。首先是在一些无法得到外国货物进口税的省份以"通行证"等形式缴纳与子口税相当的地方税捐。这些做法可以免除在该省内进一步纳税。实际上，当时除了江西，江苏和浙江也想和美孚谈判，只征收省税而免除其他税捐。美孚认为，尽管在实际中这样做有利于美孚的生意，但子口税属中央政府，美孚一旦同意缴纳省税，中央财政将减少，这是对条约的一种规避，所以美孚不会"积极"和各省达成这样的安排。其次，目前中央政府不会也无法对各省抽收煤油税捐以增加收入的行为进行有效的约束，这意味着类似的行为将在更多的省份出现。这与中国税收总的体制有关。无论是地方还是中央，针对外国货物征税是不可避免的。从中国税收情况看，外国货物要摆脱诸如厘捐之类的税收困扰，"增税裁厘"应认真考虑。[4]

不但各省，北京政府也在争夺煤油税捐。北京政府曾向美孚提出了一个进口煤油国家税计划，该计划是另征收 2% 的煤油从价税代替国内所

① 《再次就江西勒抽美孚行货物九九商捐之交涉函》（1919 年 9 月 30 日），载《中美往来照会集（1846—1931）》（第 14 册），第 78 页。

② 《江西向美孚行货物抽收九九商捐纯属地方公益》（1919 年 10 月 16 日），载《中美往来照会集（1846—1931）》（第 14 册），第 192 页。

③ 《美孚煤油所征税款合乎条约停征落地税歉难照办》（1921 年 10 月 25 日），载《中美往来照会集（1846—1931）》（第 15 册），第 244～245 页。

④ "The Vice President of the Standard Oil Company of New York（Cole）to the Secretary of State, May 4, 1923", FRUS, 1923, Vol. I, pp. 579 – 581.

有税收（除子口税外）。进口商可选择向税务局而不是海关缴纳此税，未缴纳2%的税的货物则要征更高税率的从价税。计划的实施地点是除广西、广东、贵州、云南和东三省之外的省份。美孚对此根本不予考虑。因为这个计划实际是进口商与中国政府的私人协议，不会得到领事的保护，而且中央政府政策在各省的执行力度值得怀疑。更重要的是，这个计划肯定会破坏条约的规定。① 从美孚的这些判断看，美孚对中国中央与地方、税收体制和条约体系、条约体系与煤油税的关系是相当清楚的。美孚与国务院不同的是，国务院注意维系条约体系及与北京中央政府的关系，而美孚比较注意在各省的实际利益。所以美孚给国务院的意见是，尽管各省抽收煤油税不可避免，但要利用任何可能的机会控制此类税捐的数量和种类。如果中央政府有能力在全国范围内修改或推行新的税则，甚至各国与中国进行税则修改和关税自主谈判，都要给予省级政府一定的税收。②

　　国务院对美孚的意见相当重视，表示会仔细考虑这些事实，但同时也说明国务院要将这些事项放在中美关税谈判中推进。③ 具体地，虽然美国驻华公使建议停止向中国政府抗议煤油落地税问题，因为之前的抗议根本没用，且英国和日本都已放弃此类抗议，但国务院认为在关税会议召开之前必须表明美国一贯反对这种性质税收的立场，以便在谈判中处于有利地位，因此要求驻华公使继续就煤油落地税问题向中国政府提出抗议。④ 不久之后，美孚就碰上了更棘手的南方革命政府的煤油特税问题。

---

① "The Vice President of the Standard Oil Company of New York（Cole）to the Secretary of State, May 4, 1923", FRUS, 1923, Vol. I , pp. 579－581.

② "The Vice President of the Standard Oil Company of New York（Cole）to the Secretary of State, May 4, 1923", FRUS, 1923, Vol. I , pp. 579－581.

③ "The Secretary of State to The Vice President of the Standard Oil Company of New York（Cole）, May 29, 1923", FRUS, 1923; Vol. I , pp. 588－589.

④ "The Secretary of State to The Minister in China（Schurman）, September 29, 1923", FRUS, 1923, Vol. I , pp. 591－592.

二　美孚反对广州政府煤油印花税

1925 年广州政府的煤油印花税问题是对美孚的一个挑战。美孚发现自己卷入了中国南北方－英国－美国复杂的政治旋涡之中。1925 年之前，英美等列强基本上承认北洋政府是中央政府，而南方孙中山领导的广州革命政府只是一个事实的地方政府。孙中山确立"联俄""联共"政策后，南方特别是广东的革命形势发展很快。在这种背景下，英美等国面临新问题和变幻莫测的局势，其对华政策具有多变的特征。①

华南是英国在华的利益重心，但在如何维护英国利益问题上，英国外交部与驻华使领之间的态度并不一致。例如，在 1923～1924 年孙中山领导的南方政府收回关余运动中，美国驻华公使麻克莫和驻广州总领事杰弥逊力主强硬，沿用多年的炮舰政策，强烈敌视南方政府，动辄以武力相威胁。这与英国外交部对南方政府相对保守和稳妥的政策相悖。英国驻华使领的强硬在处理 1924 年的商团叛乱时同样体现出来。② 美孚在 1925 年广州政府煤油印花税问题上的"伙伴"，正是强硬的英国驻华使领。

1925 年 2 月，美孚得知广州政府将于 3 月 1 号开征每罐煤油 20 分的印花税。这与之前一般的税局、关卡抽收煤油税不同。广州政府将对进入全广东的煤油征税而不论煤油是在通商口岸还是在其他地方。③ 印花税本是北洋政府的法定国税，并不对进口煤油征收，而广州政府决定将国

---

① 罗志田：《北伐前期美国政府对中国革命的认知与对策》，《中国社会科学》1997 年第 6 期，第 170 页。

② 张俊义：《南方政府截取关余事件与英国的反应（1923—1924）》，《历史研究》2007 年第 1 期，第 115～129 页。

③ 《就广东省拟征收煤油印花税一事之交涉函》（1925 年 2 月 23 日），载《中美往来照会集（1846—1931）》（第 17 册），第 23 页。

税变成"地方税"。广州政府征收煤油印花税是为了筹措资金，解决财政问题。华南煤油的供应商主要是美孚和亚细亚，因而受影响最大的也是这两家公司。美孚和亚细亚除了要求英美两国驻华使馆对北京政府和广州政府提出外交抗议外，还做出了一个与之前不同的举措——经济抵制（封仓停售）。这个非同寻常的行动与英美领事和美孚与亚细亚对广州政府和中国形势的判断相关。

当广州政府宣布要征收煤油印花税后，英国和美国驻广州总领事一方面提出抗议，另一方面建议各石油公司封仓停售以抵制广州政府。[①]这是英美驻华使领对失控的地方税收失去耐心的一种反映。亚细亚和美孚香港公司对局势的判断和应对手段也是比较激进。亚细亚认为，广州政府征收印花税等同于将勒索合法化，将鼓励中国各地对石油产品征收更多的税。亚细亚不但要求英国政府支持对广州的石油禁运，而且要求在需要时以武力支持行动。亚细亚告诉英国政府已经与美孚沟通共同行动，并且据美孚说华盛顿"很可能"支持英国的行动。亚细亚对采取的这些行动必要性的解释是，广州政府的行为违反了条约，仅仅抗议是无效的。条约的有效在于中国具备有控制力的中央政府，而现在的情况已完全不同，这说明条约已经过时。为了遏制非法征税在中国的蔓延，也为了确保英国和中国之间条约的履行，亚细亚希望做一些比抗议更有效的事情：石油禁运。对亚细亚来说，虽然禁运石油自己会遭受损失，但华南的销售只是其海外业务的一小部分，而迫使广州政府让步则可获得长远利益。石油禁运将给中国人一个"非常有益的教训"。[②]

纽约美孚总公司受到了亚细亚、香港美孚和美国驻广州总领事对形

① "Memorandum about Taxation in South China, Levied Contrary to Treaty by the Provincial Authorities of Canton, May 5, 1925", British Foreign Office Files 371 Series; "China (hereinafter referred to as FO371)", the National Archives, FO371－10934, pp. 8－11.

② "Taxation in South China, May 7, 1925", FO371－10934, pp. 1－3.

势判断的影响。① 1925 年 5 月 25 日，纽约美孚副总裁柯尔会见国务院
远东事务司司长，要求海军舰队到广州口岸示威以迫使广州政府取消印
花税。②

　　亚细亚和美孚在广州的封仓停售行动引发了煤油涨价，给广州的各
方面造成了严重的影响，甚至一度影响到了广州政府的军事行动。1925
年 4 月，讨伐唐继尧的范石生、李东仁曾向广州政府报告，讨唐军依赖
煤油和油渣（柴油）船只，而当地煤油和柴油经销商因政府下令抽收
煤油捐，打算"一体连同罢市"，此于军事影响极大。范等人提请暂时
取消煤油税，待将唐军击退后再推行。③ 一时间，征收煤油印花税带来
的外交、军事、商业、民生等压力纷纷呈现，但主持此事的宋子文顶住
压力，坚持征缴煤油印花税以解决财政危机。此时一些投机商人异地购
油，由香港转运广州购领印花后高价销售，借机牟取厚利。广州政府煤
油印花税渐有起色。此外在"联俄"的背景下，苏联石油输入广州也
使煤油价格有所回落，煤油供应紧张状况初步缓解。④

　　在美孚看着原本由自己主导的广州市场被蚕食时，另一件对美孚冲击
更大的事件发生了。1925 年 6 月，中国共产党领导的历时 1 年 4 个月的省
港大罢工爆发。省港大罢工使美孚受到了打击。首先，省港澳之间交通的
断绝使华南煤油中转站香港进口量急剧下降并且成本大增。上海《晨报》

---

① 从现有资料分析，广州石油禁运事件主要是英美驻广州总领事和亚细亚、香港美孚公司
　抗议的结果。封仓停售事件后，美孚香港区总经理被解聘，而与南京政府接洽解决问题
　的广州分行副经理被越级提升为上海区的副总经理，之后还成为纽约总公司的副董事长。
　见张毅：《美孚火油公司广州分公司亲历及见闻》，载政协广州市文史委员会编《广州
　文史资料》，1965，第 16 ~ 17 页。
② 吴翎君：《美孚石油公司在中国（1870—1933）》，第 181 页。
③ 《范石生等为讨伐唐继尧请取消捐以便运输密电》（1925 年 4 月 24 日），载中国第二历
　史档案馆编《中华民国史档案资料汇编》（第四辑），第 1434 页。
④ 张小欣：《跨国公司与口岸社会：广州美孚、德士古石油公司研究（1900—1950）》，暨
　南大学出版社，2011，第 92 ~ 99 页。

报道，1925 年 7～9 月罢工期间，香港煤油进口量仅为 1924 年同期的 1/4。① 原来经广州进入内地的运输几乎停滞，一些转运至淡水、惠阳、汕头等地的煤油也被拦截。② 其次，美孚在广州沙面的公司和仓库的数百名华人离职罢工，使广州美孚的业务陷于停滞。③ 最后，省港大罢工的矛头越来越尖锐地指向英国，即所谓"单独对英"。8 月以后，罢工委员会已经明确将英商英货与其他国家区分开来。美孚如果继续与英属亚细亚站在同一阵线，则有可能面临更激烈的抵制。更刺激美孚的是，自 10 月开始，亚细亚绕过美孚，以法国油名义，以高于美孚柴油 5 倍的价格将油运入广西梧州。亚细亚广东市场的损失通过广西市场得到了弥补。美孚不但因封仓停售失去广东市场，而且在广西的获利也落后于亚细亚。④

就在美国政府、国务院和驻华使馆在争论如何应对华南不断演变的形势时，美孚最大的感受是在华南政治和商业上失去了主动权，完全陷入了被动。1925 年 10 月，广州国民政府决定实行煤油专卖，以维持燃料供应和阻止煤油价格飞涨。国民政府公布的《国民政府财政部煤油类专卖暂行条例》将煤油、柴油和汽油三类归为政府专卖对象。对美孚而言，煤油专卖的影响是根本性的。条例第三条规定，"凡贩运或贩卖或零售煤油类者，非经财政部特许发给特许证，或运照，或牌照，不得输入及营业。各关卡应凭该特许证或运照查验后，方准其报运。除输出入关税及印花税外，其余税捐一律免征放行"。⑤ 按这个规定，政府完全掌控了煤

① 《香港罢工损失之英讯》，载广东哲学社会科学研究所历史研究室编《省港大罢工资料》，广东人民出版社，1980，第 775～776 页。
② 《杨坤如勾结香港之铁证》，载广东哲学社会科学研究所历史研究室编《省港大罢工资料》，第 353～354 页。
③ 《沙基事件经过》，载广东哲学社会科学研究所历史研究室编《省港大罢工资料》，第 131 页。
④ 吴翎君：《美孚石油公司在中国（1870—1933）》，第 184～185 页。
⑤ 江苏省商业厅、中国第二历史档案馆编《中华民国商业档案资料汇编·第一卷（1912—1928）·下册》，中国商业出版社，1991，第 412 页。

油的运输和销售，进口商即使获批进口，也必须缴纳关税和印花税，其经营也置于在政府督管之下，这相当于摧毁了美孚的自由经营体系。

1925 年 10 月 27 日，纽约美孚向国务院求助，希望国务院能出面解决问题。正当美孚进退两难之时，广州国民政府财政部部长宋子文于 11 月向美孚华南区公司提议，在政府专卖制框架下，政府给予美孚最多的石油供应量，或者美孚在政府的监督下销售油品。美孚内部经过讨论，初步的结论是不能同意国民政府的提议。因为这种协议虽可能有利于稳固美孚在广东市场的份额，但这是对国民政府专卖制的默认，将来可能会被其他地方援引，而且会引起受到排挤的其他石油公司的反对。① 这一时期，美国驻华使馆与国民政府的煤油交涉也没有实质性进展。这时美孚就算想开仓售油，条件也不成熟。

1926 年 3 月中山舰事件后，省港罢工委员会的工人纠察队武装被解散，广东的政局出现了新的变化。广州政府实行煤油专卖后，实际收入增加不多，但问题很多，民怨沸腾，广东各界强烈要求取消专卖政策，这使得事情终于有了转机。3 月底，美孚尝试恢复在广西的石油供应。为此，美孚向国务院提出派海军护送美孚船队从香港运油到梧州。美孚认为，广西当局欢迎美孚的石油，且广西并不实行石油专卖。更重要的是，之前亚细亚的石油由英国海军护送到梧州时其并没有与广东政府发生冲突。经美孚多次请求，驻华公使和国务卿几经考虑，同意派出海军护航。② 这是美孚恢复业务的一种尝试。因为美孚从香港运油到梧州需要经过广州国民政府控制的珠江口，如果广州政府没有采取敌对行动，即意味着广州政府对美孚业务的默许。当时的广州政府并没有行动，并且有意恢复广州市场。1926 年 6 月，国民政府派陈友仁等与香港当局谈判，解决省港

---

① 吴翎君：《美孚石油公司在中国（1870—1933）》，第 183～184 页。
② The Minister in China（MacMurray）to the Secretary of State, April 1, 1926, April 15, 1926, April 21, 1926, FRUS, 1926, Vol. I, pp. 719－721.

罢工问题。9月，汕头美孚在当地政府的帮助下解决了罢工问题，恢复了业务。[①]

这样，虽然美孚等石油公司与广州国民政府的煤油税争执未解决，但封仓停售这种极端的经济抵制行动已停止。这个经历让美孚明白，广州国民政府的煤油印花税并不是一个简单的地方税捐问题，必须认真对待广州国民政府，如果处理不当，将失去商业和政治上的主动权。美孚决定将一切转回到自己的轨道上来。

三 《关税税率修改和合并煤、汽油特税的合约》的签订

美孚将夺回主动权的重点放在了广州国民政府和主管煤油征税的宋子文身上。在广州国民政府征收煤油印花税实行煤油专卖期间，美孚和广州国民政府的沟通一直进行着。1926年5月美孚广州分公司经理泰森（F. H. Tyson）面见宋子文，商谈煤油征税问题。之后泰森在给宋子文的信中表达了美孚的态度，"真诚地提出讨论，的确是希望能达到一种共识，既符合您的需要，又使消费者满意，又能提升贸易量并避免走私"。[②]宋子文虽然未同意减轻美孚煤油税负的请求，但美孚明显对宋子文有好感，称其为有原则、有能力的人。1926年6月，广州国民政府煤油专卖政策取消后，宋子文为美孚解决省港罢工、走私、社会治安等问题给予了帮助。[③] 这使得美孚与广州国民政府有了进一步沟通的基础。

对煤油税捐问题，美孚回到了现实主义的道路。早在1926年初，广州美孚已拟定了一个恢复业务的临时协议。该协议不考虑美孚成为政府

---

① "The Change in China（Mayer）to the Secretary of State, September 15, 1926", FRUS, 1926, Vol. I , p. 728.

② "Letter for T. V. Soong by Tyson, May 17, 1926", 广东省档案馆藏美孚石油公司广州分公司档案, 67－1－5。

③ 张小欣：《跨国公司与口岸社会：广州美孚、德士古石油公司研究（1900—1950）》，第111～112页。

代理人，而是按广州政府的规定进口和分销石油。协议中一个重要的内容是美孚的煤油离开公司仓库时由地方政府征税。[①] 纽约总公司基本上认可了这个协议。7 月 2 号，美孚根据与国民政府的临时协议申请了许可证，并接受税务官员检查盖印，恢复了石油销售。[②] 这意味着美孚已认可了广州国民政府的税收政策。

不过此时的广州国民政府对煤油税有了更多的考虑。财政部部长宋子文认为，统一国家财政是国家发展唯一的基础。军事方面有所进展后，改善财政有必要随之进行，而整体税务是财政的重中之重。除了传统的田赋、盐税、厘金、烟酒税、鸦片税等税种外，宋子文非常重视煤油税。"近将煤油特税及爆烈品专卖归并税务总处管辖，并举行出产运销物品内地税。盖为发展国内实业，并做废除厘金之预备，不能不于此特别注意着手施行新税也。"[③] 煤油特税之"特"有三层意思：一是将煤油税定为一种新税；二是该税由税务总处直接管辖，有归于中央之意；三是征收进口煤油税是为将来废除厘金做准备。这表明宋子文不但认定进口煤油在税收上是一大财源，而且认识到了其对国民政府政治和外交的意义。

1926 年 6 月广州国民政府终止煤油专卖政策后，随即颁布了《煤油特税章程》，章程的要点是：第一，对输入国民政府辖境内的煤油、汽油征收煤油特税，10 加仑（即一箱或两罐）收税 2 元；第二，煤油特税由财政部税务总处办理；第三，税务处特税征收人员有检查纳税之权。[④]

---

① "The Minister in China（MacMurray）to the Secretary of State, March 16, 1926", FRUS, 1926, Vol. Ⅰ, p. 1095.

② "The Minister in China（MacMurray）to the Secretary of State, July 6, 1926", FRUS, 1926, Vol. Ⅰ, p. 1097.

③ 《宋子文关于一年间库款收入及整理财政经过情形呈》（1926 年 11 月 5 日），载中国第二历史档案馆编《中华民国史档案资料汇编》（第四辑），第 1400 ~ 1403 页。

④ 《粤省举办煤油特税》，《申报》1926 年 6 月 29 日。

美孚一旦承认煤油特税，列强在 1925 年北京关税协定中达成的共识将被撕开一个口子。当时中国代表提出煤油税率为 17.5%，而美孚要求美国政府坚持 12.5% 的底线，而加上每加仑 2 元的特税和其他税负，煤油的税率将超过 37%。① 这将使美国在日后的关税协定谈判中处在进退失据的境地。因此，美国国务院及驻华公使馆最初并不赞成美孚认可特税。1926 年后，中国的政治局势迅速变化，随着北伐不断取得进展，美孚在广东、武汉等国民政府控制的地区都面临着现实的征税问题。虽然美孚要求国务院提供意见和不断抗议，但因美国尚未承认国民政府，且对关税协定考虑颇多，并未能理清美孚在国民政府辖区内的煤油税问题。因此美孚与国民政府展开了进一步的现实协商。

美孚对国民政府煤油特税的态度是基本承认并力争有利条件。孙科掌管财政部后，一方面决意不顾外国政府抗议征收煤油特税，另一方面计划直接与美孚达成缴税协议。1927 年底，南京国民政府财政部与美孚达成了一个基本的煤油税协议。这个协议的特点是美孚采用预付税款方式，而财政部给予每 10 加仑只收六角的特税优待。考虑到国民政府的统治和"民族主义"情绪，美孚认为这个协议是有利的。而美国驻华使馆将此协议定性为"私人协议"，对美孚前后不一的态度也颇为不满。② 不过，此时美国国务院和驻华使馆对美孚与南京煤油税局的协议的态度发生了一些微妙变化。美国国务院和驻华使馆都认为南京政府的煤油特税是一种违反了条约的新附加税，因而要提出"一般抗议"，但又不是直接代替美孚抗议。美国国务院的这种小心翼翼是因为其既要考虑美孚的现实问题，又要估量此类协议对条约，主要是对关税协定谈判的影响，③ 这

---

① 吴翎君：《美孚石油公司在中国（1870—1933）》，第 190～196 页。
② "The Change in China（Mayer）to the Secretary of State, December 3, 1927", FRUS, 1927, Vol. II, pp. 429－430.
③ The Secretary of State to the Minister in China（MacMurray）, December 5, December 6, 1927, FRUS, 1927, Vol. II, pp. 430－431.

也反映出美国国务院对新政权的观望和等待。

但美孚的煤油税问题并不因为这个协议而得到全部解决。例如，汉口地方政府就不承认 1927 年 12 月 12 日国民政府在上海与美孚签订的预付每 10 加仑只收六角煤油特税的优惠，仍要按每 10 加仑 1 元征收特税。[①] 汕头美孚发现，如果不按要求缴纳附加税，煤油就会被没收。汕头领事认为，如果地方政府不同意合作就无法交涉，更无法处理税收问题。汕头领事颇有外交交涉无用之意。[②] 面对政出多门的局面，美孚必须与国民政府达成一个有效的协议，以最大限度解决这些问题。

1928 年 1 月，曾任广州国民政府财政部部长、广东省财政厅厅长、广东商务厅厅长、武汉国民政府财政部部长的宋子文出任南京国民政府财政部部长。宋的职位虽屡次变迁，但一直是国民政府中主要的财政人物。出任南京国民政府财政部部长后，宋即进一步推进煤油特税并设法将此税实现中央化。宋认为，煤油特税为重要财源，他估计仅长江流域各省按每 10 加仑 1 元征税，每年即可收税 1200 多万元。但由于孙科任内税率不定，时有变更，如有些地方预收税仅为每 10 加仑六角，江苏存货甚至低至两角，"成效甚鲜"。苏、浙、赣、鄂、皖 5 省自开征特税至年底仅收 180 多万元，所以要修正完善各项规章，以前各地方的折扣优惠也要补交一部分。关于税收的征管问题，地方各自为政，情况极为复杂。煤油特税作为新税开征后，只有苏、浙、赣、皖 4 省解往中央，而鄂、湘两省解往武汉，福建则截留自用，川、豫、黔、滇或收之于省政府或为驻军所用。要将各地煤油特税收于中央，必要另辟蹊径。宋认定煤油特税的大头是美孚等三公司，"当与三公司重新妥订合约，业于三月一日

---

① 1927 年 10 月，南京国民政府修订了煤油特税章程，将税率从每 10 加仑 2 元降至 1 元，详见 "The Minister in China（MacMurray）to the Secretary of State，January 11，1928"，FRUS，1928，Vol. II，p. 495。

② "The Change in China（Mayer）to the Secretary of State，February 24，1928"，FRUS，1928，Vol. II，pp. 499 – 500.

实行"。① 这是煤油特税真正收于中央的关键且有效的一步。只要美孚等与南京国民政府订立税收合约，税款直接上缴财政部或各地税局，则可保证煤油特税归之中央。这也可以排除各地方占有此税。

这样，宋子文和急需达成有效协议的美孚就有现实的协商基础。1928 年 3 月 2 日，美孚与宋子文签订美孚缴纳煤油特税协议。不久之后的 7 月 25 日，美国政府与国民政府签订正式承认中国关税自主的新条约。这个新条约作废了历年来中美两国所订条约中关于在中国进出口货物的税率、子口税等条款，原则上中国"国家关税完全自主"，确立了两国互享相同待遇的原则。② 虽然如此，驻华使领仍认为美孚的 3 月税约不利于之后的关税谈判，因而对美孚与宋子文签订的税约颇有微词。当美孚要求上海领事处理美孚与国民政府的税约纠纷时，驻华公使同意上海领事斡旋，使国民政府能"执行私人协议的规定"，但不忘重申，这个"私人协议"损害了美国公民根据条约所享有的权利。③ 相对而言，美国国务院对美孚 3 月税约的态度则较温和。在 1928 年 9 月 20 日给驻华公使的意见中，国务卿对美孚与南京国民政府和地方政权达成协议的情况表示理解，并要求驻华使馆不要过分强调此类协议的不适当性，因为这并不会促进美国在华商业的发展。他强调，这类协议不会也不能视为对美国政府具有约束力。11 月 19 日，国务卿在发给驻华公使如何处理美孚 3 月税约在汉口适用问题纠纷的信中表示，他不反对使领帮助美孚与南京政府之间协议的执行，但是如果国民政府与省级政府之间发生税收矛盾，则美国要避免干预。因为这是一个私人协议。美国只有在税收违反条约或该项

---

① 《国民政府财政部最近三个月报告书》（1928 年 5 月 29 日），载中国第二历史档案馆编《中华民国史档案资料汇编》（第五辑第一编）（财政经济）（一），第 186～187 页。

② 《整理中美两国关税关系之条约》（1928 年 7 月 25 日），载王铁崖编《中外旧约章汇编》（第三册），第 628～629 页。

③ "The Change in China（Perkins）to the Consul General at Shanghai（Cunningham），August 22，1928"，FRUS，1928，Vol. II，pp. 509－510.

税收歧视美国公民或损害其利益时才要抗议。尽管美孚要求国务院抗议汉口地方不按南京与美孚的约定收税，但国务院认为美国公司与中国当局签订的税务协议不能作为美国反对中国征税的依据。①

美国承认中国关税自主和国务院的态度使美孚与国民政府双方的进一步协商成为必要。1928 年 12 月 13 日，国民政府财政部与美孚接洽，提议重新修订煤油税协议。提议要点是将煤油和汽油特税等一起纳入关税。作为条件，宋子文承诺，如同 3 月税约，国民政府将在新协议中给予美孚保护性条款。因为事关关税调整，美孚一度比较消极，但还是向驻华公使马慕瑞寻求建议。马慕瑞的答复是，此类"私人协议"完全由公司决定。马慕瑞对南京国民政府控制地方的能力有所怀疑，并且认为美孚协议的煤油税率高于原来关税会议所定的 12.5%。马慕瑞虽担心陷入中央与地方的争端，从而使美国在关税谈判中处于不利位置，但国务院又对美孚的私人协议持默许态度，因此他无法提供建议。②

美国既已允诺中国关税自主，且 1928 年 12 月 7 日南京国民政府宣布自 1929 年 2 月 1 日起实行国定税则，这使原来签订的税务协议的修订就成了必然。对国民政府财政部来说，与美孚的协议是落实关税自主的突破点。对美孚而言，在南京国民政府已取得政治主导权的情况下，要争取在华经营的合法性、便利性和有利地位，必须与国民政府谈判以尽快解决纠纷，推进业务。加上宋子文的保护性承诺，美孚与国民政府很快在 1929 年 1 月 31 日签订了《中华民国政府与纽约美孚石油公司关于关税税率修改和合并煤、汽油特税的合约》。③

---

① "The Secretary of State to the Change in China（Perkins），September 20，1928"，"The Secretary of State to the Minister in China（MacMurray），November 19，1928"，FRUS，1928，Vol. II，pp. 511 – 513，pp. 523 – 525.

② "The Minister in China（MacMurray）to the Secretary of State，December 15，1928"，FRUS，1928，Vol. II，pp. 527 – 528.

③ 除美孚外，国民政府同时也与亚细亚和德士古也签订了协议。

其中，总的约定原则：

一　本合约所订之条款系就中国海关所订征收煤、汽油税以及中华民国财政部退还公司款项为依据，政府待遇其他输运及在中国销售煤、汽油之公司或个人或团体应与待遇公司同。倘政府予以较优之待遇，公司亦应享受同等之待遇，不得歧视，又不得强迫公司于运油进口时缴纳进口关税以及任何性质之税捐超过中外商人或团体所纳之数。

适用区域：

二　本合约所订各条款均应适用于中华民国各省及其所属蒙古、西藏、新疆以及将来为政府所管辖之区域。中华民国包含下列二十七省：

安徽、察哈尔、浙江、福建、河南、河北（直隶）、湖南、湖北、热河、甘肃、江西、江苏、广西、广东（包括海南岛）、贵州、宁夏、山西、山东、陕西、西康、绥远、四川、青海、云南、奉天（即盛京）、黑龙江、吉林（奉天、吉林、黑龙江统称东三省）。

税率约定：

三　自民国十八年（即一九二九年）二月一日起海关应照下列税率征收煤、汽油税：

汽油每箱两罐，每罐约美量五加仑，每箱应缴关平银一两零五分七厘；

统汽油（按：即散舱汽油）每十加仑为一单位，以华氏寒暑表六十度计，每单位应缴关平银一两零一分二厘；

煤油每箱两罐，每罐约美量五加仑，每箱应缴关平银八钱七分七厘；

统煤油（接：即散舱煤油）每十加仑为一单位，以华氏寒暑表六十度计，每单位应缴关平银八钱四分七厘。

上列之修订税率即海关旧进口税二五附税及民国十七年（即一九二八年）三月二日订立合约所征每箱一元之煤油特税相加之数，此新订税率之施行应以本合约第一条之规定及下文所列者为依据。

兹将一九二八年三月二日所立合约之条款略列如下：……

四　海关除征收进口关税外于双方签订本合约之时并征收下列各项额外税捐：

甲上海　浚浦捐、码头捐 乙烟台堤坝捐 丙牛庄辽河工程捐 丁天津海河工程捐、桥工程捐 戊城陵矶码头捐 己长沙码头捐 庚青岛码头捐 辛福州浚河捐

上述各捐，公司于煤、汽油进口时，按照民国十七年（即一九二八年）所纳之数缴纳，不得增加。倘或增加，政府应予公司以相当之保护。除上述各项税捐外，所有上述各口岸倘再征收其他额外税捐，公司得免缴纳。除上述各口岸外，海关倘在其他口岸征收浚河捐或码头捐或两捐并征，亦应依据民国十七年（即一九二八年）海关进口税则为征收标准，即汽油每箱关平银二钱六分、每单位关平银二钱三分，煤油每箱关平银一钱四分、每单位一钱二分。无论任何地点，不得征收超过上述各口岸所征之最高数。

退税的主要规定：

五　除本合约第三条所规定之进口税及第四条所规定之各项捐

税外，所有公司之煤、汽油自运入中国后至消耗时止，应豁免其他一切任何税捐。倘公司被迫缴纳其他税捐，为本合约第三、第四条所未规定或超出本合约第三、第四两条所规定之数，政府允许由财政部退还。政府应保护公司或其代理人免予缴纳下列各项税捐，倘公司或其代理人被迫缴纳，政府应即如数偿还，惟公司须将所付数目开列清单并将所有可以接受之证据等件缴送财政部审核。

准免缴纳之各项税捐名称如下：

落地税、厘金、消费税、军事费、教育捐、堤工捐、码头税、附加税、赈捐、测量费、检查费、手续费、印花税、单据税、各项公债、汉口油池捐。

六　公司输运煤、汽油入口之后在中国境内转运之油，政府准其免缴子口单税以及常关各税。倘公司被迫缴纳此项税款，政府允许由财政部如数退还，惟公司须将所缴数目开列清单连同可以接受之证据等件一并缴送财政部审核。

十一　本合约第三、五、六、七、八、九、十等条所规定之退税，政府允准公司将所有退税之请求送呈财政部核发，财政部一经收到此项请求，应即详为审核，如无差误即将应退之税发还公司。[①]

新合约不仅使中央获得了稳定的煤油税收，更重要的是在政治上实现了石油产品关税自主，这对国民政府而言有着非凡的意义，为此后的中美税则谈判提供了具体的依据。对美孚来说，虽然关税大幅提高（原关税加子口税和煤油特税）并将原来各地的税捐合法化，但这只不过是

---

① 海关总署《旧中国海关总税务司署通令选编》编译委员会编《旧中国海关总税务司署通令选编》（第二卷）（1911—1930 年），中国海关出版社，2003，第 475～478 页。

对现实税负的一种承认和固定化，实际税负并未增加，之前各种花样百出的税捐、厘金等统统被裁撤。这种安排得到了国民政府的法律保障（各条款中的财政部退税安排），这无疑是有利于美孚的实际业务的。通过此合约，美孚获得了在中国经营的合法性，并且理顺了政府的税负政策，也明确了自身的权益。

美孚与南京国民政府的新合约是美国大公司在推动美国率先承认中国关税自主的现实因素的折射。之前有研究者认为美国率先签约承认中国关税自主是美国政府出于外交、财政以及美国国内舆论和中美贸易结构（美国输华商品主要是重化工业品，而关税旨在保护中国轻工业）等问题的考虑。但美孚与国民政府关于煤油税的交涉表明，美国在华的主要利益体（石油公司和烟草公司）比较早地要直接面对国民政府以解决经营问题，在交涉过程中或正向或反向地推动、迫使驻华使领和国务院去考虑调整及至承认国民政府关税自主。比如，1929 年 3 月，哈尔滨地方政府征收煤油地方特税，美孚爽快地纳了特税。这主要是因为特税被加入了煤油价格中，而且美孚与南京国民政府协议规定，南京国民政府财政部负有退还地方征收过高煤油税的责任。因此，哈尔滨领事感叹，面对各省要征收各种捐税，抗议毫无用处。他希望国民政府能通过提高关税来阻止地方层出不穷的税收。① 这是国务院驻华使领在处理税务问题时的某种共识。这种共识在一定程度上推动了美国对中国关税自主和对南京国民政府的承认。

在这一时期美孚与南北政府的事务交涉中，尽管事件本身并不简单，但可以看到各方都有比较清晰的目标和追求。北洋政府考虑利权损失问题，南方革命政府将煤油税融入革命进程，而美孚坚持获得市场的主导地位。美孚与中国政府关系的复杂之处在于，双方的事务往往涉及条约

---

① "The consul at Harbin（Hanson）to the Minister in China（MacMurray），March 1，1929"，FRUS，1929，Vol. II，p. 801.

体系、多边利益和国家关系。这使得美孚与中国政府的互动有时会成为改变近代条约体系和国家关系的一个刺激因素，并使之向一个意想不到的方向发展。这体现了在这个动荡时代美孚与中国政府关系的复杂性和多样性。

第三章
美孚地方政治：以两广为中心

　　政府对企业的影响主要通过权力实现，政治环境是企业重要的外部环境。对美孚而言，中国政府所制定和实行的一系列政策就是其所处的市场环境，这成为美孚参与政治的动力。美孚在地方上的政治参与和与中央打交道的方式不同。这些方式有些是直接的，有些是间接的，不管哪一种都有争取"合法性"的含义，且这种"合法性"作用于中国政府的政策和行为。从地方政治的角度可以观察到美孚复杂、隐蔽的政治影响。总体来说，美孚并没有被动陷于中国的央地矛盾中，美孚在地方有清晰的思维和行动来保护自己并营造有利的环境。

　　1904年美孚开始构建自己的层级垂直管理体系，1914年美孚已建立了一个完整的西式层级管理组织和直销系统。与此同时，美孚的中低级职员，甚至一些高级职员中的中国人越来越多，美孚的广告也多带有中国色彩，因而容易给人一种"本土化"的观感。不能否认，本地职员、本地代理和中国化的广告的确是美孚"本土化"的一种表现，但如果完全将美孚的组织和经营方式归为"本土化"，则容易掩盖美孚的层级商业组织的本质及忽略从分公司观察美孚行为的可能。

　　在层级管理结构下，广东美孚（广州分公司）和广西美孚（梧州分公司）的行为能反映出美孚的思想和政策。在叙述两广公司的地方政治前，我们可以先通过爱丽丝·蒂斯代尔·霍巴特（Alice T. Hobart）的自传 *By The City of LongSand*（《长沙城》）了解在地方工作的美孚职员的所思所想——这是档案上所没有的，它为了解美孚地方政治提供了思路。

第一节　美孚地方政治的思路

自美孚决定在中国建立自己的机构后，纽约总公司派出了一批经过培训的外籍职员（主要是美国人）到中国拓展业务。美孚给予了这些驻华职员相当高的待遇，他们的起薪为每年 2000 美元，而同期一名会说中文的美国外交官仅为 1000 美元，英美烟公司的销售代表也只有 1200 美元。美孚驻华职员三年服务期满后，年薪可达 5000 美元并可享受 6 个月的回国休假。为稳定和吸引有经验的职员继续在中国服务，美孚给外籍职员提供一系列保障和福利：公司负担医疗费用；提供住宅、家具、餐具；每人每天发放 3 美元的食品津贴；为职员购买保险；退休时每年可得约等于最后 5 年平均年薪的 60% 的养老金。培训班出身的职员晋升很快，10 年以上工龄，可获得区或支公司经理职位，甚至更高。[1] 在职员福利方面，美孚确实很少被批评。[2]

但如果这些职员离开中国的大城市后，在其他分公司和更偏远的地区，他们的工作条件则很恶劣，充满了未知和挑战。[3] 这要求美孚职员要学会观察和适应中国社会。爱丽丝·蒂斯代尔·霍巴特，一位早期美孚

---

[1] 范心田：《我所知道的美孚公司》，载中国人民政治协商会议全国委员会文史资料研究委员会编《工商经济史料丛刊》（第 4 辑），1984，第 45～46 页。〔美〕高家龙：《大公司与关系网》，第 41～42 页。

[2] Hidy, Rallph W. and Hidy, Muriel E. , *Pioneering in Big Business 1882－1911*, pp. 605－606.

[3] 香港美孚石油公司编《先锋与典范——美孚在中国的一百年》，香港美孚石油公司，1994，第 20 页。

驻华经理的妻子，跟随在美孚任职的丈夫在中国各地生活超过 12 年。她以参与者的身份，细致而具体地描绘了在华美孚职员的经历。自 1914 年起，霍巴特跟随丈夫先后在牛庄、安东、杭州、长沙等地生活，其丈夫也随着履历的增长成为长沙美孚的经理。她的所见和所感为了解美孚职员对中国地方的认识和反应提供了一个窗口。

对为什么来华这个问题，霍巴特有着美孚职员的责任感和自豪感：为中国及东方国家的发展而努力。在华美国人相信他们"正在为美国的贸易事业做一份切实的贡献"。美孚的石油生意作为美国蒸蒸日上的事业，像帝国城堡般给他们慰藉，甚至力量。美国人来到中国，拓宽了美国的贸易领地。[①] 美孚职员们身上继承着美国先辈的冒险精神和开拓精神，他们"临危不惧，吃苦耐劳"，继续在充满不确定性和未知挑战的中国开辟市场。美孚的油点燃了成百成千"苦力"的油灯，汽车加油后得以穿过蒙古沙漠到达库伦。美孚人实现了先辈的全球贸易梦。[②]

从《长沙城》一书中能看到美孚职员在地方碰到的问题及应对情况。第一个方面是在地方生活的实际困难。首先是当地人"排外"。中国许多城市拒绝给外国商人提供栖息之所，所以霍巴特说，他们"挤进了一个最不应该进去的地方"。[③] 在安东，"平民大众永远怀疑外国人"。虽然当地人想和外国人做生意，但在租房、购地问题上很难沟通，并且当地人会抬高租金。"你可以看到，无论在哪座城市建外国企业的办公室或者住宅，一定都会遇到诸多阻碍"，这让人产生"有点像被社会所遗弃的人一般的感觉"。[④] 在杭州，外国人的贸易被限制在运河沿岸的一小块低洼地带。美孚能租到的场地的租金之高，令人咋舌。"杭州人有排外情绪，其

---

① Alice Tisdale Hobart, *By the City of the Long Sand: A Tale of New China* (The Macmillan Company, 1926), pp. 15 – 16.

② Alice Tisdale Hobart, *By the City of the Long Sand: A Tale of New China*, pp. 17 – 18.

③ Alice Tisdale Hobart, *By the City of the Long Sand: A Tale of New China*, p. 18.

④ Alice Tisdale Hobart, *By the City of the Long Sand: A Tale of New China*, p. 61.

手段如绅士般圆滑。"① 在极具反抗精神的长沙，"他们认为我们是来自西方的野蛮人，对我们不屑一顾"。② 即使在中国居住了多年，已经与中国职员、佣人和睦共处，霍巴特对中国人厌恶外国人的情绪仍然感到害怕。"确实，这些人的本质是非常友善的，但种族仇恨就像一杯火红的毒液使人丧失理智。"③

其次，美孚的职员在地方没有"靠山"，只能依靠自己。他们"作为美国东方贸易的拓荒者，并没有永恒的靠山"。他们经商的城镇一直处在变化之中，这周美国领事被转移，下周海关税务司官员请假回家，有些地方连领事也没有，诸如此类。美孚的职员实际上是在当地生活时间最长的外国人。④ 霍巴特认为，在这种环境下，美孚职员依恃的只有美国人与生俱来的冒险精神和对公司忠诚执着的品质，否则很难忍受孤独、长途跋涉，以及坚持不懈与"狡猾"的代理商交涉的考验。⑤ 美孚把在华的贸易开拓编成了"抢凳子"游戏的歌词⑥：

> 中国的城！
> 上海，北京，天津，牛庄，停！
> 上海，大连，沈阳，安东，停！
> 两个北方城市落我手。
> 上海，杭州，停！
> 一个南方城市落我手。
> 上海，九江，汉口，长沙，停！

---

① Alice Tisdale Hobart, *By the City of the Long Sand: A Tale of New China*, pp. 80－81.

② Alice Tisdale Hobart, *By the City of the Long Sand: A Tale of New China*, p. 13.

③ Alice Tisdale Hobart, *By the City of the Long Sand: A Tale of New China*, p. 273.

④ Alice Tisdale Hobart, *By the City of the Long Sand: A Tale of New China*, p. 31.

⑤ Alice Tisdale Hobart, *By the City of the Long Sand: A Tale of New China*, pp. 32－33.

⑥ Alice Tisdale Hobart, *By the City of the Long Sand: A Tale of New China*, p. 23.

一个长江城市落我手。

……

　　这份开拓的艰辛和自信还表现在地方公司的房子上都高高竖起公司蓝色的旗帜，上面是一个大大的"S"，即"Standard"，而美国国旗在早期是每逢周日就会升起。[1]

　　再次是美孚人与中国人的关系。虽然霍巴特认为中国人生活在旧世界，过着14世纪的生活，而他们是活在20世纪，但实际上，美孚人无法离开中国人。霍巴特发现，离开自己雇用的华人，他们可能连蔬菜、肉类都买不到，更没有办法识别"奸诈商贩"的把戏，所以最好的办法还是少一些想法，让土生土长的中国人来掌控。[2] 生活的需要使美孚人小心翼翼地关注着为自己服务的仆人，并将目光投向这些仆人的生活环境。一场旱灾，就使"他们的生活很容易从半饥半饱、营养不良的边缘滑向挨饿的境地"。笼罩在饥饿阴影下的民众有时候会求助于神明，但有时恐惧和绝望的情绪会蔓延，只要有一点火星，反洋情绪就会爆发。美孚人不但买不到东西，平时友善的仆人亦有可能成为敌人。"我这座城堡在这样的危险前薄弱如纸。"[3] 这是美孚人对地方经济政治关系的直观感受。

　　第二个方面是地方的混乱。"贫穷折磨着中国，贫穷、分裂和军阀支配了中国，强盗困扰着中国。"[4] 自然这些问题也困扰着美孚人。一名叫格兰特（Grand）的长沙公司代理人要到湖南边远的地方，而路上有非常多的强盗团伙，他的做法是花200美元找一个当地的"寨主"组成一个团队护送。这名"寨主"实际上也是一个土匪头子。据说寨主一开枪，

---

① Alice Tisdale Hobart, *By the City of the Long Sand：A Tale of New China*，p. 37.

② Alice Tisdale Hobart, *By the City of the Long Sand：A Tale of New China*，p. 117.

③ Alice Tisdale Hobart, *By the City of the Long Sand：A Tale of New China*，pp. 320 - 321，p. 273.

④ Alice Tisdale Hobart, *By the City of the Long Sand：A Tale of New China*，p. 326.

强盗们就作鸟兽散。①

为了有效应对这种局面，美孚经理一是与各国政商界"抱团"。在霍巴特的长沙水陆洲（橘子洲）家中，英国领事、美国领事、法国人、海关官员等是聚会的常客。每年长江"禁猎期"，美国炮艇"比利亚洛沃斯"号驻扎在长沙，炮舰船长就带着妻子来霍巴特家。有时英国炮舰船长也会到访。② 美孚与当地美、英、法等国政商人士的交往，既可以互通信息，也可以在碰到紧急事件时互相施以援手。当长沙爆发反洋人游行时，不但美国炮舰矗立港口，英国炮舰也很快入港。在反洋人气氛紧张时，美孚用美国国旗代替公司旗，而英国人也挂起了美国国旗。③ 这就是西方政商"抱团"互相声援的表现。二是通过地方高层和实权人物解决问题。与政府保持距离仍是美孚在地方上坚持的原则。美孚的做法与一般意义上的结交地方实权人物不一样。1925 年五卅运动爆发后，长沙发生了学生、工人攻击外国人的事件。美孚长沙经理一边到城里保护公司财产，一边将员工家属撤到水陆洲。"从城内人群传来的宣传声是声讨我们的，一种奇怪又可怕的感觉油然而生。"不久，更多的外国人聚集到水陆洲，长沙经理加紧收集情报，判断形势。接着长沙城发生骚乱，省长赵恒惕采取了行动。"两年前，赵恒惕是否当上省长这事我们或许不关心，但他现在代表我们行使这一权力。"当时赵恒锡在全城实行最严厉的军事管制，全城内外，每隔几英尺就有士兵拿刺刀站岗，并有巡逻队。赵下了一道命令：凡是攻击白人或抢夺白人财产者将不经审判斩首。作为防御的一部分，在水陆洲的外国政商团也制订了一个计划。这个计划包括准备三艘炮艇，这三艘炮艇虽不大，但可以在不得不撤离时抵御袭击，防止他人上岛。美孚经理的家是美国领事和英国领事的堡垒，一旦

---

① Alice Tisdale Hobart, *By the City of the Long Sand：A Tale of New China*, p. 147 - 153.

② Alice Tisdale Hobart, *By the City of the Long Sand：A Tale of New China*, pp. 129 - 133.

③ Alice Tisdale Hobart, *By the City of the Long Sand：A Tale of New China*, p. 133.

形势失控，美孚的船将成为撤离工具。此外，美国公使馆还下令从汉口派遣一艘驱逐舰和一艘炮船到长沙支援。①

第三方面是对中国的矛盾感情。霍巴特认同石油贸易给中国人带来好处，也给美孚带来利益。当美孚人在中国生活一段时间后，中国的历史、风景、民众甚至抗争都给他们留下深刻的印象。她承认，他们对湖南省乃至整个中国感兴趣的不仅仅是商业，更有美孚人在中国度过的美好时光。"我们最爱的还是我们自己的国家，但我们仍对中国有一种真实的喜爱之情。"② 霍巴特写道，最初到中国时，她对中国新年（春节）只是一个旁观者。"但过去的每一年，我似乎领悟到其中一点深沉的含义，中国春节不是普通的一天，而是一种中国人的精神状态。在春节前，公司做好了停业一周的准备。一年中，中国人也就这一次远离工作，享受假期，他们风风火火地为过年做准备，我也乐在其中。"③ 虽然她觉得中国 15 天的春节活动很夸张，敲锣打鼓的节奏难听，但在中国生活多年后，她清楚地感受到了与中国社会的关系，"我想到在这一年，这些迷信、恐惧、不安却沉默不语的人，每天在我家是如何度日的。阿妈、小工、厨师和男仆，他们无声地走进这栋房子，心中都怀着同样的恐惧和迷信，而这些都在铜锣声里说出来了。毋庸置疑，我现在明白了这些影响了这个群体的生活，也影响了我的生活"。④ 但在发生民众运动时，她感叹，"白种人和黄种人的友好关系是如此脆弱"，"想想那些与我们共事多年的人，我们也深爱他们的国家，他们竟然憎恨我们，太可怕了"。东西方之间有着无法调和的误解。⑤

霍巴特细致的描写使我们可以了解在地方的美孚人的生活细节，尤

① Alice Tisdale Hobart, *By the City of the Long Sand：A Tale of New China*, pp. 303 – 318.
② Alice Tisdale Hobart, *By the City of the Long Sand：A Tale of New China*, p. 261.
③ Alice Tisdale Hobart, *By the City of the Long Sand：A Tale of New China*, pp. 284 – 287.
④ Alice Tisdale Hobart, *By the City of the Long Sand：A Tale of New China*, pp. 290 – 291.
⑤ Alice Tisdale Hobart, *By the City of the Long Sand：A Tale of New China*, pp. 307 – 308.

其是他们的内心世界。他们的恐惧、自信和开拓精神，成为美孚在地方的意识主流。因为恐惧不安，美孚构建了自己的保护机制；自信则促使其以自己的方式获取社会合法性；开拓精神则让其有强调纪律的一面。这些行为以更隐晦的方式影响或改变政府权力的实现。这为我们探讨美孚在两广的行为提供了思路。

第二节　美孚在两广的自我保护方式

根据公司档案，广州美孚分公司成立于 1900 年，初期除广州业务外，还负责广西业务。1912 年，梧州美孚分公司设立，负责广西和部分贵州业务。这两个公司属华南区公司（驻香港，也称香港区公司）。在美孚的管理体系中，分公司十分重要，被认为是推行本地业务的根本。广州公司和梧州公司具体业务主要有三点：一是推销产品和管理代理商；二是执行公司计划；三是代表公司与本地政府交涉。

一　预缴煤油营业税

1905 年，广州美孚与粤海关签订了在广州花地建储油池的合约。合约规定，美孚需缴纳执照费 250 两；该执照每年更新，每次更新需要再缴50 两；每月缴海关管理费 100 两并缴纳油品的关税和子口税。[①] 这个合约表明，在 1912 年前乃至 1915 年前，广州美孚所需要缴纳的税费主要是交给海关，而海关属中央政府。民国出现的政治混乱使这种局面很难维持。袁世凯之后，地方势力增强，两广地方势力为壮大实力，财源地方化成

---

① License for Bonded Tanks for the Storage of Mineral Oil in Bulk，December 28，1905. 广东省档案馆藏美孚石油公司广州分公司档案（下称广州美孚档案），档案号 67－1－45，载张小欣：《跨国公司与口岸社会——广州美孚、德士古石油公司研究（1900—1952）》，第 71～72 页。

为必然，因此出现了煤油捐税、煤油印花税和煤油特税的问题。这些问题随着南方革命政府逐渐转变为全国性的政权而纠缠于中美复杂的政治关系中，并最终随美孚与南京国民政府订立煤油关税税率和合并特税合约而解决（见本书第二章）。1927 年南京国民政府虽形式上统一中国，两广地方事实上仍半独立于中央，广西掌握在李宗仁等新桂系手中，而广东则是陈济棠主政。两广相当大的自主性使美孚的问题难以通过正常外交渠道解决。

1930 年底，梧州对美孚运入广西的石油产品（除煤油、汽油外）征收"捐款"。根据 1929 年 1 月 31 日美孚与南京国民政府签订的合约，有关免除各项税捐的规定中明确了汽油和煤油类产品，对其他的石油产品（如润滑油）未提及。按美孚和美国国务院的理解，合约的规定适用于所有石油产品，因此美国国务院认定梧州的行为是"非正当之征收"，且违背了国民政府 1931 年 11 月撤销厘金和其他类似厘金捐税的命令。① 梧州的行为是广西对南京国民政府不服从的表现。

更令美孚担心的是，两广政权出现了干涉、控制石油市场的行为。1930 年代初，广州和梧州等地兴起了土制煤油业。一些华商从国外或三公司购进柴油，通过简单的提炼、分离，滤出可用的煤油。这种煤油价格低廉，易为民众接受，商人亦有利可图。一时间，两广华商纷纷添置设备，成立各种土制煤油厂。仅 1930 年一年，广州就有 166 家土制煤油厂设立。这些厂所产煤油几乎达到了广州全年煤油进口量的 1/4。② 梧州土制煤油业在全盛时期也有 26 家厂商，日产煤油 6900 罐（约 103 吨）。③

---

① 《梧州下关地方对美孚行之滑机油蜡洋蜡并其他物品征收饷捐一事》（1931 年 2 月 4 日），载《中美往来照会集（1846—1931）》（第 19 册），第 331~332 页。

② 张小欣：《跨国公司与口岸社会——广州美孚、德士古石油公司研究（1900—1952）》，第 125~126 页。

③ 梧州市地方志编纂委员会编《梧州市志·经济卷（上）》，广西人民出版社，2000，第 1612 页。

这对以美孚为首的三公司的煤油市场造成了巨大的冲击。美孚等三公司一方面提高柴油价格，另一方面也自行在广州用柴油炼制煤油与华商展开煤油战。因为美孚等技术先进，资本雄厚，油源充足，两广土制煤油厂成立了同业工会，互通声气，请求政府支持。

美孚发现在这场煤油战中，西南政务委员会的一些政治人物参与了进来。同时，广东省政府拒绝了南京国民政府要广东各海关提高柴油进口税率以弥补煤油进口关税减少的要求，理由是会伤害本地煤油业。美孚等三公司虽以价格战和控制油源等办法击溃了部分土制煤油厂，但西南政务委员会1933年6月制定的《特种柴油进口登记办法》又给了美孚等新的打击。这个办法规定，特种柴油进口后，只能供给在中国注册的制炼厂。美孚在中国并未注册，自然就没有资格进口柴油加以炼制。美孚转而向国务院求助。这个办法因涉及中美最惠国待遇，引起国务院的强烈抗议。在南京国民政府、驻华公使馆的压力下，西南政务委员会出台了补充登记办法，准许外国公司进口柴油，并且保证登记办法不会违背条约，政府也不会制定管理外国石油公司的法律。[1]

就在美孚等解决登记问题，不断降价打击土制煤油厂时，广东省政府应华商之请，给予每罐煤油1元补贴（从所缴2元营业税中扣除）、每吨柴油进口费4元中退2元以为支持。这样，土制煤油的成本下降，销量增加。[2] 接着，美孚等又碰到了一个更大的问题，陈济棠于1933年10月决定在广东征收一种煤油新税——煤油贩卖营业税。自1929年至1932年，南京国民政府对煤油的征税依据是1929年1月与美孚等签订的协定，且关税统一由海关征收。但煤油关税并未区分是向物体征税还是向营业主体征税。广东省财政厅认为，煤油业的批发、零售与商店、公司不同，且

---

① Irvine H. Anderson, *The Standard-Vacuum Oil Company and United States East Asian Policy, 1933－1941* (Princeton University Press, 1975), pp. 43－46.

② 广州市地方志编纂委员会编《广州市志·工业志（下）》，广州出版社，2000，第520页。

煤油营业额很大，不能只征关税，而要向营业行为加征煤油贩卖营业税。税率是每10加仑（即一箱两罐）征收国币3元，合广东毫银3.9元。①

广东的煤油贩卖营业税虽然不是直接向美孚等三公司征收，但相当于在南京国民政府煤油关税基础上加收的一种税，这增加了各地煤油零售代理商的成本。这在一定程度上改变了美孚与南京国民政府的协议，因而美孚反应强烈。华南区公司一度建议国务院对广东出口到美国的货物进行报复性制裁。广州领事认为这种报复行为有引起抵制美货的风险，所以反对此建议。香港美孚经理也不同意这种行动。因此，国务院暂时搁置这一建议。②

美孚等三公司虽向广东省财政厅提出抗议，同时与南京国民政府交涉，但均不得要领。此时陈济棠正在反蒋，自然不会听命南京国民政府。另外，华商得知征收煤油贩卖营业税规定后，派人与财政厅厅长密商，表示支持政府，提出维护政府税收和支持华商的两全之策——华商按规定缴纳营业税，但政府按土制煤油销售数目每10加仑补贴1.5元的津贴，即实际只征收50%的营业税，此建议为陈济棠接受。一时土制煤油厂迅速增加，土制煤油业颇成声势。美孚等通过降价无法打击土制煤油厂，与广东和南京国民政府的交涉又无结果，于是决定封仓抗缴一个时期。③

美孚既无法依靠国务院，与广东和南京的沟通也无济于事，只能自己想办法。不久之后，美孚探得华商与陈济棠的协议内情，遂表示也愿意缴纳煤油贩卖营业税，但要求一视同仁，反对对华商的补贴。这时需款孔急的陈济棠趁机向美孚等三公司提出，只要三公司能预缴500万港元

---

① 陈允耀：《关于煤油贩卖营业税》，载中国人民政治协商会议广东省广州市委员会文史资料研究委员会编《广州文史资料》（第16辑），广东人民出版社，1965，第46~48页。

② Irvine H. Anderson, *The Standard-Vacuum Oil Company and United States East Asian Policy*, *1933-1941*, p. 47.

③ 冯翰伯：《广州沙面洋行旧话》，载中国人民政治协商会议广东省委员会文史资料研究委员会编《广东文史资料》（第33辑），广东人民出版社，1981，第205页。

的煤油贩卖营业税，政府就取消对华商的补贴。美孚华南区公司首先同意。① 几经协商，三公司于 1934 年 9 月 28 日与广东省财政厅签订了《美孚火油公司亚细亚火油公司德士古火油公司与广东省政府财政厅互订预缴煤油营业税合约》，合约主要内容有：美孚等三公司联合预缴广东全省煤油营业税款 500 万港元给广东省政府财政厅；广东全省煤油营业税率为每两罐（10 美加仑）征收国币 3 元，合毫银 3.9 元；无论华商炼油厂或营运柴油商号及外商煤油公司均照此税率征收，不得退税及用任何名义补助华商煤油厂或营运柴油商号及外商煤油公司。②

但陈济棠在广东现实经济和政治之间权衡后，在分批取得美孚等三公司款项的同时，仍暗中补贴土制煤油业。1935 年 8 月，美孚等三公司得知此情况后，要求广东省政府履行合约。而此时陈济棠已获得大部分预缴款，便趁机向三公司提出再预缴 500 万港元税款，而三公司则提出彻底取缔土制煤油厂的要求。③ 1936 年 2 月 26 日，美孚等三公司再次与广东财政厅签订《美孚火油公司亚细亚火油公司德士古火油公司与广东省政府财政厅互订预缴煤油营业税款合约》，最重要的是前三款内容：

（一）美孚火油公司、亚细亚火油公司、德士古火油公司联合预缴广东全省煤油营业税款港币五百万元交与广东省政府财政厅核收。

（二）广东省政府财政厅规定广东全省煤油营业税率每两罐即十美加仑征收大洋三元法币伸合广东省定毫洋法币（以下简称法币）（将来如有变更时，照广东各种税捐所缴之法币同等办理）三元九

---

① 冯翰伯：《广州沙面洋行旧话》，载中国人民政治协商会议广东省委员会文史资料研究委员会编《广东文史资料》（第 33 辑），第 206 页。

② 张小欣：《跨国公司与口岸社会——广州美孚、德士古石油公司研究（1900—1952）》，第 138 页。

③ 冯翰伯：《广州沙面洋行旧话》，载中国人民政治协商会议广东省委员会文史资料研究委员会编《广东文史资料》（第 33 辑），第 206 页。

角。无论华商煤油厂或外商煤油公司均照规定税率（即两罐十美加仑征收大洋三元）划一征收不得退税，并于每次应缴纳税款时即以现收缴纳，不论时间久暂，均不得挂税及用任何名义补助华商煤油厂及外商煤油公司。

（三）广东省政府财政厅规定华商煤油厂或外商煤油公司凡运购在华氏寒暑表六十度时保米表（法译 Beaume）二十五度以上向来制造煤油之原料柴油（英译 Distillate）均应先行向广东全省煤油公司营业税总处或分处领取运照方许进口。广东省政府财政厅于中华民国二十四年十二月一日规定华商煤油厂每月领运照运入保米表二十五度以上之原料柴油，每月额定不得超过八百吨，俾资调节市场之通告内载之限额不得增加。凡制造煤油之土场必须按照民国二十二年十月十四日所颁布之法令，曾经领有设厂证及营业证乃许制造，但土场购运之原料柴油无论直接间接除洋商煤油公司外，全省总额每月不得超过八百吨之数。①

相比 1934 年合约，1936 年合约不但再次强调了华洋商一律收营业税，不得退税以及不得以任何名义给予华商补贴，更重要的是，广东省政府同意将华商进口柴油的数量定为每月不超过 800 吨。这样就相当于断了华商的原料来源，仅此一点即可使土制煤油业瓦解。美孚等以 1000 万港元的代价，换取了继续垄断广东市场的地位。

广西的情况与广东几乎相同。1934 年，美孚等三公司向广西省政府提供了 100 万港元的煤油借款。② 1935 年，广西公路局计划对广西境内的

---

① 《美孚火油公司亚细亚火油公司德士古火油公司与广东省政府财政厅互订预缴煤油营业税款合约》（1936 年 2 月 26 日），广东省档案馆藏，广东省政府财政厅档案，004－001－023－004－053。

② 韩清平：《亚细亚火油公司在桂、粤活动见闻》，载中国人民政治协商会议广东省广州市委员会文史资料研究委员会编《广州文史资料》（第 16 辑），第 35 页。

汽油、润滑油、轮胎及其他车用产品实行垄断经营。虽然美孚等打算从外交上进行抗议和交涉，但因广东的经历，美孚等对外交解决、与广西当局沟通、通过南京政府施压等方式都不再抱有信心。所以亚细亚在给美孚的信中说："我们考虑任何正式抗议都是不明智的，但我们认为应把握机会，以一种非正式方式向李宗仁将军点明，任何垄断都会导致公路局购油价格上升。"① 这种"非正式方式"就是与广东当局签约后不到一个月，再向广西当局预缴一笔 150 万港元的煤油营业税款。这份协议的签订时间是 1936 年 3 月 21 日，内容主要如下。①三公司给予广西省政府预缴煤油税款 150 万港元。②固定税率为每 10 美加仑（或 2 听）3 元。③在预付款未清前煤油特税为每 10 美加仑 0.2068 港元。④市场竞争限制，其他煤油商每年只能进口 60000（单位）×10 美加仑煤油到广西，每月不超过 10000 单位。⑤免贴印花税及出口退税，广西省如不再征收煤油税，有退款义务。⑥准许三公司在梧州和南宁设炼油厂。⑦为三公司颁发在广西省内油品运输的许可。② 美孚等同样以金钱为代价，换取了广西石油市场的垄断地位。

美孚应对两广煤油营业税的经历体现了其处理与地方政府关系的一种方式：自己利用各种压力和金钱解决复杂的问题。半独立状态的两广政府使国务院在处理煤油营业税及在保护、维护美孚利益上是困难的。国务院更关心的是条约利益，如果美孚与国务院的利益一致，双方则有可能合作。

美孚在两广预缴税款当然是要维护市场领导地位，但对中国政治亦产生了影响。一是助长、壮大了地方力量。无论是给广东的 1000 万港元，还

---

① Kwong Si Highways-Proposed Benzine Monopoly，September 21，1935，广州美孚档案，档案号 67－1－5，载张小欣：《跨国公司与口岸社会——广州美孚、德士古石油公司研究（1900—1952）》，第 78 页。

② Provision of the Revised Agreement，November 7，1936，广西档案馆藏，美孚石油公司驻桂机构档，L66－1－353。

是给广西的 250 万港元，都在事实上增强了两广地方的财政能力，直接支持了两广的地方政治。二是给此后的南京国民政府留下了难题。战后，美孚等三公司之前的两广预缴煤油营业税款尚未扣完，广东尚余 2234877.57 港元，广西还有 495414.93 港元。① 美孚等三公司的华南区公司要求广东和广西进行清偿。广西省主席黄旭初回信称，因广西省政府所存的合约已在 1944 年桂林沦陷时丢失，此问题将呈财政部处理。② 亚细亚可能认识到此问题的复杂性，向各公司提议直接由上海的三家总公司联合向南京政府交涉。③ 财政部要求三公司出示协约原件。美孚的原件和副本在中国找不到，转而请纽约总部查找。当美孚找来协约后，财政部迟迟不见动静。梧州公司又转而催促广西省政府。黄旭初回信说，此案已转请财政部处理，广西找不到相关文件，且"查照此案系属财政收支系统改制，有关案件财政部查案甚易，迳行洽办可也"。④ 广西在声称"归政中央"后，名正言顺地将此案推给中央财政部，而财政部也不便公开反对，只得运用公文往来，一味推托。

　　三公司眼看事情得不到解决，在 1948 年 3 月 31 日美孚、亚细亚和德士古等华南区公司经理联合给广西省主席发出了强硬的声明。声称，如果财政部迟迟不能解决战前预缴煤油税问题，他们将追究广西省政府的责任。⑤ 广西省政府和国民政府财政部大概知道理亏，却谁也不愿支付这笔款，只好顾左右而言他。广东省政府对此也是公文往来而并无实际行

---

① The Three Oil Companies to the Commissioner of Finance for Kwangtung Province, March 31, 1948，广东省档案馆藏；梧州公司致广西省政府函（1948 年），广西档案馆藏，L66 - 1 - 99。

② 黄旭初致三公司梧州分公司函（1948 年 2 月 2 日）、梧州公司致广西省政府函（1948 年），广西档案馆藏，L66 - 1 - 99。

③ Hongkong to Shanghai, January 16, 1948，广西档案馆藏，L66 - 1 - 194。

④ 黄旭初致梧州公司（1948 年 3 月 4 日），广西档案馆藏，L66 - 1 - 99。

⑤ 香港区公司致黄旭初（1948 年 3 月 31 日），广西档案馆藏，L66 - 1 - 353。

动，此事不了了之。①

二　联结社会关系的宴会

在美孚的制度中，宴会是不太被人注意到的一个制度。美孚的宴会不但具有消遣、娱乐和休闲的性质，而且具有较强的政治功利性。美孚控制着地方公司的宴会，使之既可以扩大社会关系以利于经营，又不会使自己陷于中国的关系网中。这种做法是十分美孚的。

霍巴特曾记录了长沙经理家中宴会的情况。美孚长沙经理的家建在水陆洲的正中央，是一栋大房子。这栋房子在周末经常举办宴会，参加的人员主要是西方来华人员，包括英国人、美国人、法国人。这些人中既有英美使领馆人员及其家属，有传教士，也有英美海军人员、海关人员。茶余饭后，参加宴会的人谈论的主题是当地的局势、湖南人的特点和英美炮艇何时进港等。位于岛正中央的美孚经理的大房子"发挥了一点作用"，"为社区提供了微不足道的服务"。② 宗教、政治和商业是美国在中国开展的"三位一体"的活动，而宴会在其中发挥了重要的实质性作用。

在地方，美孚有一个制度化的宴会：春节宴会。这个宴会一般是由分支公司做计划，详细列出参加宴会的人员名单、花费和菜单，然后提请区公司批准。这个宴会选择在当地最好的酒店举办，被邀请的人是当地各界的名人。梧州公司每年早早为此做准备，在当地最大最豪华的饭店订餐，并与当地商界人士讨论名单人选。事实上，美孚每年的春节宴会成为当地商界的一件大事。美孚借此表示对各界的感谢。梧州公司经理认为这是公司应尽的"社会义务"。③

---

① 香港区公司致广东财政厅厅长（1948 年 3 月 31 日），广西档案馆藏，L66－1－353。

② Alice Tisdale Hobart, *By the City of the Long Sand：A Tale of New China*, pp. 127－134.

③ Wuchow to Canton, "Entertaining Expenses", January 9, 1948, 广西档案馆藏，L66－1－102。

梧州公司宴会名单上的受邀人包括地区专员、军管区副司令、县长、各局局长、师管区司令、县税征收处处长、法院院长、输出入管理处主任等当地政府机关的主要负责人，还有税务、航运、银行界、海关人员以及主教神父、律师、医生、顾客代表、代理商等，涵盖了当地所有政界、商界、银行、宗教、法律、医院等各界的头面人物。1946 年 1 月，梧州公司花费了 28050 元（法币）举行宴会，1947 年香港区又同意为此花费 80 万（法币）。① 1948 年 1 月，梧州公司打算与当地的德士古、亚细亚联合起来，举行一个更大的春节盛宴，总预算达 6000 万元（法币），与会人数达 180 人。梧州公司在给广州区公司的报告中说，这样联合的好处是省钱和省时间，并消除各自操办可能造成的歧视和竞争，还能办成一个更大的宴会。②

从名单上看，代理商约占一半，另一半是政商、宗教、航运等各界人物。③ 宴会的规模之大，人数之多，规格之高，给人留下深刻印象，展现了美国企业的形象。美孚宴会固然有答谢各界、表扬代理商、增进友谊之意，但目的绝不限于此。宴会的宾客实际上都有助于美孚业务的开展，这使得宴会有了功利性的意义。梧州海关关长是美孚业务顺利开展的关键人物，但其未参加梧州公司的宴请，梧州公司经理特别向华南区公司说明，在有机会时一定由其私人宴请。④

1948 年 2 月，梧州公司要将保险库门运到广州转香港配锁，因涉及出入口及外汇问题，所以梧州公司先后请中央银行梧州分行、粤海关梧

---

① Wuchow to South China, "Entertaining Expenses", February 10, 1946; Wuchow to Hongkong Territory, January 29, 1947, 广西档案馆藏, L66 - 1 - 102。

② Wuchow to Canton, "Entertaining Expenses", January 9, 1948, 广西档案馆藏, L66 - 1 - 102。

③ 梧州公司邀请名单（1948 年），广西档案馆藏, L66 - 1 - 102。

④ Wuchow District to South China Territory, February 10, 1946, 广西档案馆藏, L66 - 1 - 102。

州办事处、军政长官欧仰义提供证明，不仅准其通行而且免结外汇。欧仰义和中央银行梧州分行、粤海关办事处都给予了证明。① 而欧仰义、中央银行梧州分行和粤海关办事处的官员都是美孚宴会上的座上宾。1949年1月20日美孚呈报苍梧国税稽征局发给南宁南通行免征特种营业税（在梧州已报缴）的证明，1月24日，国税稽征局局长即颁发了证明。② 此外，美孚与政界的关系也能帮助美孚应对地方的治安问题和勒索。当治安不好时，梧州警察局无偿借枪给美孚。③ 而柳州警察局局长以换夏季警服为由，向美孚公司募捐光洋500元时，美孚拒绝了。④ 如果美孚没有良好的地方政治关系，是很难拒绝地方权力机关的要求的。

高家龙认为，在1883年到1903年的20年时间里，美孚将公司推销产品的权力下放给了中国的社会关系网。中国的社会关系网帮助美孚开拓和掌握了中国煤油市场，但美孚并不能自如地控制中国商人。之后，美孚虽然通过买办推销煤油，但仍不足以应对竞争。因此美孚下决心建设自己的中国直销系统，将中国商人变成代理商，并牢牢掌控他们。⑤ 这并不意味着美孚对中国关系网的完全抛弃，相反，美孚试图主导、控制并利用好这种关系网。从美孚宴会的情况看，宴会的举办规模、邀请人员的权限都不是基层分支公司能决定的，而是由区公司经总公司批准决定的。这种做法说明美孚并不排斥地方社会关系网，而是要控制这种关系为自己所用。这种地方关系能为美孚提供一种社会意义上的保护并构建了其中国社会关系的"合法性"。

---

① 《中央银行梧州分行函》（1948年2月26日），《中央银行梧州分行证明书》（1948年2月26日），《专员兼司令员欧仰义证明》（1948年2月），广西档案馆藏，L66－1－59。
② 《财政部苍梧国税纳税证明书》（1949年1月24日），广西档案馆藏，L66－1－180。
③ Wuchow to Canton, November 19, 1948，广西档案馆藏，L66－1－113。
④ Liuchow Police Bureau to Standard-Vacuum Oil Company, May 4, 1949; Canton to Wuchow, May 14, 1949，广西档案馆藏，L66－1－112。
⑤ 〔美〕高家龙：《大公司与关系网》，第17～39页。

第三节　美孚的管理制度及在地方的应用

"守法""合规"是一个跨国大企业合法性的内在要求。企业要做到守法、合规，必然要有自己的纪律要求，进而获得道义上和法律上的合法性。美孚在地方上的纪律要求实际上是一整套规则，包括职员的聘用和管理以及代理商的选择和管理。这一整套规则在构成美孚管理体系的同时，也保证了其在华经营的灵活性。这是美孚管理的高明之处。

为了从源头上保证人员的素质，美孚在招收职员时要求就比较高。外籍职员一般招大学毕业生。新职员入职后，首先由纽约总公司进行培训。新职员先在纽约长岛精炼厂见习 3 个月，再到总公司见习 3 个月。学习期满合格后，再派往中国。到中国后，新职员继续学习会计、储运和汉语等，并随老的美籍职员出差学习业务。中国职员除部分旧人员外，公开招考，投考者资格分为大学生、高中生、初中毕业生，其中具有同等英文程度者优先录取。美孚在上海开办训练班，培训中国职员，职员经训练合格后录用。试用 6 个月即成为正式学徒，学徒不定试用期，如果工作能力强，遇缺即补。这类职员大半由教会学校招来，大概考虑到教会学校英语水平较高，而公司对英语水平也有一定要求。[①] 因此，美孚职员既有业务能力也有一定的素质。

为了有效管理职员，美孚设计了一套复杂的监管制度。在组织内部，一环扣一环，一条线有一条线的范围，一个人有一个人的职责，等级森严。区级公司所属分支行的人事任用和调动由区公司负责，分支行无权过问。华南区公司设有总经理、副总经理各 1 人，统管全区所有分支公司。总经理下设 4 名助理，职位与分公司平行或略高，其中一人专管广

---

① 范心田：《我所知道的美孚公司》，第 45～46 页。

州分公司，一人专管汕头、福州、厦门等地分支公司，一人专管澳门、广州湾和海口等子公司，另一人专管滇缅铁路范围内的子公司。对职员权力的监管主要体现在会计制度上。华南区公司设有会计部，会计员多达二三十人。会计部由总会计长主理，管辖区公司、分公司和支公司一切会计业务和财务，依照规定按时呈报纽约总公司。分公司也设有会计部，由分公司会计长主理，但支公司不设会计部。华南区公司总会计长受总公司副经理领导，但会计业务则直接受纽约总公司领导；分公司会计长受分公司经理领导，但会计业务则直接受华南总公司总会计长领导。会计部遵照严密的规定为业务服务，监督开支。所有会计和财务事项都先经会计长审查然后送经理核准，但分公司、支公司经理的出差费又要经总公司总经理批准才能开支。纽约总公司为了更好地控制华南区公司，又另派一个总会计长来监督华南的总会计长，其有权代纽约总公司决定一些较小的有关会计和财务的事项。会计业务中还包括职员薪金的支付。华南区公司总经理的薪水由纽约总公司支付；分公司经理、会计长和支公司经理的薪水以及美籍和其他外籍职员的薪水由华南区公司总会计长支付，方式是把他们的薪水存入各人的香港外国银行账户内，由各人自由提取；葡萄牙籍职员的薪水由华南区公司或各分公司的经理直接支付；中国籍职员则由区、分公司的会计长和支公司经理支付。每个月的月末，经理和会计长分别将该月应付薪水的总额交给会计，由会计开出支付单送会计长和经理批准后开银行支票交出纳员提取现钞送回给经理和会计长分发。但薪水数额只有经理和会计长本人知道，连会计员都不知道，职员间也同样不知道。[①]

　　基层分支行几乎不可能在业务上做手脚。因为分支行将油卖给代理商，但无权收受代理商的货款，货款由代理商直接汇到华南区行。各级职员的

---

① 张毅：《美孚火油公司广州分公司亲历及见闻》，载中国人民政治协商会议广东省广州市文史委员会编《广州文史资料》（第16辑），第4～5页。

差旅费，由上一级批准，分行经理的差旅费要由区行经理批准。总公司还规定每三年由纽约总公司派出核账员到各地区、分、支公司审核账目和财产，以及分支公司与代理商之间的契约和合同。[①] 此外，美孚还通过庞大的运输系统直接将油送到代理商手中。生产、运输、存储、保险和销售的各个环节，都由美孚自己管理，最大限度压缩了职员做手脚的空间。

在对职员的具体管理上，美孚也很严格。在一份1929年广州美孚分公司与管仓员的合约中有这样的规定：管仓员应维护公司利益，保证公司利益不受损失，并且对在合约期内因管仓员个人不诚实或违约而引发的所有诉讼、索赔、支出、遗失和贪污等，要保证予以赔偿。合约还规定管仓员必须购买一定数量的纽约美孚石油公司的普通股票，这一规定"是作为公司要求管仓员认真履行职责的一项安全保障"。[②] 这说明美孚并不是单纯制定规章，而是将职员利益与公司利益捆绑以保证职员不违背公司利益。

为了防止职员勾结代理商牟利，梧州公司在与代理商签订合约前这样要求：

> 台端日前所言之冠生祥号代理名义，其内部组织如股东、姓名、籍贯及各个投资数目希为示见。敝公司职员不论等级或所在地，一概不能投资于代理事业。如日后发觉宝号股份有敝公司职员参加，当即废约，合并声明。[③]

一些中国的习惯也在美孚职员禁止行为之列，比如收受礼物。美孚公司一直以来的政策是禁止任何职员收受代理商、顾客或与业务有关人

---

① 张毅：《美孚火油公司广州分公司亲历及见闻》，第5页。

② Agreement Between the Standard Oil Company of New York and Li Tse Hang, November 4, 1929，广东省档美孚石油公司广州分公司档案，67‐1‐39。载张小欣：《跨国公司与口岸社会——广州美孚、德士古石油公司研究（1900—1952）》，第69页。

③ 梧州公司致张贡三（1947年），广西档案馆藏，L66‐1‐9。

员的现金或礼品。美孚在华多年，知道节庆送礼是中国人的习俗。一些代理商出于习惯和私人情谊会送一些当地特产给公司职员。华南区公司除了禁止职员此类行为外，还要求分支公司向代理商说明，不论礼物本身价值如何，代理商都没有送礼物给公司任何职员的义务，并要求代理商戒除这种习惯。华南区公司向各分公司特别做了说明，虽然礼物只是一篮水果或一瓶酒之类的价值不高的小东西，而拒绝可能会得罪别人，但公司宁愿得罪人也要坚持自己的原则。① 在这一点上，美孚颇有革除中国商业陋习的气魄。

在代理商的挑选方面，美孚有自己的标准。首先是当地的殷实商家，要有不动产；其次，在地方上有一定的名望。所以，当地的大酱园、洋纱号、铁庄、大杂货店等都可能成为美孚的代理商。这些殷实商家一般有一定的资金，又有较宽敞的栈房和空余场地。美孚的要求实际上是代理商要有较好的商业信用。美孚确定代理商后，即与之签订一份合约。各地区的合约基本上是一样的，会明确美孚对石油产品的控制权、对代理商的主动权和代理商对产品的责任。

基层代理商由分支公司负责管理，分支公司是代理商的直接管理者和监督者。梧州公司具体的管理措施如下。①梧州公司不得收受所辖代理商的货款，货款必须由代理商直接汇到香港区行（公司）。② 然后，代理商可以在梧州公司出货，梧州公司则应为代理商往港行汇款提供便利。②梧州公司负责代理商资质评定和对经营活动进行评估。分公司直接与代理商接触，并指定代理商，事后提请上级批准；一旦认定代理商的行为与公司利益不符，有权撤销代理商的资格。1947年9月，梧州公司发现分配给贵州独山的油品却在香港和广州出售，不合公司指定义务，遂

---

① H. K. Territory to Canton District etc. December 12，1946，广西档案馆藏，L66－1－102。
② 裕福号致谭世勋（1946年3月15日），广西档案馆藏，L66－1－47。

发函通知该代理商，撤销其独山地区的代理资格。①

美孚并不是只构建一套完整的管理体系，更重要的是既保证其合法性，还要能推进业务。既有纪律性又有灵活性是这套管理体系的特点，即对职员严格要求，同时依靠代理商灵活处理各项业务。一个比较好的例子是美孚在广西进行加油站建设。

1930 年代开始，输华石油产品结构开始发生了很大的变化。供飞机、汽车等使用的汽油、柴油和润滑油占据了进口油品中的绝大多数。而以前最大份额的照明用煤油比例不断下降，从 1931 年的 49.8% 降至 1936 年的 30.2%。② 由于中国现代交通运输、工业和军事用油的增长，输华石油产品结构的变化在战后更为明显。1946 年煤油只占进口油品的 3.7%，汽油、柴油和润滑油三项之和约为 96%；1947 年煤油类和汽油、柴油、润滑油类分别为 14.9% 和 85%，1948 年分别为 5.7% 和 94%。③

面对中国市场的这种变化，特别是汽车类油品需求不断增加，美孚公司采取了新的策略——建设加油站网络。建设加油站对美孚而言并不是第一次，早在 1924 年美孚在上海即建成中国第一个加油站。甚至在第二次世界大战期间，中缅公路也设立过加油站。但在中国推行雄心勃勃的全面建设计划则是在第二次世界大战之后。

1946 年上半年，上海总公司正式通知各区公司要在全国建设加油站网络以销售汽车类油品（主要是汽油和润滑油），并要各区公司做出计划。由于人手不足、重建工作压力较大及其他因素，美孚公司决定通过设立代理加油站推进此项计划，并由区公司和分公司负责计划的制订和

---

① Tam Sai Fan to Dr. Joseph Sieux，September 2，1947，广西档案馆藏，L66 – 1 – 156。
② 孔庆泰：《国民党政府时期的石油进口初探》，《历史档案》1983 年第 1 期，第 112 页。
③ 中国第二历史档案馆选编《1946—1948 年石油制品进口》，《历史档案》1983 年第 4 期，第 84 页。

具体实施，上海总公司提供原则上的指导。美孚称这一时期为初创阶段，目标是先于其他对手建起全国加油站的框架。[1] 华南区公司在初创阶段的建设计划是在华南地区，即在福建、广东、广西、香港、海南、贵州 6 地，先建 75 个加油站，在梧州公司的辖区内建 21 个加油站。[2]

建设加油站，第一个要解决的就是土地问题。原先代理商的店址一般位于城镇内，这并不符合美孚加油站的选址要求，所以要重新选址，这也是美孚最关心的地方。这个地点一定要选好，以便在日后的竞争中处于有利的地位。根据美孚指示，这个点要在交通要道上，点的选择由车流量决定，公路拐角或公路交会点一般是最好的。所选土地要平整，与公路高度基本在同一水平。油站土地面积至少阔 100 英尺，深 60 英尺（约 557.4 平方米），拐角地应能向两边公路延伸 60~80 英尺。

但要实现美孚的目标，就要依靠本地的代理商。大部分的租地活动离开当地代理商是没有办法进行的。1947 年，梧州公司贵县代理商泰兴行为建加油站在贵兴玉公路旁物色了几块地皮。其中有一雷姓的土地已被别人落了定金，买方是本地参议员。雷姓男主人吸食鸦片、"不事生产"，想卖地还债，但因其妻子和儿子不肯出卖而生了波折，虽收了定金但并没有交易。泰兴行遂利用其亲戚关系劝雷姓女主人及儿子不如将土地转给自己，不要过于"呆板"。对于固执的钟姓土地，泰兴行则托人"诱劝"。另一块沈姓土地主人是贵县"权绅"，现时正在为竞选国民大会立法委员会委员忙碌，为了面子还没有与泰兴行接触。泰兴行深谙其中之道，表示将"相机从事"。[3] 代理商对当地的民情舆情知道得到清清楚楚。这正是梧州公司极为需要的。

---

① S. C. Territory to Wuchow District，"Filling Service Stations"，June 27，1946，广西档案馆藏，L66－1－124。

② S. C. Territory to Wuchow District，"Agency Gasoline Stations"，June 27，1946，广西档案馆藏，L66－1－124。

③ 文海宽致国华，广西档案馆藏，L66－1－75。

　　代理商在租地时进行利益的比较也帮了美孚大忙。梧州公司原拟在宾阳车站附近某一地段建加油站，让宾阳代理商代为查看。宾阳车站站长等官员为其指定了车站左边的空地。宾阳代理商认为该地面积不够阔，且不愿与官方打交道，因为官方"动辄以命令"，办理过程又漫长。① 宾阳代理商在对比了宾阳车站左边的地块后，认为另一块潘姓的土地更值得考虑。该地位于贵兴玉公路转角，面积大，且很容易被人注意到。通过黑市可用国币承租，租期可达 15 年（按民国土地法，以美孚公司名义最长能租 10 年），期满后可优先续租，等于长期租借。而且此地面上有不少砖块可用，"甚相宜"。② 通过代理商，梧州公司能够了解租地的具体情形并做出决策。代理商的租地活动被证明是高效且符合美孚利益的。不管是当地"权绅"的土地，还是利益涉及面广的宗族公地，或是黑市地，代理商都有足够的门道和胆量插入一脚。没有他们，梧州公司不可能在短时间内取得土地，更不可能取得位置最佳的土地。

　　代理商取得土地后，美孚即从代理商手中接管土地租约或直接购买土地。如果代理商是租赁土地，美孚将与代理商签一个转租合约（即转租给美孚公司），租期至少 5 年；如果代理商购买了土地，美孚也与代理签一个租约，即至少将土地租给美孚 3 年。美孚通过这种方式控制土地。

　　油站的经营管理实际上也是由代理商负责。代理商与美孚通过签订一份《代理油站合同》确定双方的关系。在合同中，美孚称为本公司，代理商称为管理人，主要内容如下。①管理人在油站只能按本公司所订的价格出售本公司货品。管理人可赊售货品，但该账由管理人负全责清付。管理人所租用的油站器具需每月付本公司月租。②管理人可在油站空闲地方经营与本公司营业无任何冲突的私人业务（即非煤油制成品）。③公司以批发实价发单，而以顾客发票的价格对管理人入账，差额即管

_____

① 左镜明致谭世勋，1947 年 6 月 26 日，广西档案馆藏，L66 - 1 - 176。
② 左镜明致谭世勋，1947 年 6 月 26 日，广西档案馆藏，L66 - 1 - 176。

理人报酬。④在油站只限陈列本公司供给或许可的广告。此合同主要明确了管理人的责任和权益，但前提是"管理人愿意充任本公司油站之管理人，在油站发售本公司之货品"。① 所以整个合同首先确定了代理商的管理人身份，并且很清楚地表明油站的实际管理人是代理商，而不是美孚公司。

虽然在油站经营的各个环节美孚都参与其中，其对业务也有绝对的控制权，但具体事务是由代理商处理的。比如，代理商在经营中会对各种情况进行记录，其中包含多个项目。以一张月度业务动态表为例，油站必须每日填写销售油类、型号、售价和车辆动态（包括车辆类型，分为客车、货车、客货混合车等，数量）、每条线路车辆数、目的地等。② 通过报表及代理商反映的情况，美孚可以掌握各个加油站的经营情况及油品需求，进而随时对加油站的业务进行指导和监督。

正是由于代理商的努力，美孚的加油站项目在时局动荡的情况下仍能取得成绩。在短短两年时间内，广州市建成了 22 个加油站。③ 1947 年，梧州公司 3 个加油站建成运行，分别是柳州、南宁、贵县加油站。1948年，又建成濛江、荔浦、宾阳加油站及贵州的第一座加油站——贵阳加油站。梧州公司自豪地称，广西西江北岸的加油站网络已完成，一辆汽车无须多带汽油和润滑油即能穿越广西的心脏地带，因为现在有美孚加油站在路上为其提供加油服务。在 1948 年德士古建成其第一个加油站之前，美孚已垄断了广西的加油站一年多时间。④ 美孚的加油站很快在当地

---

① 美孚公司油站合同（Agreement）范本，广西档案馆藏，L66－1－100。
② 南宁南通行月业务动态表（1948 年 10 月），广西档案馆藏，L66－1－173。
③ 张小欣：《跨国公司与口岸社会——广州美孚、德士古石油公司研究（1900—1952）》，第 247～249 页。
④ Wuchow to Canton, "General Report-December, 1948", December 27, 1948, 广西档案馆藏，L66－1－113。

获得了声誉，在广西"通过美孚油泵加油被普遍认为是先进的"。①

可以看到，美孚既对职员和代理商做到了严格管理，又发挥了代理商的自主性，这种兼顾纪律性和灵活性的管理体制推动了在华业务的顺利开展。这种推进业务的变通主要由代理商实现，但在美孚的掌控之下。

第四节　美孚地方公益活动与企业形象的塑造

洛克菲勒说："我们的所作所为都围绕着一个崇高的主题：以低廉的价格给人类带来光明。"他认为这是上帝赋予他的责任，也是他的目标。②无论是从宗教还是政治角度，良好的企业形象是获取社会正当性的必要条件。因此，美孚在华重视并着力树立自己良好的形象。1925 年 10 月 10 日中华民国国庆日当天，纽约美孚在《申报》上刊登了整版广告，标题为《五十年之服务》。"本公司在华创设于今五十年矣。此五十年中，公司全力进行以维护历年令誉於久远，时时以最美出产品供华人之采办。盖唯一目的，乃即真恳诚挚亲善友谊之彻底服务博取人士之好感与信仰也。"③而进行扶弱济贫的社会公益活动，是树立企业形象的直接方式。美孚在地方的公益活动并不是被动的，而是通过自己的方式使之符合自身的利益和原则。

"摊派"（有时是以公益的名义）是美孚在地方上常碰到的一个问题。地方上一旦有事，各商家就被认为有责任要出一份力。摊派也是中国地方上见怪不怪的做法。美孚对这些情况是明白的，但有些摊派是不可避免的。1948 年底，广西省政府发布公告，为了在特殊时期保卫地方安定，

---

① Wuchow to Canton, "General Report-December, 1948", December 27, 1948, 广西档案馆藏，L66 - 1 - 113。

② 约翰·D·洛克菲勒：《洛克菲勒日记》（1888 年 11 月 17 日），第 291 页。

③ 《五十年之服务》，《申报》，1925 年 10 月 10 日。

决定向全省"筹措保安经费"。经层层分摊，南宁市商会被指定分摊40亿元（法币）。于是南宁商会开会讨论如何分配，最后商会做出决定，向全市各大小商家逐一分配，并在报纸上公布，特别指明"又：特种营业美孚、亚细亚各五千万"。梧州公司认为美孚分到的数额是不公平的，美孚和亚细亚是负担最重的几个公司中的两个，这相当于让几家公司承担了大部分的费用。梧州公司要求南宁商会减少分摊额，但南宁商会表示，这是大家的决定，不能改变。为此，梧州公司进行了长时间的抵制，迟迟不愿支付，只是最后才勉强同意。①

不过，美孚对摊派或变相摊派也并不是一味地顺从。1949年5月，柳州警察局致函柳州分公司称，柳州警察警服"年来均未奉发，以致褴褛不堪蔽体。匪独于执行职务诸多妨碍，抑且有损观瞻影响工作情绪"。而政府"财政出绌，筹措实非易事"。所以组织筹募委员会发起募捐，以购买夏季警服，请柳州分公司认捐500银元。② 梧州公司认为，公司并没有为此支付的义务，并指示柳州分公司拒绝这个要求。③

与这些摊派不同，美孚自己有进行地方公益的原则和规定。美孚每年都会专门安排一笔资金用于一般的慈善事业及其他公共活动，并为此设立了严格的制度对这类事业进行分类。资助对象和方向包括：①传教和福利组织；②医院；③社区活动；④一般慈善事业；⑤俱乐部和协会；⑥圣诞节和新年活动；⑦水灾和减轻饥荒活动（专为中国而设）；⑧其他捐献。④ 1947年，上海为华南区安排的公益基金为600美元，这笔钱由区公司分发到分公司。当年香港区公司和广州分公司（包括江门）获得的基金最多，各为125美元；梧州公司为50美元；昆明、湛江和海口分公司最少，

① 剪报，广西档案馆藏，L66-1-96。
② 柳州警察局长函（1949年5月4日），广西档案馆藏，L66-1-112。
③ Wuchow to Liuchow, May 14, 1949, "Uniforms funds", 广西档案馆藏，L66-1-112。
④ South China Territory to Wuchow District, etc. June 28, 1946, "Donations", 广西档案馆藏，L66-1-112。

各为 25 美元。① 美孚对捐款的控制很严格，分公司能提议捐献对象，但要由上海美孚总公司决定。从捐献分类看，美孚的重点是现代的公益事业，而不是中国传统的救济贫困、救助灾害，助建学校、祠庙、桥、路和水利设施。1948 年，上海总公司授权梧州公司为梧州圣玛丽医院捐款 50 美元，因为华南区及梧州公司都认为此医院为本地人及公司职员提供了最现代的医疗服务。②

1948 年 6 月 3 日，梧州德士古油仓发生火灾，差点殃及美孚的 1 号油仓。德士古在这场大火中损失惨重，职员 2 死 7 伤，毁掉了一个油仓和一幢职工住所。大火从中午 12 点 35 分烧到晚上 7 点 35 分，当地的消防队、军队、居民、警察一起出动奋力抢救，特别是梧州消防队的"卓越工作"使大火没有蔓延到隔墙的美孚油仓。根据当地习惯，美孚作为德士古的邻居，因消防队努力灭火而免遭损失，应对灭火有功的消防队及有关人员给予犒赏。所以，梧州公司与梧州亚细亚公司（亚细亚的油仓也在附近）商定，为了维护公共关系，向各自的区公司建议各出 2500 万元（法币）为消防队及有关人员举行一次晚宴，以表示对消防队等的谢意。显然，梧州公司很了解当地的习俗，并且愿意遵从这种习俗。6 月 12 日，广州区公司同意梧州公司请求，但向梧州公司特别强调，这笔款是作为消防队提供服务的一种补偿，而不是直接的捐赠。③ 10 月，梧州商会消防委员会致函梧州公司，要求其为消防队捐款。函称，消防队作用重大，但由于目前价格等因素，原来预算出现了赤字，难以维持消防设备和队员工资，美孚一贯热心公益，希望此次鼎力赞助。广州区公司就此问题向上海总公司建议，鉴于上次德士古大火中消防队确

---

① South China Territory to Wuchow District, etc. May 17, 1946, "Donations", 广西档案馆藏，L66 - 1 - 112。

② Canton to Shanghai, December 7, 1948, "Donations", 广西档案馆藏，L66 - 1 - 112。

③ 梧州公司与广州区公司来往函，"Texas Godown Fire", June 4, 1948; June 8, 1948; June 12, 1948，广西档案馆藏，L66 - 1 - 102。

实起了很大的作用，应同意授权梧州公司捐款，数额为 300～500 金圆券。广州区公司还借梧州公司的通知提醒上海总公司，当地的中国植物油公司捐了 500 金圆券。[①] 上海总公司得知当地有实力的中国公司捐了 500 金圆券，不甘落于人后，也同意给梧州商会消防委员会相同的款额。[②] 从这件事来看，美孚从分公司到总公司对事关自身利益的公共事业态度都是一致的。

同时，美孚也不忘将热心公益和提高自己的社会形象结合在一起。早在 1946 年 6 月，梧州公司就奉命向各代理商发出通告，称：

> 迳启者自抗战以还，事失常态，交通梗塞，航运困难，加以军事摧残，经济脱轨，以至物价暴涨，生活艰难。敝行所业煤油类均于日用有关，影响工业甚巨。在复业之始，敝行不得不阐明营业宗旨，俾新旧代理共同策励。溯敝行在华经营业历数十年，一本忠诚为顾客服务，合法利润理所应求，但从来不肯利用时机高抬货价。诚以信义为重，利益为轻，不计一时之盈亏，树立百年之大计。各埠代理或属新交，或为旧雨，辱蒙鼎力谦谦帮助仍希一本敝行薄行为怀以图久远。
>
> 复业之始谨与诸君子共勉之此致[③]

这一通告，除了告诫代理不要追求暴利外，还表明美孚有以"信义为重，利益为轻"这种符合中国人经商道德的理念。

二战后，航运业和电厂对燃料油的需求激增，供给紧张。1946 年 1

---

① Canton to Shanghai, "Request for Donation-Wuchow Fire Boat", October 18, 1948, 广西档案馆藏，L66－1－102。

② Canton to Wuchow, October 30, 1948, 广西档案馆藏，L66－1－112。

③ 梧州公司致各代理函（1946 年 6 月 7 日），广西档案馆藏，L66－1－12。

月，负责西江上游水运的广西航业联合营业社梧邕柳电船组经理致函梧州公司，希望恢复战前油料供应，并求购大量油渣和火油。① 各地电厂求购廉价油料的信函也纷至沓来。1947 年 11 月，玉林振华电厂公司益发电厂又紧急求购油渣 20 吨，火箱油一大桶，润滑油 0.5 吨。为增加梧州公司对电厂的信心，信中还简要介绍了电厂"状况如常"的经营情况。在随后的正式致梧州公司公函中称，"贵公司对于各地工厂与公共事业旨取扶助油料，供应格外优廉"，意即希望梧州公司能提供廉价的油料。② 梧州公司对此确有行动。贵县电厂在获得梧州公司供应的廉价油料后，电厂在贵县《群声日报》连续四天刊登感谢启事，称：

> 敝厂办理贵县全市电业原为公众谋福利。自开办以来，历承美孚公司贵县代理处泰兴行恳切赞助，依照公司规定价格尽量供给本厂燃料。际兹评议，物价当中如此商殊不多见，足堪矜式。用数言藉表谢忱。③

由此可推知贵县电厂与泰兴行的某种默契。这样就在舆论上制造了美孚公司不惜利益支持公益的形象。

美孚在两广地区的政治并不限于外交及与中央政府的关系，还有地方金钱交易、宴会、纪律和地方公益等。美孚的金钱换来了两广政府对其市场和行为的保护，这是政治合法性。美孚的纪律则为其提供了法律的合法性。公益活动则赋予了美孚社会道义合法性。这些合法性的获得使美孚在地方的经营具有了"正当性"。这种正当性是美孚面对地方政府这个外部环境的底气。如果考虑了美孚在两广的经营有着自己的原则和

---

① 广西联合航业社林南孙致谭世勋（1946 年 1 月 16 日），广西档案馆藏，L66 - 1 - 124。
② 李谷怀致谭世勋（1947 年 11 月），广西档案馆藏，L66 - 1 - 108。
③ 剪报，广西档案馆藏，L66 - 1 - 75。

行为方式，则更容易观察到美孚对地方社会的复杂影响（或者改变），其不但可以通过行政手段开展竞争，还可以通过宴会、公益活动等形成保护自己的"正当性力量"。这种"正当性力量"渗入了地方的公共活动中。

第四章
抗战时期的美孚与国民政府关系

1931～1945 年的抗日战争和第二次世界大战对中国和美孚的影响如此之大，美孚所卷入的中国、美国和日本之间的政治、经济和军事争端如此之复杂，以至于必须从各种看似更间接的事情中才能清楚了解战争对美孚与国民政府关系的改变。可以看到，随着石油在国际政治和战争中的作用越来越重要，美孚与国民政府的关系发生了微妙而重要的变化。

第一节　美孚"放弃"东北

日本 1931 年侵占东北后即开始有计划地对东北经济资源进行统制。1933 年，日本控制的伪满洲国颁布《满洲国经济建设纲要》，宣布要对军需和重要经济部门进行"国家统制"。石油这种重要的军民用品是受到特别关注的对象。作为东北最大的石油产品提供者，美孚很快就感受到了压力。1933 年 11 月，大连美孚经理收到了三封要求提供美孚公司信息的信，分别来自大连民政署、代表关东军的大连商会和大连警察署。11 月 27 日，伪满洲国财政部直接派人到奉天（沈阳）美孚公司，要求沈阳的经理提供美孚在东北的以下信息：①组织机构；②零售价格；③石油产品来源；④储油设施的所有者；⑤产品成本价格；⑥每年公司的进口量。奉天（沈阳）美孚公司的经理简要给出了其要求的 1 项到 4 项信息，但以不知道和商业秘密为由，拒绝提供美孚的成本价格和每年公司进口到东北的石油数量数据。对这种异乎寻常的收集情报的行为，美孚认为是伪满（日本）控制石油的初步尝试，一是希望了解大连乃至东北的石油库存、来源和位置等信息，二是准备组建"满洲石油公司"。①

　　组建"满洲石油公司"是日本垄断东北石油的第一步。"满洲石油公司"的资本约 1000 万日元，2/3 来自日本，1/3 来自伪满洲国，由南满洲铁道株式会社（简称满铁）掌控。作为关键的一步，日本决定先在大连设立炼油厂。大连炼油厂的资本为 500 万日元，满铁出资 200 万日元，伪满洲国出资 100 万日元，三菱等 4 家日本公司出资 200 万日元。美孚在 1933 年得知日本的这些计划后，警惕地注视着事情的发展。②

　　1934 年 2 月，伪满洲国公布《满洲国石油株式会社法》，这为"满洲石油公司"提供了法律依据。3 月，日本国会通过《石油管制法》（*The Petroleum Control Law*），政府被授权控制石油进口、规定外国公司库存（必须保证 6 个月的石油储备）和决定石油产品的价格。美国驻日大使格鲁（Grew）认为，该法表面上虽旨在确保日本以合理价格获取稳定的石油供应，但实际上是操纵外国石油公司的命运，因为根据法律，政府随时有权力迫使外国石油公司放弃在日本的业务。因美孚和亚细亚（亚细亚在日本公司名为旭日火油公司，Rising Sun Petroleum）在日本石油供应中占有主要地位，日本商工省口头告知美孚，《石油管制法》的目

---

① "The Consul at Dairen（Vincent）to the Ambassador in Japan（Grew），December 11，1933"，FRUS，1933，Vol. Ⅷ，p. 742.

② "The Consul General at Mukden（Myer）to the Acting Secretary of State，July 10，1933"；"The Ambassador in Japan（Grew）to the Acting Secretary of State，July 24，1933"，FRUS，1933，Vol. Ⅷ，p. 736；p. 738.

的"是保护而不是危害外国石油公司的业务"。①

日本商工省的保证并不能消除美孚的担忧，而且日本也没有停止对东北石油垄断的行动。日本承认伪满洲国正在控制东北石油工业的事实，但否认"满洲石油公司"被授予了垄断权，也否认满铁对石油公司的投资违反九国公约。美孚要求美国国务院对日本提出抗议。美国国务院认为，国务院可以采取的行动是"说服日本当局"，并通过他们说服伪满洲当局遵守对华的相关条约。国务院明确对美孚表示，国务院不会，也不建议美孚采取实际措施反击日本。②

虽然美国和英国都对日本《石油管制法》及其在东北的行动提出了抗议，但美国驻华大使詹森（Johnson）的意见代表了国务院基本的思路，希望美孚与伪满洲国进行对话。不过美孚东北区域的经理认为应与东京交涉才有用。③ 美国国务院对日本在东北石油市场的一系列垄断行为的保守反应鼓舞了日本，使其前进的步伐走得更大。"满洲石油公司"总裁桥本（Hashimoto）亲自告诉美孚日本总经理古尔德（Goold），拟议中的东北石油垄断方案虽可能会改为许可证制度，但对东北的垄断计划肯定会实施。在这种情况下，美孚联合亚细亚和德士古拒绝为"满洲石油公司"的大连炼油厂提供原油。④ 这是美孚等在1934年8月对日本垄断东北石油的第一个重大反击，因为原油是日本经济发展中最脆弱的环节。

面对美孚等的强硬反应，美国国务院和日本的态度发生了一些变化。

---

① "The Ambassador in Japan（Grew）to the Secretary of State, March 5, 1934", FRUS, 1934, Vol. Ⅲ, p. 700.

② "The Secretary of State to Mr. A. G. May of the Standard-Vacuum Oil Company, August 28, 1934", FRUS, 1934, Vol. Ⅲ, pp. 724 – 725.

③ "The Minister in China（Johnson）to the Secretary of State, August 28, 1934", FRUS, 1934, Vol. Ⅲ, p. 726.

④ "The Ambassador in Japan（Grew）to the Secretary of State, August 31, 1934", FRUS, 1934, Vol. Ⅲ, p. 728.

1934 年 8 月 22 日、23 日，美孚、亚细亚和副国务卿等进行了商谈。国务院向美孚等说明，英国和荷兰在东北和日本的利益远大于美国，出于各方面的考虑，国务院的立场是，如果英国和荷兰政府能够联合行动，美国将考虑给予"同情"支持。就在这个关头，有消息透漏加州标准石油公司和加州联合石油公司正在竞标大连炼油厂的原油供应。这让美孚认识到，没有其他石油公司联合一致的行动，抵制是无效的。①

日本的反应则复杂得多。在东北实行石油垄断和公布《石油管制法》后，日本一直小心翼翼地观察美英的反应。美英的外交抗议使日本注意到了国际方面可能出现的后果。美孚通过自己的情报网得知，日本海军因担心石油公司的报复行动而对建立东北石油垄断一事持有异议。② 1934 年 10 月，格鲁在给国务卿的报告中认为，美孚等三公司拒绝给大连炼油厂供应原油让日本的陆海军官员感到不安，如果没有军方的积极支持，石油垄断可能会被放弃或推迟。东北石油垄断计划的主要倡导者是日本的资本（日本石油公司）。但另一个事实是，大连炼油厂工程进展迅速。更重要的是，一家名为里奥格兰德的石油公司（Rio Grande Oil Company）与大连炼油厂签订了第一份原油供应合同。③ 这实际宣告了美孚等三公司用原油反击日本垄断东北行动的失败。

接着，日本更进一步。1934 年 10 月 20 日，伪满洲国财政部向美孚和亚细亚口头传达了石油垄断计划的要点：

①伪满政府在伪满洲国具有排他的独家销售权。

---

① "The Acting Secretary of State to the Ambassador in Japan (Grew), August 31, 1934", FRUS, 1934, Vol. Ⅲ, pp. 728－729.

② "The Consul at Mukden (Chase) to the Minister in China (Johnson), September 22, 1934", FRUS, 1934, Vol. Ⅲ, pp. 735－737.

③ "The Ambassador in Japan (Grew) to the Secretary of State, October 17, 1934", FRUS, 1934, Vol. Ⅲ, pp. 741－742.

②伪满洲国将以合理价格收购各公司在东北的现有代理机构和设施，除了大连和牛庄的工厂。

③抚顺页岩油厂和大连炼油厂的产能未能满足东北石油需求部分，可根据近 2 年的情况由三公司提供。

④优先考虑三公司为大连炼油厂供应原油。

⑤新垄断法即将出台。

⑥除对润滑油、汽油和煤油实行控制，其他石油产品可凭许可证进口自由销售。

⑦要求各公司提供近两年有关销售和进口的信息，以及代理机构名单和所有工厂和设施清单。

⑧如果各公司在 11 月 15 日之前不提供相关信息，政权当局将自己确定配额。①

格鲁获报后，认为东北石油局势"正迅速接近一场危机"。② 日本在东北的行动引起了美孚（包括新泽西标准石油公司，因为 1933 年纽约标准与新泽西标准将各自在远东的设施和业务合并组成了标准真空石油公司，Standard-Vacuum Oil Company）更为激烈的反应。

1934 年 10 月 24 日，新泽西标准总裁蒂格尔（Walter C. Teagle）约见美国国务院远东司司长霍恩贝克（Hombeck），就日趋严重的日本石油垄断行动进行商谈。霍恩贝克认为，不管相关石油公司和美国政府进行了什么样的抗议，日本当局事实上都在按其计划推进东北的石油垄断。他认同美孚的观点，没有理由无限量为日本供应美国的原油去取代美国人

---

①　"The Charge in China（Gauss）to the Secretary of State Perrine, October 21, 1934", FRUS, 1934, Vol. Ⅲ, pp. 742 – 743.

②　"The Ambassador in Japan（Grew）to the Secretary of State, October 22, 1934", FRUS, 1934, Vol. Ⅲ, p. 743.

自己的成品油市场。他希望石油公司尽早决定他们的行动方针。会谈中，蒂格尔正式提出之前向美国政府提供的建议：管制（限制或禁运）从美国向日本出口的石油。霍恩贝克觉得管制日本进口美国石油此事关系极大，建议蒂格尔直接找副国务卿或国务卿谈。不过，霍恩贝克私下跟蒂格尔说，据他的观察，政府最高层的想法"并没有朝这个方向发展"。关于行动方针的问题，蒂格尔对霍恩贝克表示，美孚高层正在伦敦与亚细亚高层及英国政府磋商。霍恩贝克则再次表示，他认为石油利益集团应自行决定行动方案，不要依赖于政府的进一步行动，特别是要自己决定是否遵守日本的法律。但当蒂格尔问如果不遵守日本法规的后果时，霍恩贝克只是做出这取决于处理此事的方式这类含混的表示。对蒂格尔提到美国其他石油公司参与进来会影响美孚等三公司对日本的反制时，霍恩贝克暗示这个要靠美孚等三公司自己解决。① 可以看出，美孚等三公司一直在寻找反制日本垄断的方式，包括寻求政府的禁运，但美国的远东司并不支持，远东司更倾向于石油公司自己解决。这表露出远东司想将日本垄断东北石油的问题限于商业层面，美国政府不强力介入。

　　与远东司不同，美孚与亚细亚将自己的反制行动落到实处。1938 年 11 月 8 日，美孚日本总经理古尔德通过美国领事馆发了一封给美孚总裁帕克（Parker）的电报。电报主要内容是美孚日本和亚细亚日本的共同意见。第一，两家石油公司不愿遵从日本要求 6 个月石油库存的规定。如果日本坚持规定，美英两国政府将被迫采取措施保护国民财产。第二，日本几乎完全依靠美国和荷属东印度石油。如果两公司被限制，而日本继续获得供应，日本垄断东北将成为现实。第三，两公司拒绝向日本提

---

① "Memorandum by the Chief of the Division of Far Eastern Affairs（Hornbeck）of a Conversation With the President of the Standard Oi Company of New Jersey（Walter C. Teagle）, October 24, 1934", FRUS, 1934, Vol. Ⅲ, pp. 746－748.

供相关信息及为大连炼油厂供应原油。因为这等于默许垄断，与美英政府抗议不一致。① 这封通过大使馆发出的电报，一方面让国务院知道美孚对日计划，另一方面是想说服美国政府支持公司行动。美孚已认定日本和东北石油垄断问题不单纯是一个商业问题。

到东京与日本政府谈判前，帕克再次询问霍恩贝克的意见，主要是美国政府是否有可能采取措施对日本进行石油限制或禁运。霍恩贝克再次重复了之前对蒂格尔的讲话，称，据"我对政府总体思想的了解"，"不能指望朝着这个方向采取行动"。霍恩贝克提醒帕克，美国政府正在等待英国的行动，美国不打算"走在前面"。当帕克问是否有其他建议时，霍恩贝克说，他认为像日本和中国这样的国家会越来越考虑国内就业问题，试图自己进口原料加工销售，所以会在一定程度上设法限制外企。这是在日本经营的外国公司要考虑的，这可能是一个趋势。帕克回应说，如果日本人通过这样的竞争方式在日本与外国人竞争，外国人几乎不会获得利润。② 这个对话反映出霍恩贝克和帕克在深层观念上的差别。

1934 年 11 月 20 日，日本商工省正式与日本美孚和亚细亚进行了关于遵守日本《石油管制法》的会谈。日本商工省表示，日本政府不会受美英荷抗议的影响而改变日本的政策。但在和谈中，日本商工省表示会考虑做相应的修改以照顾美孚等的利益。要点是，①在美孚遵守规定的条件下，日本保证美孚等在日本一定时期（如 10 年）的市场份额。②日本可以给美孚等原油配额，或允许美孚等在日本设炼油厂。③对美孚等最关心的 6

---

① "The Ambassador in Japan（Grew）to the Secretary of State, November 8, 1934", FRUS, 1934, Vol. Ⅲ, pp. 755 – 756.

② "Memorandum by the Chief of the Division of Far Eastern Affairs（Hornbeck）of a Conversation with Mr. P. W. Parker of the Standard-Vacuum Ow Company, November 10, 1934", FRUS, 1934, Vol. Ⅲ, pp. 757 – 758.

个月库存问题，日本打算采取临时变通方式以换取美孚等继续为日本供油。① 日本政府的态度是，坚持推行《石油管制法》但可以有所变通。

格鲁认为，从日本对美国抗议东北石油垄断的回复中，可以认定"日本方面无意认真考虑我们的观点和合法权益"，并且认为日本石油垄断问题在本质上非常重要，因为它事关美国的原则和声誉。② 尽管如此，这时美国国务卿赫尔处理此事的思想是，一方面要向日本强硬地表示反对东北石油垄断，另一方面要石油公司和日本政府谈判。所以他一边要国务院向日本外务省递交措辞强硬的备忘录，一边也认可美孚和亚细亚的谈判行动。③

美孚一直拒绝与伪满洲国直接交涉，对与日本的谈判有自己的想法。1934 年 11 月 27 日，伪满洲国石油垄断局召集美孚等三公司代表在长春会议。这次会议更多是伪满方面向美孚等三公司提要求，主要是要求美孚等三公司在 12 月 10 日前回复是否同意向伪满石油公司提供原油和成品油；向伪满洲石油公司出售石油设备；提供近两年进口和销售石油的数据。美孚等三公司均表示要总部决定，无法提供。美孚总部之所以拒绝直接与伪满方面谈判，而坚持要与日本政府谈判，主要是美孚清楚，伪满方面不断想与美孚总部接触，是想将东北石油垄断问题局限于地方的、商业的层面，避免上升到条约权力、国际原则等外交层面。因为东北石油垄断问题提到外交层面上将会增加美国干涉中国事务的风险。④ 但无论

---

① "The Ambassador in Japan（Grew）to the Secretary of State, November 24, 1934", FRUS, 1934, Vol. Ⅲ, pp. 764 – 765.

② "The Ambassador in Japan（Grew）to the Secretary of State, November 27, 1934", FRUS, 1934, Vol. Ⅲ, pp. 768 – 769.

③ "The Secretary of State to the Ambassador in Japan（Grew）, November 28, 1934", FRUS, 1934, Vol. Ⅲ, p. 771. "The Secretary of State to the Ambassador in Great Britain（Bingham）, November 30, 1934", FRUS, 1934, Vol. Ⅲ, p. 773.

④ "The Ambassador in Japan（Grew）to the Secretary of State, December 13, 1934", FRUS, 1934, Vol. Ⅲ, pp. 787 – 788.

是美孚东北公司还是纽约总部，都知道东北和日本石油问题不是一个单纯的地方商业问题。

1935 年 1 月 4 日，经过长时间的准备和酝酿后，美孚董事会主席沃尔登（Walden）、总裁帕克、日本分公司总经理古尔德从上海抵达东京，准备与日本正式会谈。在 2 月初的首次会谈中，美孚和亚细亚代表团拒绝任何日本的提议。对日本提出的由美孚等三公司供应一定的汽油和煤油给伪满石油公司的提议，美孚也断然拒绝。① 美孚代表团的强硬对日本谈判团来说是一种打击。由于美孚的强硬，日本外务省商务局局长来栖三郎（Saburo Kurusu）想了一个办法，通过中间人先事前沟通。2 月 28 日，来栖三郎通过中间人向美孚等提议，说日本石油公司愿意增加从美孚等三公司购买成品油的数量，并承诺在一段时间后给予美孚等三公司一个固定的比例，且可以获得供应伪满石油公司原油的优先权。但条件是，美孚等三公司不能保留在东北的销售机构。美孚等给予的回复是坚持反对石油垄断。②

1935 年 4 月 13 日，经过两个月的漫长谈判，因害怕与石油公司彻底决裂，日本代表团在最后一刻向美孚和亚细亚做出了让步，承诺履行美孚和亚细亚在会议中的要求。这个谅解备忘录概要如下。

①给予美孚和亚细亚不少于 1935 年的市场份额。

②政府当前不会向进口商或炼油商就未来自然增长的分配做出承诺，但将在炼油商和进口商之间公平分配。两公司汽油和煤油 1935 年后的份额不低于 1935 年，可能有更多的增长。燃料油待定。

---

① "The Ambassador in Japan（Grew）to the Secretary of State, February 21, 1935", FRUS, 1935, Vol. Ⅲ, p. 882.

② "The Ambassador in Japan（Grew）to the Secretary of State, March 2, 1935", FRUS, 1935, Vol. Ⅲ, p. 884.

③石油库存要求改为三个月，包括周转库存。公司不得迟于1935 年 10 月 1 日安排。

④石油价格以成本为基础，如果目前的价格被证明是无利可图的，将批准涨价，不会迫使公司亏本出售。

⑤不歧视各公司。

上述条款不能保证在一定期限内全部实现，但不会让各公司无利可图。①

这个谅解备忘录有颇多值得注意的地方。首先，协议的双方是日本外务省和商工省为一方，另一方是美孚和亚细亚。日方声明，备忘录内容不能在日本公开，以免极端分子攻击和破坏，因为这是对日本法规的修正。美孚和亚细亚还要进行内部协商，还存在一定变数。② 其次，从内容上看，协议保证了美孚和亚细亚在日本的市场份额，降低了库存量要求，保证了两公司有利可图。这是日本的代表团对日本法规的重大修改。最后，也是最重要，这个协议虽未提及东北，但暗含了日本想通过让步，换取能在东北采取强硬手段的"合理性"逻辑。这一点被此后日本在东北的行动所证实。

如果说美国国务院和美孚在东北石油垄断问题上有共同点的话，那就是两者都反对日本对东北石油的垄断。1935 年 4 月 16 日，遵照国务院指示，格鲁面见日本外相，告知日方美国无法接受日本政府违反门户开放原则对东北实行石油垄断，并声明，日本政府必须承担在东北建立和运营石油垄断而损害美国利益的最终责任。当日本外相广田弘毅说到石

---

① "Memorandum by the Foreign Oil Interests in Japan, April 19, 1935", FRUS, 1935, Vol. Ⅲ, p. 897.

② "The Ambassador in Japan（Grew）to the Secretary of State, April 13, 1935", FRUS, 1935, Vol. Ⅲ, p. 896.

油公司习惯与美国政府沟通，而美国政府不允许石油公司与伪满方面达成解决方案时，格鲁表示，美国政府当然支持美国利益，但石油公司可以按自己认为最好的方式自主解决。①

所以，国务院虽然表示严正警告反对日本对石油的垄断，但并不打算采取有力的措施阻止日本，而是要求日本处理好美孚等公司的现实利益。1935年4月24日，即美孚与日本政府达成谅解备忘录的11天之后，美国国务卿赫尔指明，对国务院和美孚最有利的做法是努力与伪满和伪满石油公司达成最佳的解决方案。美孚确也已经考虑索赔方案。② 这表明，赫尔想将东北石油垄断限于地方商业层面，美国不想，或不值得因为此问题与日本决裂。

美孚与日本达成初步谅解后，美孚一方准备索赔方案，另一方面又采取实际行动反对东北石油垄断。这看似矛盾的做法，实际上让美孚控制着对日本交涉的主动权。自决定不向"满洲石油公司"供应石油，美孚就动用自己和新泽西标准及亚细亚的关系，试图切断整个美洲对"满洲石油公司"供油，并对原来供油的公司施加压力。尽管远东司对这种做法的效果表示怀疑，但美孚说，它要向所有人表明，垄断将有诸多障碍，垄断者将不得不为此"付出高昂的代价"。③ 在1935年4月日本和天津的报纸上，出现了美孚等三公司要撤离东北的报道。美孚等三公司在东北的机构确实准备整理财产清单。美国驻沈阳领事和美孚沈阳经理希望公司通过提交资方补偿和撤资方案，以便当局注意他们的石油垄断政

---

① "The Ambassador in Japan（Grew）to the Secretary of State, April 16, 1935", FRUS, 1935, Vol. Ⅲ, pp. 898 – 900.

② "The Secretary of State to the Ambassador in Japan（Grew）, April 24, 1935", FRUS, 1935, Vol. Ⅲ, pp. 906 – 907.

③ "Memorandum by Mr. Raymond C. Mackay of the Division of Far Eastern Affairs of a Conversation With Mr. Kersey F. Coe of the Standard-Vacuum Oil Company, April 18, 1935", FRUS, 1935, Vol. Ⅲ, pp. 903 – 904.

策，并让他们意识到如果要外国公司留下就必须迅速采取行动。①

美国国务院的"协商解决"方针和美孚等与日本的谅解实际上已意味着美孚等准备放弃东北。但美孚等被迫放弃东北后最看重的东北市场的赔偿、日本市场的配额和修改 6 个月的库存等条件的实现都不顺利。1935 年美孚等开始提出放弃东北市场的赔偿，包括设备、厂房、库存等货物，商业声誉损失费和其他杂项。虽然当时提出索赔是美孚迫使日本和解的手段之一，但真正要向日本索赔时，此事的推进变得极为困难。其中一个重要的原因是国务院不愿意出面提出政府索赔。② 一直到 1937 年 4 月，美孚与日本达成日本业务协商结果之前，东北市场的赔偿都无法推进。"七七事变"后，美孚向伪满提出了总额为 172.565 万美元（其中实物 44.8096 万，名誉损失 10.1439 万，杂项 29.8115 万）的"和解"赔偿。亚细亚为 208.9375 万美元。伪满对两家公司的还价是，一次性支付 200 万元（伪满币），其中 15 万元给德士古。③ 这与美孚等的要价有很大差距。

在日本市场配额方面，日本一直承诺不会减少美孚等的配额，但 1937 年上半年，美孚和亚细亚在日占朝鲜的汽油配额比 1936 年同期减少 37.7%。④ 此事虽经交涉得到"相当满意"的答复⑤，但配额权始终掌握在日本政府手中。在是否遵从日本政府规定的 6 个月存油的问题上，美孚等与日本政府的斗争更为激烈。1935 年的谅解备忘录中，日本虽然答

---

① "The Consul General at Mukden（Ballantine）to the Minister in China（Johnson），April 30, 1935"，FRUS，1935，Vol. Ⅲ，pp. 908 – 909.

② "The Secretary of State to the Ambassador in Japan（Grew），May 1，1935"，FRUS，1935，Vol. Ⅲ，pp. 910 – 911.

③ "The Ambassador in Japan（Grew）to the Secretary of State，August 21，1937"，FRUS，1937，Vol. Ⅳ，p. 734.

④ "The Ambassador in Japan（Grew）to the Secretary of State，January 8，1937"，FRUS，1937，Vol. Ⅳ，pp. 723 – 724.

⑤ "The Ambassador in Japan（Grew）to the Secretary of State，June 1，1937"，FRUS，1937，Vol. Ⅳ，pp. 732 – 733.

应将 6 个月的存油变为 3 个月，但到了 1936 年 2 月，日方又通知美孚等，称"法规不可能改变"，6 个月的存油规定不得不生效，并威胁美孚等如果拒绝将把配额分给三菱和日本石油公司。[1] 6 月 29 日（7 月 1 日日本将分配第三季度的配额），美孚等被迫向日本政府保证，同意在技术上遵守 6 个月存油的规定。这是一个变通的办法，具体是美孚、亚细亚和日本（主要是三井）成立日本仓储公司，由仓储公司负责存储非商业库存部分。仓储公司主要由三井负责投资，日本政府补贴。[2] 这样既不会增加美孚等的负担，也能满足日本的法规。但到了 1937 年，日本计划成立帝国燃料公司，准备推行其庞大的液体燃料计划，决心实现一定程度的自给自足。这使美孚等仓储公司的计划再没有进展，美孚等反而处在了一个尴尬且危险的位置：美孚和亚细亚没有满足 6 个月的库存规定是违法的，而违法公司的石油配额将被削减。格鲁认为日本当局的意图是逐步减少配额，迫使美孚和亚细亚退出日本，所以现在要"以最严肃的态度考虑他们在日本的未来"。[3]

美孚放弃东北得到的是一个更充满了不确定性且日益危险的日本。

第二节　国民政府的战时石油供应
与美孚地位的变化

在战争中石油的重要性显而易见，不过在抗战时期却很难见到国民政

---

[1] "The Ambassador in Japan（Grew）to the Secretary of State, February 24, 1936", FRUS, 1936, Vol. Ⅳ, p. 788.

[2] "The President of the Standard-Vacuum Oil Company of New York（Parker）to the Chief of the Division of Far Eastern Affairs（Hornbeck）, July 14, 1936"; "The President of the Standard-Vacuum Oil Company of New York（Parker）to the Chief of the Division of Far Eastern Affairs（Hornbeck）, October 20, 1936", FRUS, 1936, Vol. Ⅳ, p. 797, p. 798.

[3] "The Ambassador in Japan（Grew）to the Secretary of State, April 2, 1937", FRUS, 1937, Vol. Ⅳ, pp. 726 – 729.

府的石油政策。1937 年 2 月，全面抗战爆发前，国民政府的军政部长何应钦在国民党五届三中全会的军备报告中统计，当时全国空军约有大小飞机600 架。军用运输汽车 750 辆。军运船舶多为临时雇用（这些船几乎全用煤炭为动力）。"海军方面，为经费所限制，未能作大量之建设"，所用动力亦大多是煤炭。① 从这些最可能需要石油的军队中的部门情况来看，加上当时中国并无真正的石油工业这一因素，可知国民政府确实并不十分迫切需要出台石油政策。但在战争中又的确需要石油，特别是 1937 年全面抗战爆发后，物资运输用油、空军用油和军需用油的需求激增，日军又封锁了沿海，解决战时用油就成了一个紧要的问题。国民政府没有明确的战时石油政策，但有战时石油策略。战时国民政府的石油策略是：依靠苏联、美国政府供油和发展中国石油工业解决部分用油需求。国民政府的战时石油策略对美孚与中国政府的关系产生了影响，形成了特殊的战时关系。

一　苏联和美国的政府供油

苏联石油在整个中国抗日战争中占有重要地位。根据国民政府全国经济委员会 1936 年的估计，战时中国所需汽油每 3 个月用量为 1434 万美加仑，润滑油 94 万美加仑。这两个数字比 1931～1935 年每年平均进口数量还多。② 实际上，九一八事变后，蒋介石已经注意到了中国的战争备油问题。1934 年 1 月，蒋介石在国防计划中已考虑为战争准备油料问题。③ 1936 年 2 月，蒋介石计划在西安、重庆和洛阳建油库。④ 但据全国经济委

---

① 《何应钦部长对五届三中全会军事报告（自 25 年 7 月至 26 年 2 月）》（1937 年 2 月），中国国民党中央委员会党史委员会编印《中华民国重要史料初编——对日抗战时期》（绪编三），1981，第 380 页、374 页。

② 孔庆泰：《1927～1936 年帝国主义国家在华倾销石油史》，《历史档案》1983 年第 1 期，第 62 页。

③ 《蒋介石日记》（手稿本），1934 年 1 月 27 日，美国斯坦福大学胡佛研究所档案馆藏。

④ 《蒋介石日记》（手稿本），1936 年 2 月 1 日。

员会 1936 年 3 月的报告，航空汽油存量仅约 60 万美加仑。所拟在西安等三地的储油库存量仅为 200 万或 300 万美加仑，且均用原储油设施储存，并没有增加相应的储存设备。其他军用汽车、无线电台、国营航空及电信用油都无着落或尚未有储备计划。当时中国存油最多的是美孚等三公司。美孚等三公司在华东、华北囤积的汽油（主要在上海、九江、汉口、重庆、青岛和天津）总量为 2900 万美加仑。① 此数量约可供战时 6 个月使用。

鉴于日益紧迫的战争需要，1936 年 10 月，国民政府也曾尝试与美孚和亚细亚交涉，要求两公司增加在中国的存油。美孚和亚细亚不但不愿意，还以"防战事"为由减少了运华石油数量，广东方面的存油也日益减少。蒋介石特别令俞飞鹏（代理交通部长）和宋子良（广东省财政厅长）与两公司进行严重交涉。②

不久，"七七事变"发生，随后淞沪会战爆发，中国有限的军事物资储备迅速消耗，亟待补充。当时中国无法从所谓同情中国、保持中立的英美等国取得实质性的军事物资，只能求助于苏联。1937 年"七七事变"后，苏联宣布援助受侵略的国家。8 月 21 日，中苏签订《中苏互不侵犯条约》。从 8 月开始，国民政府陆续向苏联提出了军火援助的项目请求。1937～1942 年，国民政府通过苏联援华项目获得了大批军用品和其他作战物资。1937～1942 年，苏联援华军火物资价值估计在 1.7 亿～5 亿美元。③ 这些物资中就包含了石油。

---

① 孔庆泰：《1927－1936 年帝国主义国家在华倾销石油史料》，《历史档案》1983 年第 1 期，第 61～62 页、64 页。

② 吕芳上主编《蒋中正先生年谱长编》第五编，台北，"国史馆"、财团法人中正文教基金会出版，2014，第 169 页。

③ 关于苏联援华军火价值及数量很难有准确的统计。比较一致的意见是，苏联援华物资的价格较当时国际价格低，实际价值大。孔庆泰：《太平洋战争爆发前苏联对华军事援助述略》，《历史档案》1991 年第 1 期，第 116～125 页。李嘉谷：《抗战时期苏联援华飞机等军火物资数量问题的探讨》，《近代史研究》1993 年第 6 期，第 126～144 页。

苏联援华石油主要包括直接购买和直接消耗两部分。第一，直接购买部分。苏联和国民政府双方对购买石油的记载多不详细。这一部分只能从零散的资料中窥见。1937～1938 年，通过苏联载重卡车运送到西北沿途各基地的燃油数量为 2451 吨和 6587 吨。[①] 1941 年 1 月的援华项目批次，石油产品价值为 33 万美元。1944 年第 9 批军火中石油产品价值为10.7 万美元。[②] 1942 年 1～8 月，国民政府购苏联石油 5000 吨。此外也有部分商业订购。如 1938 年，中方曾提出向苏联订购 200 万加仑汽油，苏联方面要中方直接与驻华大使馆商务代表商洽办理。[③] 第二，直接消耗部分。根据苏联方面记载，中国方面要求，汽车从阿拉木图至迪化（乌鲁木齐）或兰州途中所需汽油、润滑油全由苏联供应。润滑油是媲美世界品质的 "康司唐铁" 牌。飞机所用 87 号汽油由苏方解决。苏联援华物资运输消耗的汽油量是相当惊人的。如从阿拉木图空运 6 吨重汽油至兰州，所耗飞机汽油为 28 吨，运耗比达 1：4 以上。从阿拉木图到兰州的3000 公里汽车运输队，需时数月，车队必须携带修理车及大量汽油、餐车和医药车随行。700 辆汽车的运输队人员达 1500 人。[④]

由于在运输途中汽油消耗巨量，蒋介石一方面下令要杨杰、蒋廷黻等尽力从苏联搜购汽油存于新疆。另一方面也明确指出，苏联汽油除用于飞机、车辆等自身消耗外，主要用于西北，且 "不必航运法，由新

① 陈开科：《抗战前期中苏交通线与苏联军事物资输华》，《俄罗斯学刊》2021 年第 4 期，第 25 页。

② 李嘉谷：《抗战时期苏联援华飞机等军火物资数量问题的探讨》，《近代史研究》1993 年第 6 期，第 140 页。

③ 《蒋委员长在重庆会见苏联驻华大使潘友新谈话纪录》（1942 年 10 月 16 日），《军事委员会参谋次长杨杰自莫斯科呈蒋委员长报告最近在苏商洽二十个师兵器及驱逐机之供给问题之工作情形函》（1938 年 1 月 5 日），中国国民党中央委员会党史委员会编印《中华民国重要史料初编——对日抗战时期》，第三编，战时外交（二），1981，第 534 页、473 页。

④ 孔庆泰：《太平洋战争爆发前苏联对华军事援助述略》，《历史档案》1991 年第 1 期，第117 页、119 页。

疆车运"。①

从这些情况看，苏联是 1937 年后西北的军事、运输用油的主要提供者。苏联运华石油在抗战初期的重要地位，特别是对西北军事和运输的意义，加上苏联援助的背景，使国民政府对苏联在中国石油事务上的态度产生了变化。1938 年 1 月，杨杰向蒋介石建议，苏联在新疆有地质调查基础，可以利用苏方专家和机器协助中国开采石油资源。② 3 月 2 日，蒋介石致电杨杰，同意利用苏联力量开办石油矿采项目。③

战时"西北靠俄油，西南靠美油"格局的形成削弱了近代以来美孚等三公司中国石油市场稳固的垄断地位。美孚等对西北石油市场影响的弱化乃至消散，给苏联，也给中国提供了机会。

1937 年后，美国输华石油主要由美国政府掌控供应。1937 年全面抗战爆发后不久，日本宣布所谓"遮断航行"声明，之后又宣布封锁中国全部海岸。港澳虽不在封锁范围内，但亦受影响。有限的输入孔道和运输条件使输华石油的数量迅速减少。根据行政院液体燃料管理委员会统计，1938 年 5 ~ 12 月，从香港、广州等地运入内地及内地重要城市的汽油运输量仅为 106 万美加仑（约 3548 吨，美孚等公司约 46 万美加仑，占 44%），柴油 4743 吨（美孚等公司 2754 吨）。7 月到 10 月，润滑油 12 万美加仑（美孚等公司 9.5 万美加仑）。这些数量的油品在数月内"各方用油，尚能如量供给"，但与正常年份及此后的军需用量相比较来说已经很少。④ 战争大大降

---

① 吕芳上主编《蒋中正先生年谱长编》第五编，第 482 页、458 页。
② 《军事委员会参谋次长杨杰自莫斯科呈蒋委员长报告最近在苏商洽二十个师兵器及驱逐机之供给问题之工作情形函》（1938 年 1 月 5 日），《中华民国重要史料初编——对日抗战时期》，第三编，战时外交（二），第 474 页。
③ 吕芳上主编《蒋中正先生年谱长编》第五编，第 488 页。
④ 《行政院液体燃料管理委员会工作报告》（1938 年 5 月至 1939 年 1 月），表 1－3，陕西省档案馆藏，编号：46.37。

低了通过普通商业渠道供给中国石油的可能性。

有鉴于此，国民政府直接通过政府采购方式来获取石油。这部分是战时中国石油供应的主要来源。比如陈光甫于 1938 年 9 月受命于国民政府组建成立的世界贸易公司（Universal Trading Corporation），在成立一年多时间内，就从美国采购了总价值为 1145.2 万美元的汽油和润滑油。① 1940 年 10 月 4 日，蒋介石致电驻美代表宋子文，计划从美国购买一批飞机及油料。油料数额很大，为年均 2500 万～3000 万美加仑汽油及相应量的润滑油。② 1941 年 4 月 28 日，宋子文报告罗斯福批准的第一批援华物资中，有飞机、卡车用汽油 500 万美加仑（价值 100 万美元），柴油 5000 吨（价值 5 万美元），润滑油 2500 吨（价值 25 万美元）。③

几乎在同时，为应对急转直下的欧洲战局，1941 年 5 月 27 日，罗斯福下令全国处于"无限期紧急状态"，并由政府控制海上运输。5 月 28 日，罗斯福决定成立国防石油协调局，负责协调战争期间的石油生产和分配。随着战争的发展，国防石油协调局更名为战时石油协调局，1942 年 12 月又改称战争石油署。1941 年 12 月成立的石油战争委员会，则是以美孚、德士古、新泽西标准等石油巨头为首组成的民间石油机构。这个机构与战争石油署紧密配合，将美国石油工业纳入了战时轨道。④ 这样无论是美国方面还是中国方面，石油的供应和分配都由政府决定。

国民政府向美国采购的石油通常由美国政府指令美孚等公司负责运输供应。运输路线主要是滇缅线。如 1941 年 10 月用卡车运输的 1300 万

---

① 吴景平：《抗战时期中美租借关系述评》，《历史研究》1995 年第 4 期，第 48 页。
② 《蒋委员长自重庆致驻美大代表宋子文指示应添购之飞机及油料、弹药、器材数目及人员训练机之计划电》（1940 年 10 月 4 日），《中华民国重要史料初编——对日抗战时期》，第三编，战时外交（一），第 412 页。
③ 《驻美代表宋子文自华盛顿呈蒋委员长报告罗斯福总统批准之第一批援华物资共四千五百十万美元其余正逐批审查中电》（1941 年 4 月 28 日），《中华民国重要史料初编——对日抗战时期》，第三编，战时外交（一），第 450～451 页。
④ 江红：《为石油而战——美国石油霸权的历史透视》，东方出版社，2002，第 142～144 页。

美加仑汽油，即美国政府核准后，由美孚等从新加坡装桶运到缅甸仰光交给国民政府，国民政府再辗转通过滇缅公路运入云南等地。①

除了陆路和之后少量的空中运输外，还有管道运输。作为专业的石油公司，亚细亚比较早意识到通过滇缅公路运油入中国的困难和损耗。1941 年 9 月，亚细亚向国民政府提议，在缅甸腊戌—昆明之间铺设轻便输油管代替卡车运输。此种运输方式每月可为滇缅公路节省 4000 吨汽油。② 宋子文对此十分赞同。他认为，以现实的运输条件，即使加上计划中的滇缅铁路能如期两年完成，也不能满足抗战需要，而输油管每月可运油 1.6 万吨，足堪使用，因此决定先派人勘测线路，研究利弊。③

1942 年滇缅公路被日军切断后，输华供油管道建设再一次被提上日程。1943 年，美国政府为推进攻击缅甸计划，准备铺设由印度经缅甸到昆明的中印油管。8 月 23 日，罗斯福批准，由美国供应输油管器材，铺设自印度加尔各答经阿萨密、缅甸赫兹堡到昆明的石油管线。项目计划 8 个月完工，预计每月可运输飞机用汽油 1.5 万吨。④ 9 月 15 日，宋子文与美国总统顾问霍普金斯谈话时，同意由美国政府主管中印油管。⑤ 1945 年 4 月，中印油管正式输油。1945 年 11 月，美国政府在中印油管仅运行 7 个月后停止输油。

美国政府代替美孚等石油公司成为中国战时石油工业供应的主角虽

---

① 《宋子文致蒋介石提议贷借案申请之汽油应核发机关电》（1941 年 10 月 17 日），吴景平、郭岱君编《宋子文驻美时期电报选（1940—1943）》，复旦大学出版社，2008，第 121 页。

② 《宋子文致蒋介石请示腊戌昆明间设输油管是否可行电》（1941 年 9 月 17 日），吴景平、郭岱君编《宋子文驻美时期电报选（1940—1943）》，第 114 ~ 115 页。

③ 《宋子文致蒋介石报告油管问题电》（1941 年 10 月 17 日），吴景平、郭岱君编《宋子文驻美时期电报选（1940—1943）》，第 121 页。

④ 《宋子文致蒋介石报告与罗斯福丘吉尔谈话情形电》（1943 年 8 月 23 日），吴景平、郭岱君编《宋子文驻美时期电报选（1940—1943）》，第 211 页。

⑤ 《与美国总统顾问霍普金斯谈话纪录》（1943 年 9 月 15 日），吴景平、郭岱君主编《风云际会——宋子文与外国人士会谈记录（1940—1949）》，复旦大学出版社，2010，第 136 页。

然是暂时的，但美国政府对中国石油工业的"支持"却影响深远。

二 国民政府发展石油工业

1932 年 6 月 2 日，蒋介石在日记中写道，"人才以宪警、教育、测量、消费、合作、煤铁、油电与冶金为农工业之基本事业，应急准备"①。虽然蒋介石很早就意识到石油在工业中的基础作用，但在相当长的时间内，国民政府因种种原因并没有具体的行动。1937 年全面抗战爆发后，国民政府资源委员会负责人翁文灏出于专业的判断及抗战的现实需要，提出在甘肃、新疆、青海三省勘探石油的建议。因石油勘探、开采和炼制需要巨额资金和一定的技术和设备，翁文灏建议以经过查勘的、"尚有经营价值"的玉门一带为重点，并酌量与苏联合作。② 1938 年 6 月，蒋介石回复，甘肃玉门油矿关系国家工业发展，饬即日派员开采。③ 自此开启了中国正式发展石油工业的序幕。

国民政府资源委员会想借助苏联开发玉门油矿的计划并不顺利。国民政府资源委员会原想从苏联购进新式钻机，并让苏联提供相关技术，但苏联只愿协助新疆开发油矿，对于玉门"未及兼顾"。④ 国民政府资源委员会只能从湖南、四川等地各煤矿拆卸钻机设备，拼凑起来加以运用。随着美国援华态度的明朗，国民政府资源委员会将获取设备和技术的重点转向了美国。⑤

---

① 《蒋介石日记》（手稿本），1932 年 6 月 2 日。

② 《翁文灏呈报与苏联合作探采玉门县及甘新青三省油矿》（1938 年 5 月 27 日），陈谦平编《翁文灏与抗战档案史料汇编》（上），社会科学文献出版社，2017，第 217 ~ 218 页。

③ 《翁文灏呈报运送钻机至玉门装设方案》（1938 年 6 月 24 日），陈谦平编《翁文灏与抗战档案史料汇编》（上），第 218 页。

④ 《翁文灏呈报中苏合作开发甘肃玉门油矿事宜》（1939 年），陈谦平编《翁文灏与抗战档案史料汇编》（上），第 220 页。

⑤ 《翁文灏电呈甘肃油矿采炼情形》（1940 年 7 月 20 日），陈谦平编《翁文灏与抗战档案史料汇编》（上），第 225 ~ 226 页。

1941 年 10 月 28 日，玉门油矿新开第八井的油喷量将玉门油矿建设推到了一个新的阶段。翁文灏于该日呈蒋介石电中称："新开第八井于深达四百四十九公尺时，又发现新油层，一昼夜间喷油达二十四万加仑，普通油井每日出油不过数千加仑，外国优良油井大多亦日出不过十万加仑，而该井产量竟远超此数，洵为国家之福。"[①] 30 日，翁文灏又电报蒋介石，称第八井出油丰富，"该井自二十四日起至二十八日为止，喷油已逾一百万加仑，流量之丰可与世界各国最优油井相埒。现在尚在继续出油，所有储油地点均已贮满，如不速将储炼设备大加扩充，不仅生产无法利用，抑且易滋危险"。丰富的出油使翁文灏得到了扩大玉门油矿建设规模的机会，他不但进一步考虑扩充储炼油设备，而且要求提供防空部队及将陇海铁路延长至甘肃肃州。[②]

蒋介石获知情报后，大喜，"该矿既有此种特殊发现，实于抗战军需及国家经济有莫大裨助，自宜全力赶成一切设备，俾能立即正式出油，以供需要。所有此项待运之炼油、储油器材，应即列入最急要之军器内。于一个月内运入国内安全地点，俾得加紧扩充设备，以增出产"[③]。1941 年 11 月 18 日，蒋介石分别致电军政部长何应钦、防空总监黄镇球、交通部长张嘉璈等，要求全力支持玉门油矿建设。

当时玉门油矿扩充的关键是要从美国购进炼油设备。1940 年 10 月，国民政府资源委员会已向美国订购总重为 4500 吨的采油、输油、储油及炼油设备。1941 年 6 月、7 月，设备大部分运到仰光，可惜因战事而损失

---

① 《翁文灏电呈扩充甘肃油矿储炼油设备》（1941 年 10 月 28 日），陈谦平编《翁文灏与抗战档案史料汇编》（上），第 229 页。

② 《翁文灏电呈甘肃油矿第八井油量丰富恳饬扩充炼储设备增强空防及延长陇海铁路至肃州等》（1941 年 10 月 30 日），陈谦平编《翁文灏与抗战档案史料汇编》（上），第 229～230 页。

③ 《蒋中正为将甘肃油矿储炼设备列为最急要之军器限期内运致何应钦俞飞鹏代电》（1941 年 11 月 8 日），陈谦平编《翁文灏与抗战档案史料汇编》（上），第 231 页。

严重。由于玉门油矿第八井的新发现，翁文灏请求在原来 1941 年度 250
万美元专购炼油设备的预算基础上，1942 年再增加 250 万美元购置设备。
翁文灏乐观地估计，如能按计划完成，制炼原油设备能力将达到每天
8500 桶，35.7 万加仑，全年能炼制各种油品 7130 万加仑，可满足全国需
要，其中汽油可达到 1937 年全部进口汽油数量（5500 万加仑）。① 蒋介
石和财政部长孔祥熙同意了追加 250 万美元的经费，并致电宋子文依
《租借法案》洽办。② 玉门油矿的建设和扩充的关键就是美国政府。

1941 年 11 月 24 日宋子文回电玉门油矿续订设备的命令，"谨遵洽
办"。③ 宋子文除了利用军援项目资金为玉门油矿购运设备外，还要求美
国政府提供技术支持。美国政府对甘肃、新疆两省石油开采也比较关注。
12 月左右，美国政府应宋子文之请，介绍著名油井地质专家克拉普来华
勘探石油储量。④

因玉门油矿的新发现以及在美国购买设备的行动涉及巨额的投资和
美国的石油公司，蒋介石要翁文灏就玉门油矿的开发是否筹设公司招收
商股和吸收外资问题提出意见。翁的意见是：①石油事关国防和政治地
位，"此种重要事业，应以完全国营最为妥适，即按之《矿业法》，亦经
明文定为国营"；②美国为世界产油大国，争夺国际市场为美国必然方
针。如玉门油矿储量丰富，则可能会形成竞争关系。他特别提到之前北
洋政府与美孚合办陕北油矿中途而废一事，而他本人曾参与其中。"当时
颇有人疑美欲知陕北油矿实情□□□□□□来开发，此或为专任推销者

---

① 《翁文灏呈复甘肃油矿炼油情况并请令胡适向美国借款以续订机件》（1941 年 11 月 14
日），陈谦平编《翁文灏与抗战档案史料汇编》（上），第 234~236 页。

② 《孔祥熙呈请甘肃军政长官对甘肃油矿事宜绝对保密》（1941 年 11 月 20 日），陈谦平编
《翁文灏与抗战档案史料汇编》（上），第 238 页。

③ 《宋子文致蒋介石请速电示滇边敌军行动情报电》（1941 年 11 月 24 日），吴景平、郭岱
君编《宋子文驻美时期电报选（1940—1943）》，第 133 页。

④ 《宋子文拟致蒋介石关于甘新油井电稿》（1941 年 12 月 1 日），吴景平、郭岱君编《宋
子文驻美时期电报选（1940—1943）》，第 139 页。

可有之思想。若在热□□成功之望，故其来华参加后，共同开发，与我方利害相同，应考其资格及利害。"翁文灏主要意思是石油国有，不轻易接受外国参加，"以免将来有掣肘之苦"①。

但 1941 年 12 月，太平洋战争爆发，资源委员会在美国订购的机器无法内运，致使玉门油矿扩充建设计划停顿。1942 年初，玉门油矿第十井大量喷油。此时玉门油矿自美订购的采炼设备大多无法按时运达，且多不完整。苏联也无法提供帮助。资源委员会只好各处拼凑搜罗，自行仿制设备炼油。② 此外，玉门油矿的储运设施也严重不足，致有停炼油之虞。最后在蒋介石的多次严令下，将各处数万个空油桶收集起来，拨发给玉门油矿才部分解决了储油问题。③ 在国民政府上下的努力下，玉门油矿产量有了质的飞跃。1942 年 10 月 10 日，该年度汽油产量 180 万加仑目标提前完成。④

这个成绩不但鼓舞了翁文灏（他将 1943 年汽油产量目标提升为 500 万加仑），也增加了蒋介石的信心。蒋介石要求甘肃油矿局 1943 年汽油产量以 800 万加仑为目标，最少不低于 600 万加仑。增加产量意味着投资和设备的同时增加。翁文灏的计划是 1943 年追加投资添置设备，1944 年再补充部分采油和输油设备后，甘肃油矿局的生产能力可以实现年产汽油 1200 万加仑的目标，使中国抗战所需汽油能达到自给。⑤ 1943 年 2 月

---

① 《翁文灏呈复筹研玉门油矿招收商股吸收外资之利弊》（1941 年 12 月 11 日），陈谦平编《翁文灏与抗战档案史料汇编》（上），第 241～242 页。

② 《翁文灏呈玉门油矿近时办理情况请电饬各统制机关让售五金器材与空桶》（1942 年 3 月 29 日），《翁文灏钱昌照呈请饬各统制机关让售五金器材》（1942 年 4 月 13 日），陈谦平编《翁文灏与抗战档案史料汇编》（上），第 253～255 页，255～256 页。

③ 《何应钦为办理拨供玉门油矿空桶一案经过情形致蒋中正签呈》（1942 年 12 月 25 日），陈谦平编《翁文灏与抗战档案史料汇编》（上），第 273 页。

④ 《翁文灏钱昌照电呈甘肃油矿局提早完成年度汽油生产目标》（1942 年 11 月 16 日），陈谦平编《翁文灏与抗战档案史料汇编》（上），第 290 页。

⑤ 《翁文灏钱昌照呈请追加甘肃油矿局经费预算以增产汽油》（1943 年 2 月 10 日），陈谦平编《翁文灏与抗战档案史料汇编》（上），第 292～293 页。

25 日，蒋介石批准了翁的请求。[①]

　　除了汽油、煤油的生产外，资源委员会还计划自己生产技术含量更高的飞机用汽油。资源委员会通过中国国防物资供应公司在《租借法案》内购买了一套飞机用汽油炼制炉。这套重量 639 吨的炼制炉可日产航空汽油 100 桶，月产 400 吨。因需要军运，宋子文与美国陆军部交涉，陆军部称史迪威的意见是，"目前暂无空运吨位可以供运该项机件"。后在资源委员会和宋子文的坚持下，史迪威才同意炼制炉加入军运，由空运改为经伊朗陆路运到西北。[②]

　　1942～1943 年玉门油矿产量稳步提高，增强了国民政府推进石油工业的决心。1943 年 11 月开罗会议期间，蒋介石当面对罗斯福谈到中国油矿急需新式器材，罗斯福当即答应从《租借法案》中供应运华。据此，资源委员会列出了 1944 年急用的，包括钻井器材、炼油器材、汽油精等在内的共 3400 吨的购置清单，总价值 350 万美元。这些器材全部列入《租借法案》并空运到中国。[③] 这是玉门油矿 1940 年后第二次规模性获得美国炼油设备。

　　西北石油开发，主要是玉门油矿是因应战时需要，国民政府竭力推进，并获得美国重要援助下进行的。美国不但提供设备（虽然 1940 年订购的设备因战事遭受了重大损失），而且提供了技术支持。1941～1944 年，玉门油矿聘请了美国多名炼油设计工程师、炼油工程师和采油工程

① 《蒋中正为追加甘肃油矿局经费预算致翁文灏等代电》（1943 年 2 月 25 日），陈谦平编《翁文灏与抗战档案史料汇编》（上），第 297 页。

② 《翁文灏钱昌照呈向美国订购飞机汽油炼炉无法运华情形》（1943 年 4 月 9 日），《翁文灏钱昌照呈向美国订购飞机汽油炼炉案已商得史迪威同意可即购运》（1943 年 4 月 22 日），陈谦平《翁文灏与抗战档案史料汇编》（上），第 305～306 页、306～307 页。

③ 《翁文灏呈三十三年甘肃油矿拟向美国购置炼油器材》（1944 年 3 月 4 日），陈谦平编《翁文灏与抗战档案史料汇编》（上），第 312～313 页。

师。同时还派出了孙建初、翁心源、董蔚翘等赴美学习石油工程技术知识。[①] 这些人员成为之后中国石油工业的骨干力量。此外美国专门提供了卡车等运输工具。1941 年，玉门油矿通过《租借法案》获得卡车 260 辆。1944 年，美国驻华后勤司令部又允诺拨付卡车 200 辆、拖车 300 辆给玉门油矿使用。[②]

美孚等对国民政府 1938～1945 年在西北玉门油矿的经营始终关注，不时放出风说要入股中国西北石油开发。1945 年 4 月，美国战时石油署派国外油矿处副处长贾文（Gavin）等专程考察甘肃油矿。贾文谈及美孚等三公司有意入股西北石油开发时，称"中国的石油矿权宜由中国自为保留。至技术及设备协助，自可充分于美国商洽，不致有何困难。工程上遇有需要，亦可短期聘用美国专家"。这说明在当时战争和援华背景下，还有翁文灏等力主石油国营的策略，美孚等三公司限于客观条件，暂时还无法介入西北石油开发。

玉门油矿虽因抗战而生，其规模也相对有限，但对中国的石油工业发展意义非凡。它培养了中国第一批真正意义上的石油技术人员和管理人员，这一批人才是中国石油工业的种子。如果没有玉门油矿的经验，抗战胜利后中国对日本炼油厂的接收和经营就无从下手，乃至发展国营石油事业也是不可想象的。玉门油矿使中国在石油事业上成为美孚的在华竞争对手变为可能。

国民政府的战时石油供应重点是依靠政府解决问题，具体表现是美苏政府供油和中国政府自己找油。美苏对华的石油供应与美孚有千丝万

---

① 玉门石油管理局史志编撰委员会编《玉门油矿史（1939—1949）》，西北大学出版社，1988，第 177～182 页。

② 《翁文灏钱昌照呈报第六号甘肃油矿局简报及战时生产计划书》（1943 年 3 月 1 日），附件一；《翁文灏呈报美国油矿专家考察甘肃油矿之意见》（1945 年 4 月 17 日），陈谦平编《翁文灏与抗战档案史料汇编》（上），第 299 页，第 316 页。

缕的关系。如 1941 年 9 月，美孚油轮就将美国石油运到海参崴，[①] 美国供华石油的相当一部分由美孚等负责承担运输工作。国民政府在供油方面对美苏政府的依赖及战争的机遇使中国政府初步发展了自己的西北石油工业。到 1945 年，玉门油矿职工数已达 6492 人（职员 589 人，工人 5903 人）。[②]

第三节　美孚与国民政府新《公司法》的修订

二战的政治结果之一是 1943 年美英宣布取消在华治外法权。这意味着中国的法令将适用于外国公民及在华的外资企业。近代以来，因列强享有在华的治外法权及法律界定上的缺失，中国政府实际上无法实现对外国公司的管理。国民政府 1929 年颁布的《公司法》，1931 年颁行的《公司登记规则》，1935 年公布的《管理外资及中外合资公司办法》（1940 年被《特种股份有限公司条例》代替）等，虽都对外国公司有所涉及，体现了国民政府对外国公司在中国的法律地位的考虑，但仍无法将外国公司真正纳入中国的法律管理体系。英美宣布治外法权的取消为国民政府重新修订 1929 年《公司法》，将外国公司纳入中国法律管辖提供了契机。

1943 年国民党五届十一中全会通过了"确立战后奖励外资发展实业方案"，主张要吸收外资来华发展实业。1944 年，国防最高委员会通过的第一期经济建设原则也强调要利用外资。鉴于此，国民政府有必要为外国公司来华经营提供便利，同时也要做到有法可依。

在这种背景下，1944 年初，国民政府要求在华外国公司按 1929 年《公司法》规定在 1944 年 7 月 31 号前履行登记手续。按 1929 年《公司法》规定，公司登记会收取一定费用，按公司资本额的一定比例征收。

---

① 《蒋介石日记》（手稿本），1941 年 9 月 8 日。
② 玉门石油管理局史志编撰委员会编《玉门油矿史（1939—1949）》，第 159 页。

公司在注册时，要提交详细列出公司资本情况、股东情况、公司章程的各种材料。但因战时环境，更由于外国公司一直以来在华所受的特权保护，一直到 1944 年 11 月，都没有一家美国公司履行登记手续。

1945 年 1 月，国民政府立法院训令商法委员会修正 1929 年《公司法》。在修改稿中，首次区分了中国公司和外国公司。为防止中国公司在国外注册以逃避税收和非法享受优惠政策，修改稿规定，"外国公司非在其本国设立登记营业者，不得在中国境内营业或设立分公司"（第三稿）。这与美孚的关系极大，因为美孚是新泽西标准和纽约标准的联合企业，专门负责远东地区的业务，根本不在美国营业。如果按这个规定，美孚将不能在中国经营，除非美孚在中国注册公司。不但美孚不合规定，美国在华四大企业的另外三家，德士古石油公司、上海电力公司、上海电话公司都将无法营业。①

除此之外，另一个问题是美孚在华遍布全国各地的数量众多的分支机构如何注册公司。按 1929 年《公司法》的修改稿规定，每个省的各个分公司都要提供企业名称、地址、营业类别、分公司经理姓名和住址、母公司资本总额、分公司资本额等。注册费按分公司的资本额征收。如果分公司没有资本额，则以中国总公司资本额的一半为基准征收。美孚在中国的所有总分支机构都不是独立的法人，没有资本额一项，只有纽约总公司的注册资本额。如果按纽约总公司的注册资本额——注册全中国数量众多的分支公司，这对美孚来说将是一笔巨大的费用。②

1929 年《公司法》的修改稿的这些规定直接影响到了美孚，也在美国在华企业界引起了不小的震动。对此，美孚做出的反应首先是拒绝注

---

① "The Ambassador in China（Hurley）to the Secretary of State, September 18, 1945", FRUS, 1945, Vol. Ⅶ, the Far East, China. p. 1239.

② "Memorandum by Mr. Joseph Keating of the Division of Commercial policy, June 11, 1945", FRUS, Vol. Ⅶ. p. 1218.

册，接着就是通过驻华使馆寻求美国国务院的帮助。美孚扮演了美国在华企业界领袖的角色，积极组织各界对中国政府施加压力。

在此事中主要有三个机构在发挥作用，对外贸易委员会（the National Foreign Trade Council）、美中委员会（China-America Council）和美国国务院。在整个《公司法》的修订交涉期间，美孚和美驻华大使馆保持着密切联系，为驻华大使馆，也为美国国务院提交了企业界的要求及行动的各种信息。① 在美中委员会，美孚有很大的影响，该机构中有两名石油公司执行官：舒尔茨（H. L. Schultz），既是美孚的副总经理，也是美中委员会执行会的成员和理事；科利尔（Henry D. Collier），加州标准石油公司的总经理。② 经美中委员会和对外贸易委员会所提出的意见，被认为是在华美国企业界的共识。这些"共识"就是美国国务院要求中国政府解决的问题。

关于美国企业在各省注册问题，对外贸易委员会指出，根据中国法规，在华美国企业在各省的分支机构都要一一注册。对外贸易委员会担心受到各省市政府机关的影响。因此，希望将规定改为，公司只要在一个省的某一地注册，则本省内都有效，并能在省内各地设立分支机构，即公司在一个省只注册一次，各分支机构不用再一一注册。③

1945 年 4 月，国民政府经济部长翁文灏向美方表示，虽然现在正与美方专家就此问题进行研究，但政府还是决定在 1945 年 6 月之前实施新《公司法》；对外国公司所执行的政策可以有所变通，并不完全依照现行

---

① "The Acting Secretary of State to the Ambassador in China（Hurley）, May 17, 1945", FRUS, 1945, Ⅶ. p. 1215.

② "U. S. oil concerns asked to develop China resources Republic seen ready to revise unfavorable legal barriers", *The Journal of Commerce*, October 19, 1945. 中国第二历史档案馆藏，52（2）—638。

③ "The Acting Secretary of State to the Ambassador in China（Hurley）, February 3, 1945", FRUS, 1945, Vol. Ⅶ. p. 1208.

法规；希望外国公司尽量能按现行法律进行注册。①

对外贸易委员会一方面要美国驻华大使馆直接向蒋介石、孙科、宋子文、翁文灏等政府高层提出交涉，另一方面建议中国政府将注册简化，内容只包括公司名称、公司地址、营业地点、营业类型、中国总公司和中国总公司负责人的姓名及住址等。②

在美驻华大使馆与美孚的商谈中，使馆要求美孚将其所要求修改的内容准备好材料交给大使馆，作为与国民政府经济部讨论的基础。在处理美孚所提出的问题时，有驻华外交官提醒美国国务院，不应由大使馆出面影响公司是否按现行法规进行注册的决定。如果支持公司拒绝注册，一定被中国政府认为是有意偏袒美国公司，给中国政府留下不好的印象。③ 意在要有限度地支持美孚所提出的要求，以符合在废除治外法权后，已树立的"尊重"中国权益的形象。但随着以美孚为首的在华美国公司的不停游说，美中委员会和对外贸易委员会也不断提出更多的修改意见，出于保证美国公司能和各国公司进行"公平竞争"，美驻华大使建议国务院"尽一切可能"支持美国公司的要求。④

在美国国务院的支持下，并且美国国务院也有意将美国在华商界对《公司法》的修订要求作为废除治外法权后中美新约谈判的重要内容，美国政商界终于合力迫使国民政府对《公司法》原修订内容进行了修改。1946 年 4 月 11 日，新《公司法》正式颁布。关于外国公司专列一章（第八章）。第 292 条规定，"外国公司非在其本国设立登记者，不得声请认

① "The Charge in China（Briggs）to the Secretary of State, April 20, 1945", FRUS, 1945, Vol. Ⅶ. p. 1210.

② "The Acting Secretary of State to the Ambassador in China（Hurley）, May 17, 1945", FRUS, 1945, Vol. Ⅶ. p. 1215.

③ "The Charge in China（Briggs）to the Secretary of State, April 20, 1945", FRUS, 1945, Vol. Ⅶ. pp. 1210 – 1211.

④ "The Ambassador in China（Hurley）to the Secretary of State, May 12, 1945", FRUS, 1945, Vol. Ⅶ. p. 1214.

许，非经认许给予认许证者，不得在中国境内营业或设立分公司"。原修改稿中的"营业者"去掉，消除了公司的身份问题。关于注册费，第316条规定，"外国公司认许之登记，应随文缴纳登记费一千元，并缴执照费五百元"。没有了按资本额缴费一项，而中国公司"设立之登记，应随文缴纳登记费，按其章程所定资本总额，每二千元一元计算，并缴执照费五百元"（第315条）。第298条还规定，"外国公司经认许后，得依法购置因其业务所需用之地产，但须先呈请地方主管官署转呈中央主管官署核准，并得依其本国法律准许中国公司享受同样权利为条件"。这顺带解决了公司的土地问题。① 这表明，美孚等公司所诉求的问题已得到解决。

1946年11月4日，国民政府外交部长王世杰和美国驻华大使司徒雷登在南京正式签订《中美友好通商航海条约》，条约共30条，附议定书一项。综观整个中美的商约内容，此商约在保证美国公司法人及为其争取权利的特点非常明显。如，关于公司的第三条第二款，"在缔约此方之领土内依照依法组成之官厅所施行之有关法律规章所创设或组织之法人及团体，应认为缔约该方之法人及团体，且无论在缔约彼方领土内，有无常设机构、分事务所或代理处，概应在该领土内，承认其法律地位。缔约此方之法人及团体，于履行与后款规定不相抵触之认许条件后，应有在缔约彼方领土内，设立分事务所执行其任务之权利"。第三款，"缔约双方关于本款所列举之事项，既通常遵守国民待遇之原则，同意缔约此方之法人及团体，在缔约彼方领土全境内……并不受干涉，行使上述一切权利及优例"。对美国公司产品待遇，第十八条第三款约定，"缔约此方之种植物、出产或制造品，于输入缔约彼方领土时，凡有关内地税之一切事项，应给予不低于现在或将来所给予缔约彼方之同样种植物或制造品之待遇"②。对此，国民政府经济部就认为"窥其用意即以保障投

---

① 蔡鸿源编《民国法规集成》第57册，黄山书社，1999，第220页、224页、222页。
② 王铁崖编《中外旧约章汇编》（三），第1430页，第1441页。

资者利益为主要目的"①。

在这个过程中，美孚以对华贸易界的领头人和代表的身份，提出了当时美国企业在华普遍遇到的问题，引起了美国国务院的关注，并得到了国务院的支持。美国国务院进而通过与中国国民政府的谈判、施压，促使中国对《公司法》做出相应修改。美国国务院将此问题提升到废除治外法权后维护美国在华商业利益的高度，把处理问题和谈判中美在华商界所提的要求作为国民政府修改《公司法》部分条约的基础，同时也将其作为一直酝酿谈判的中美商约的内容，为后来签订的中美商约（即《中美友好通商航海条约》）留下了深深地维护美国公司利益的痕迹。②

战争改变了美孚与中国国民政府的原有关系框架。无论是被迫放弃东北石油市场、战时对华石油供应还是新《公司法》的修订风潮都是新形势下的新问题。美孚等石油公司不由自主地被卷入国际政治纷争之中。美孚等石油公司的利益在战时被暂时置于政治权力之下，虽然美孚的利益仍被高度重视，但中国政府在战争中对石油事务的处置有了较大的主动权。最重要的是，一旦中国政府拥有了自身石油事业的自主权和必要经验，中国政府与美孚的关系就不可能再回到过去。

---

① 《经济部对〈中美友好通商航海条约草案〉意见书》，引自吴东之主编《中国外交史：（中华民国时期1911－1949）》，河南人民出版社，1990，第691页。

② 当然，从政治角度看，1946年新《公司法》对外国公司法律地位的规定是中国国家主权的一种宣示。

第五章
美孚与国民政府战后的石油事业[*]

　　国家主权最主要的是政治独立和经济自主，两者是互为关联的整体。没有政治独立，经济自主将失去坚实的基础，而经济的不自主也会使政治独立难以为继。二战后中国取得了政治独立，经济自主则成为较之前历史阶段更为突出的问题。这就使这一时期中国政府与在华外国企业的关系更为敏感。国民政府设立国营的中国石油公司、开发石油资源和出于自身需要管制石油进口都与美孚为首的三公司产生了矛盾，美国政府亦卷入其中。这一系列事件是战后中国政府实现经济自主的重大实践，也是对外国在华经济利益集团的直接挑战，涉及经济发展模式选择、自然资源开发主导权和外资公司管理等经济自主的核心问题。不但反映了近代中国政府与在华外国企业关系在战后的转变和美国政府与企业对中国的压力，而且也使我们观察到近代中国在获得政治独立后经济自主能达到的程度及所受的限制。它折射出战后中国历史诸多重要变化中的其中一环。

　　在抗战胜利后发生的一系列与美孚等石油公司相关的事件中，中国

　　* 本章内容作为中期成果以《被束缚的经济自主：战后国民政府与国际石油公司交涉论析》为题发表，刊于《近代史研究》2019 年第 4 期。

政府与美孚的互动凸显了近代以来中国最重要的目标之一——国家主权中的经济自主状况。中国在追求经济自主过程中所碰到的难题，长久地影响着中国对外国企业的看法。

第一节　中国石油公司的筹建

战后，美孚等在华石油企业首先面对的是国民政府在石油领域最重大的决定——成立国营中国石油公司。以国营企业发展中国石油工业是基于国民政府选择中国自主发展国民经济的模式。这种选择有很深的历史背景。孙中山主政时期的国民政府鉴于西方垄断资本主义的发展状况和中国的现实，在民生方面主张"节制私人资本"，"发达国家资本"，希望以国家力量发展国家资本，抑制私人资本、垄断资本。国营经济在当时的历史背景下被国民政府认为其既能实现国家经济高效快速增长又能保证社会公正，国营经济作为国家资本发展的最佳途径而广受关注。

国民党执政后，尽管思想界和国民政府高层领导对国营经济的认识存在分歧，但随着统治的稳定和 1931 年九一八事变后抗日情绪的高涨，社会各界对国营经济的重要性逐渐达成共识。1932 年，国防设计委员会（1935 年改名为资源委员会）成立，这标志着国民政府大力发展国营经济政策的确立，并最终理顺了国营工业发展的思路，在中国经济极端落后、外来侵略危机不断加深的情况下，优先发展重工业，充实国防实力，建立工业化基础。在国民政府的不断经营下，国营企业在抗战期间得到了很大的发展。抗战胜利后，国民政府更强调政府在经济发展和工业中的作用，拟定了以国防重工业为中心、扩大国营企业范围和利用外资发展工业的计划。①

---

① 赵兴胜：《传统经验与现代理想——南京国民政府时期的国营工业研究》，齐鲁书社，2004，第 81～115 页、199 页、363～370 页。

石油向来被认为是工业基础之一。工业建设，"首在建立动力之来源，燃料之生产，钢铁之制炼……此类基本事业，实为全国经济之根本，亦为工业化必需之基础，如不确为建立，则中国经济不易独立自存。……此类事业规模，不能过小，需用资金为数特多，社会经营工业之人士，往往限于实力，望而生畏，不易踊跃从事。……期以国家力量早见功效"①。国民政府资源委员会（以下简称资委会）在战前的《重工业建设计划》中，将石油工业放在突出的位置，对石油的投资位列各项事业之首。② 尽管国民政府重视石油工业建设，在抗战期间也努力经营西北石油工业，但直到抗战胜利前夕，中国石油工业的资本和技术还是极为有限，所产油品也很少。以占全国石油产量98%以上的玉门油矿为例，1939～1945年年均原油产量为0.11亿加仑，而1927～1936年年均中国进口的主要石油产品为3.63亿加仑，前者仅为后者的3%。③ 中国石油工业规模之弱小，国防事业之被动可见一斑。

抗战胜利后，资委会依据国民政府行政令，接收了日本在华的所有石油设施和资产，包括台湾高雄炼油厂及出矿坑等处的油井，东北的锦西、锦州、四平街和永吉各地炼油厂，以及上海、青岛、汉口、南京、浦口、广州等处的储油设备。加上已有的玉门油矿等西北石油厂，中国石油工业的实力一时大增。

此外，1930年的《中华民国矿业法》规定，石油矿产为国家所有，归国家经营。这为石油国营提供了法律依据。在这种背景下，国民政府"开发经营中国石油事业，以期造成国家资本，巩固经济基础"，实现石油国营的设想变得前所未有的真实。"石油关系整个国家之经济安全。同

---

① 翁文灏著，李学通选编《科学与工业化——翁文灏文存》，中华书局，2009，第660页。
② 程麟荪：《论抗日战争前资源委员会的重工业建设计划》，《近代史研究》1986年第2期，第39页。
③ 孔庆泰：《抗战期间中国石油工业的建立》，《历史档案》1989年第4期，第113页；《国民党政府时期的石油进口初探》，《历史档案》1983年第1期，第111页。

时国际竞争激烈，故我国石油工业亟应组设一全国性之机构庶可通筹应付"①。于是开始酝酿成立国营中国石油公司。

国民政府要设立国家石油公司，实现石油国营，主要面临的问题是：第一，美孚等三公司掌握着中国的石油供应，是国际石油市场的主角；第二，中国石油工业所需的巨额资本、技术和设备无法自己解决。因此，出于现实考虑，在筹建之初，资委会就向美孚等三公司发出了通报，并表达了和美孚等三公司合作的意向。

美孚对战后中国市场一直非常重视。1944 年美孚即拟派员到中国商谈战后中国石油生产和销售问题。当时美孚与资委会驻美代表在美国洽谈，重点谈的是战后中国石油生产的合作投资问题。② 美孚此举意在加深与国民政府的石油合作，以争取战后中国市场的有利地位。

美孚等密切关注战后国民政府在石油工业上的举措，极不愿国民政府进入石油业。美孚了解到资委会要设立国营中国石油公司的情况后，向资委会提出了自己的意见。美孚认为，战后对中国石油事业的投资最好由私人企业进行。美孚作为世界石油业巨头和中国石油业的领先者，应当参与中国石油的开采和生产。美孚还认为，中国开采的内地石油将难以与进口石油竞争，希望中国政府和以美孚为首的三家公司进行合作。基于这些考虑，美孚向负责石油事业的资委会提议：第一，美孚等三公司与中国政府成立一家公司，中国政府享有利益分享权；第二，石油产品由这个公司负责分销；第三，这个公司由美孚等三公司负责投资。③ 这些建议，核心是由美孚等三公司投资和中国政府组成一家公司，但中国政府不插手公司

① 《资委会筹设中国石油公司节略》（1946 年），中国第二历史档案馆藏，中国石油公司档案，52 - 2 - 638。

② 《王守竞致资委会电》（1944 年 8 月 22 日），台北"国史馆"藏，资源委员会档案，003 - 020400 - 002。

③ Memorandum, September 5, 1945, 中国第二历史档案馆藏，中国石油公司档案，52 - 2 - 638。

事务，只享有利益的分配。这样既可以满足中国政府开发中国石油资源的愿望，又能防止中国政府直接进入石油市场，而美孚三公司能够掌握中国石油资源的开采权和继续保持市场地位。这些建议与国民政府利用国家力量发展自己石油工业的原则相违背，自然很难为国民政府所接受。

为进一步说明观点和争取与美孚等三公司的合作，在 1945 年 9 月间，国民政府有关部门与美孚连续举行了三次重要的会议，就成立中国石油公司和中国石油资源开发问题展开讨论。中方的主张是：第一，除进口石油产品外，还要利用中国现有的酒精工业，以满足当前需要，同时对石油产品实施进口控制，实行进口配额制；第二，中国政府与外国石油公司（指与美孚等三公司）组织一个公司，从事进口和本地石油业务。在这个公司中，中外双方各占 50％ 的股份，董事长和总经理由中国人担任。①

美孚虽然反对管制石油进口，但是没有直接反对中方组织联合公司的提议，而是提出了另一个建议，由三公司组织一个公司从事中国境内的石油勘探、生产和销售。这个公司和中国政府协定：第一，中国准许公司在特定的油矿区域进行勘探，如果发现石油资源，将和中国以合同形式共享利益；第二，公司和中国政府签署一个开发玉门油矿及其他油矿的特别合同，由公司提供资金用以开发有价值的油田；第三，产品由公司经销，并保证优先于进口产品销售。这个建议和美孚以前的建议一脉相承，只想让中国政府享有利益而不愿让其插手石油事业。对美孚的这个建议，中方明确表示，中国希望拥有一家从事石油生产的企业，在这个企业里，至少要占有一半的股份并担负责任。②

---

① Memorandum on Recent Discussion with Standard Oil Delegates on Question Relating to Post-war Oil Import to China, September 2、September 5、September 7, 1945, 中国第二历史档案馆藏，中国石油公司档案，52－2－638。

② Memorandum on Recent Discussion with Standard Oil Delegates on Question Relating to Post-war Oil Import to China, September 2、September 5、September 7, 1945, 中国第二历史档案馆藏，中国石油公司档案，52－2－638。

三公司之一的亚细亚也参与了这些会谈。会谈后，亚细亚向资委会提出了自己的意见。首先，亚细亚表示，西北地区的石油资源有限且不能确定开发潜力。战后中国政府的石油政策应该是进口石油和利用本地油气资源相结合。目前，进口是最好的选择，本地资源只是作为一种补充。亚细亚认为，中国当前更缺乏的是食品，应集中精力恢复包括农产品在内的出口贸易，以换取必要的外汇和物资。在这种情况下，中国发展石油工业是不经济的。亚细亚建议在经济部下设立石油局，以便在政府部门之间解决港口、航海规则、税收、铁路运输、加油站发展、安全等问题。亚细亚还大胆地提出，中国政府应特别允许石油公司拥有可以在中国内河和沿海航行的船队。[①] 亚细亚的总体论调和美孚一致，就是中国政府不必直接经营石油事业，中国的石油事业交由美孚等三公司即能满足需要。不同的是，亚细亚提出了更多更具体大胆的要求，尤其是想恢复1943年中美新约和中英新约废止的外国公司在中国沿海和内河的航运特权。

综观中外双方的要求，中国政府不但想拥有自己的石油企业，而且想通过联合的方式将三公司都拉入由中国掌握的公司中。正如一位资委会人士所说，"公司应……将昔日三大公司遍布于各地大小经销商搜罗在内。因我方势力单薄难与抵制，不若合作谋发展"[②]。而美孚等则另搞一套，想通过成立一个由三公司控制的中外合作企业，表面上是与中国政府合作设立，事实上只让其分享利益，根本就不打算让中国政府拥有自己的石油企业，以便继续控制中国石油市场。双方基本意图的分歧十分明显。

[①] The Shell Co. of China Ltd. to Wong Wen Hao, September 7, 1945, 中国第二历史档案馆藏, 中国石油公司档案, 52-2-638。

[②] 《纽约叶树滋致总经理协理函》(1946年6月8日), 中国第二历史档案馆藏, 中国石油公司档案, 52-2-638。

在后来的谈判中，双方的分歧依然存在，国民政府要拥有自己石油生产企业的立场并没有改变。美孚等三公司虽不满，但暂时也无计可施。双方的会谈继续进行。负责此事的资委会态度却变得越来越明确：一是要坚持建立自己的石油企业；二是将中外双方的合作引向甘（肃）青（海）地区的石油资源开发。在这个过程中，国民政府最终不顾美孚等三公司的反对，建立了中国石油公司。1946 年 5 月 20 日，行政院下令设立中国石油公司。6 月 1 日，国有大型企业——资源委员会中国石油公司（Chinese Petroleum Corporation，简称中油）在上海成立。第一任董事长兼总经理是国民政府高级官员翁文灏。

中油的组织和功能远远超出了一般商业公司的范围。资委会将甘肃油矿局、四川油矿探勘处、接收的敌产台湾高雄炼油厂及出矿坑等处的油井、东北的锦西等炼油厂，以及上海、青岛、汉口、南京、浦口、广州等处的储油设备全部合并起来，组成了具有托拉斯性质的中油公司。① 这是当时中国境内石油工业的全部家当。中油公司在其章程中规定公司的经营范围包括：中国境内石油矿及有关矿产的勘探、开采及经营；提炼石油、利用油页岩或天然气及人造油建立炼厂；运销石油及油产品；其他与本公司有关的业务。② 换句话说，中国境内的所有有关石油的事业都将由中油公司负责。

按资委会的设计，中油公司在勘探、炼油、销售方面同时进行。在地质勘探方面，明确以甘肃、青海、四川、台湾作为重点勘探区域。在石油炼制方面，除继续扩大玉门炼油厂外，打算对日本人留下的高雄炼油厂和锦西炼油厂加以修复扩充。为解决炼油厂原油问题，准备直接从国外进口

---

① 中国石油公司：《中国石油公司 36 年度上半年工作报告》，南京大学图书馆藏，第 1 页。
② 薛毅：《国民政府资源委员会研究》，社会科学文献出版社，2005，第 400 页。

原油进行炼制。[①] 在产品运销方面，中油公司先在上海、南京、兰州、汉口、天津、青岛、基隆、广州等设立 8 个营业所，以期继续扩充。

在业务上，美孚等三公司尤为忌惮中油的是：其一，中油集合了所有沿海及内陆主要城市的储油设施，其储油能力已能与三公司相抗衡，这一点将会对战后三公司的销售形成直接的影响；其二，中油和招商局合办中国油轮公司专用于油品运输。而中国恢复了内河航运主权后，三公司的油品必须由中国船只承运。中油在运输上有比三公司更有利的条件。

此外，中油公司还兼有政府行政管理机关的职能。1946 年 6 月，即中油公司成立当月，国民政府将原来战时生产局下管理石油产品的液体燃料管理委员会撤销，将该委员会管理石油产品的职能委托于中油公司。这时，中油公司具有的行政职能有：第一，在行政院领导下从事属于政府组织、民用、军用及被认为是"特别配额"消费者的有关石油需求的调查、供给、分配等事项；第二，稳定石油产品的销售价格；第三，根据供给和需求协调各地的石油运输和分配；第四，对"普通配额"的消费者进行直接分配。[②] 到了 1946 年底，输出入管理委员会成立后，也因美孚等对中油的行政功能提出异议，中油才将这些管理功能转给该委员会。但是，由于中油掌控着全国的石油事业，在有关石油输入分配、供给和需求预测等有关事宜上，国民政府各机关都要依靠中油公司，有时甚至直接由中油公司以资委会的名义处理石油业的问题。所以中油公司不是一个普通的商业公司，而是一个具有浓重政府行政色彩的国有垄断企业。

中油的组织规模、设施及被赋予的功能，使其不仅成为中国石油业

---

① 《中国石油公司台湾炼油厂报告》（1948 年 11 月），中国第二历史档案馆藏，中国石油公司档案，52 - 2 - 732。

② Report on the Demand and Supply of Petroleum Products in China （March，1948），中国第二历史档案馆藏，行政院输出入管理委员会档案，447 - 2958。

的托拉斯企业，而且也是兼有行业管理色彩的准官方机构。这种组织架构是国民政府以国营企业发展中国石油工业思想的体现。从经济主权角度看，这是国民政府的一种自主选择。但美孚等对此做出了强烈的反应，直接将此事诉之美国国务院，要求美国国务院关注作为政府企业的中油公司成立后美国石油公司的未来。①

早在二战期间，美国政府官员中即有许多人对中国以国营企业发展经济的计划非常忧虑，他们唯恐美国企业受到"计划限制"。② 1945 年，美孚曾就资委会用《租借法案》购买炼油设备一事向美国国务院求助，认为资委会在沿海设立炼油厂会加剧市场竞争影响美国石油公司利益。为此，美国国务院要求美国战争资产委员会撤销与资委会的购买炼油设备合同。③ 美孚这是担心国民政府进入石油销售市场打破美孚等三公司的垄断格局。面对国民政府越来越明确的国营石油工业发展计划，美孚等三公司不断要求国务院明确态度，并称这将决定美孚等三公司是否愿意继续投资约 1 亿美元巨款修复中国被战争毁坏的石油设施。④ 这实际是对美国国务院施压。1946 年 5 月国有大型企业中油的成立，不但加深了国务院对美国企业受"计划限制"的担心，而且直接影响到美国在华的商业利益、对华政策的实现和战后中国经济政策问题，因而美国国务院给

① "Memorandum of conversation, by the Assistant Secretary of State, Washington, July 10, 1946, Foreign Relations of the United States Diplomatic Papers, 1946", FRUS, Washington, D. C.: United States Government Printing Office, 1946, Vol. X, p. 1375.

② 柯伟林:《中国战后计划——中国、美国与战后经济策略（1941－1948）》,《孙中山先生与近代中国学术讨论集》第 4 册, 台北, 孙中山先生与近代中国学术讨论集编辑委员会编印, 1985, 第 178 页。

③ Clayton to Gregory, February 25, 1946, Chinese Civil War and U. S. – China Relations: Records of the U. S. State Department's Office of Chinese Affairs, 1945 – 1955, U. S. National Archives, SC5005696544.

④ Memorandum of conversation: Chinese Purchase of Oil Refinery, January 8, 1946, Chinese Civil War and U. S. – China Relations: Records of the U. S. State Department's Office of Chinese Affairs, 1945 – 1955, SC5005696544.

予了高度关注。

1946 年 7 月 10 日，国务院助理国务卿克莱顿（William Lockart Clayton）、石油管理局和商业部负责人等与以纽约美孚总公司总经理帕克为首的代表团就美孚提出的中国成立国营石油公司问题进行了高级别会谈。帕克认为中国没有能力自己发展石油工业，并且强烈反对中国政府将石油工业国有化，要求美国政府援华不能影响美国石油公司的利益。国务院的态度很明确，不反对中国政府建立石油企业，也不会反对中国政府对中国石油工业进行国有化，但反对中国石油公司具有行政管理功能和排斥外国企业的行为。[①]

美国国务院虽然有自己的观点，但也不得不正视帕克提出的问题：中国石油工业国有化的后果可能将使美国的私人资本不再流入中国，"国有化给中国带来的好处可能比非国有化要少"。[②] 国务院清楚这些话的分量和意图。美国企业奉行自由竞争，反对企业国有化。中国石油工业的国有化确实会使美国私人资本不敢再向中国投资。更现实的情况是，中国的战后重建需要石油，而中国所需的石油都掌握在以美孚为首的三家石油公司手中。在当前中国美孚的供油能力是不可替代的，如果美孚不愿继续投资修复销售和运输设施以及储油设备，在短时间内中国将会面临严重的油荒，特别是会影响交通的恢复，中国经济或将更混乱，不利于美国战后援华目标的实现。这是美国国务院要倚重美孚的原因。所以，考虑到这些因素，克莱顿一方面要美孚正视目前中国的现实，另一方面让美孚列出想要的最低限度的"公正"条件，以使美孚愿意投资修复销售和运输设施以及储油设备，恢复在中国的业务。

---

① "Memorandum of Conversation, by the Assistant Secretary of State, Washington, July 10, 1946", FRUS, 1946, Vol. X, pp. 1375 – 1376.

② "Memorandum of Conversation, by the Assistant Secretary of State, Washington, July 10, 1946", FRUS, 1946, Vol. X, p. 1376.

帕克列出的"美国石油公司"最低限度的条件如下。第一，在华美国石油公司集团设立一个中美联合公司从事中国内地石油资源的开发，美国石油公司集团拥有这个公司51%的股份。这个公司应包括中国正在修复的从日本人手中接收的高雄炼油厂。第二，美孚等公司希望中国政府同意不以政府企业的形式进入石油销售市场。如果这两个条件得到满足，美孚将投资3000万～5000万美元用于修复战前建造的分销设施。其他公司也将投入相同数额的资金。这样，包括美孚在内，总投资将达约1亿美元。美孚要求的底线是，第一，参与中外联合生产炼制企业；第二，保持美国石油公司独立的销售地位。后者是最根本的，但也有权要求前者。对美孚所提的最低限度要求，克莱顿表示可以从中国政府那里取得某些保证以满足美国的石油公司。[①]

除了美国，英国对中油公司的成立也极为关注。英国将国营中油公司的设立与其他几家国营大企业如中国纺织建设公司、轮船招商局联系起来，看作对在华英国企业利益的损害，是排斥外资的重要标志。为此，美英两国多次要求中国就中油公司成立的问题进行解释。迫于压力，翁文灏最后不得不向美英两国做出保证：第一，限制中油的规模；第二，不歧视、不损害在华石油公司的地位和利益；第三，与西方石油公司合作。[②]

中国石油公司的设立，以国家控股、国家经营石油公司的模式，初步实现了石油工业国营的设想。中油的成立打破了美孚等三公司独霸中国石油市场的局面，不但为直接利益方——美孚等三公司反对，而且被在华利益最多的美英两国视为战后中国大力发展国营经济、排斥外资的威胁。在美孚等三公司的反对声中，美英两国，特别是美国国务院积极

---

① "Memorandum of Conversation, by the Assistant Secretary of State, Washington, July 10, 1946", FRUS, 1946, Vol. X, pp. 1376－1377.

② Embassy in Nanking to Foreign Office, September 20, 1946, FO371/53761.

介入，迫使中国做出了不损害美英在华石油公司利益的保证。在战后美国对华具有重大影响的背景下，美国政府的行为透露出其维护美国在华企业既有利益和优势的强烈动机，这不但是一种强权思维，更含有维护美国利益的利己主义成分。这就为中国试图以国营中国石油公司发展石油工业设置了障碍。

第二节　中外联合开发甘青石油资源的交涉

自然矿产资源的独立开发对国家独立的意义不言而喻。近代中国矿产资源开发的一个突出问题是外资加入矿产资源的开发。因外资在华享有政治和经济特权，从而外资开矿就包含了错综复杂的政治意义，这是国家利权丧失的重要表现。

鉴于外资开矿关乎国家的重大利权，自清末，中国政府即有意识借鉴西方矿业法规，通过立法来规范矿产资源的开发，既体现了主权，也依法规合理地维护和争取利权。从 1898 年的《矿务铁路公共章程》、1907 年的《大清矿务章程》、1914 年的《中华民国矿业条例》到 1930 年的《中华民国矿业法》都对外资开矿进行了条件限制。特别是 1930 年的《中华民国矿业法》明确规定，中华民国领域内的矿藏为国家所有。

考虑到石油对国民经济的重要性，1928 年的《特准探采煤油矿暂行条例》曾规定，政府认为必要时可随时将石油矿收归政府经营；必须完全使用中国资本；政府对所有产品有优先购买权。即由国家控制探采和销售。[①] 矿业法规虽屡有修改，但石油资源国有、国家控制开采的基本思路是一致的。

战后，由于中国石油技术和资金缺乏，资委会希望能借助美孚等三

---

① 　傅英主编《中国矿业法制史》，中国大地出版社，2001，第 39 页。

公司的力量开发内地石油资源。在 1944～1945 年资委会与美孚的一系列会谈中，对中国内地石油资源开发是其主要议题之一。当时，中国已有的石油工业集中于甘肃、青海一带，特别是甘肃的玉门油矿。甘青一带被认为是当时中国境内最有前途的石油矿区。[①]

1945 年 12 月，经过双方讨论，资委会与美孚等三公司确立了共同开发甘肃、青海两省石油资源的原则。主要内容有 11 条。

①地点："河西走廊以及兰州与甘宁边境间、黄河以西及南山（祁连山）以南、柴达木区域之油田均划为共同探勘及开采之区域。"

②期限：20 年。如双方同意得延长 20 年，期满中国政府取得全部所有权。

③资金：暂定为美金 8000 万，可增加。

④股份：资委会占 55%，三公司各 15%。

⑤组织：（甲），资委会指派董事 3 人，三公司各指派 1 人，董事长为中国人。（乙），总经理为中国人，协理 1 人由三公司推举之，所有一切合约账单以及任用人员等须由总经理处理者均由总经理及协理共同签署。

⑥（特）税：原产品价值之六分之一归中国政府所有作为公司缴纳之（特）税，所有矿业法内规定的矿区税及矿产税均包括在内。

⑦炼制品：凡中国所需要之炼制品均应制炼。飞机汽油应为主要产品之一。

⑧本公司产品由本公司自行销售。

⑨三公司应承认本公司产品在中国境内之销售应享有优先权。

⑩三公司在销售一切进口油料时应充分尊重上述之原则。

---

① 玉门油矿管理局史志编纂委员会编《玉门油矿史（1939—1949）》，西北大学出版社，1988，第 116 页。

⑪三公司在中国所有之储存及运输设备均可由新公司使用，其办法由新公司与各公司分别订立。[①]

这些协议原则成为之后合作开发甘青油矿的基础。相比 1914 年《中美合办煤油矿合同》中中国政府最多可占 45% 的股份[②]，战后国民政府在甘青联合企业中占 55% 的控制性的股权，在产品炼制、销售和利用三公司设施等方面亦有相当权利。从整体上看，国民政府掌握了石油资源所有权和开发利用的自主权。这是国家政治独立后，经济权利得以保证的一个表现。因此，战后中国对资源的开发问题，不再是对矿产资源的所有权争夺，而是能否按自己的意愿主导外资实现对国内资源的开发。

但美孚等三公司开发中国石油资源的目的与资委会有很大的差异。在美孚等三公司看来，保证石油市场份额是甘青石油开发的前提。美孚早在 1915～1917 年勘探陕长矿区时即决定，美孚没必要冒巨额投资、政治动荡和油源不足的多重风险从事中国石油资源的开发。[③] 加上北洋政府推行的国有主义可能对其市场有根本性冲击，因此美孚仅将中国定位为产品销售市场而不是油源地。在这个问题上，美孚等三公司的意见是一致的。战后当美孚等三公司听闻国民政府要开发石油资源时，均向资委会提出中国石油资源有限，发展石油工业不划算的意见。[④] 这实际上表明了美孚等三公司对开发中国石油资源的基本观念：中国主要还是销售市场，参与石油资源开发最大的意义在于维护市场利益。正是基于这种观点，美孚等三公司在与资委会商谈石油资源开发时，非常关注与销售直

---

① Wong Wen Hao to Meyer, December 4, 1945, 中国石油公司档案, 52‑2‑638。

② 吴翎君：《美国大企业与近代中国的国际化》，台北，联经出版公司，2012，第 289 页。

③ Edward W. Chester, *United Sates Oil Policy and Diplomacy：A Twentieth-Century Overview* (London：Greenwood Press, 1983), p. 277.

④ The Shell Co. of China Ltd. to Wong Wen Hao, September 7, 1945, 中国石油有限公司档案, 52‑2‑638。

接相关的炼油厂业务，并将炼油厂与石油资源开发相联系。

资委会原本并没有将甘青石油开发与自己的炼油厂联系起来。资委会对炼油厂的布局计划如下：玉门油矿位置偏于西北，主要供应西北用油；高雄炼油厂立足台湾，主要供应台湾，部分供应沿海地区；在中国最大的用油市场——上海设一炼油厂以供当地使用；适时恢复锦西等东北炼油厂以供东北地区使用。① 这样就能初步形成全国的炼油厂网络。当时，资委会手中规模最大、设施较完整的是抗战胜利后自日本接收的台湾高雄炼油厂。中油打算将高雄炼油厂分为三个阶段进行修复和扩充，如能按期完成，"则该厂规模堪称东亚"，能达到日炼原油15000桶的水平。② 这是当时中油的核心炼油厂。

在讨论合作开发甘青石油资源时，纽约美孚董事会得知资委会购买了一套炼油厂的设备，准备在上海附近建炼油厂一事。1946年3月，纽约美孚董事会又探知资委会打算修复高雄炼油厂。纽约董事会马上要求翁文灏安排美孚的炼油专家到高雄厂进行调查。③ 三公司表示，除非中国政府同意他们参与高雄炼油厂项目，否则他们的资本不愿投到偏僻和高风险的甘青地区。④

1946年6月17日，中油与美孚副总经理麦雅（C. E. Meyer）率领的代表团在上海举行会谈。这次会谈的中心话题变成了围绕高雄炼油厂来讨论。美孚提出，首先，中国政府所进行的石油事业不应对美孚等三公司的业务产生影响。其次，中油的建立及准备修复高雄炼油厂的活动和

① 《新建上海炼油厂计划书》（1948年4月），上海市档案馆藏，资源委员会甘肃油矿局上海炼油厂档案，Q41－1－142。

② 《资委会石油事业年报：高雄炼油厂》（1946年报），中国第二历史档案馆藏，中国石油公司档案，317－2531。

③ Eichholzer to Wong Wen Hao, January 7, 1946; New York to Eichholzer, March 5, 1946, 中国石油公司档案，52－2－638。

④ "The Counselor of Embassy in China to the Secretary of State, July 14, 1946", FRUS, 1946, Vol. X, p. 1378.

1945 年谈判内容不同。高雄炼油厂主要是供应沿海石油市场，这必定会影响到美孚等三公司的石油产品进口。所以，美孚希望将高雄炼油厂和甘青开发计划放在一起讨论。中方代表翁文灏希望遵照 1945 年达成的甘青开发合作协议讨论甘肃油矿勘探和开发问题，并强调中国政府无意减少即将成立的甘肃联合企业的市场份额。① 翁文灏不愿谈高雄炼油厂问题，但麦雅却抓住不放。

麦雅坚持应先就高雄炼油厂做出安排后再做其他讨论。麦雅代表美孚等三公司建议高雄炼油厂也组成一个联合企业，或者如德士古所提议，由美孚等三公司代理高雄炼油厂的产品销售。美孚的目标还是要将中油从销售市场中排除。之后，中油提出可以考虑从美孚等三公司购买原油以保持其进口业务份额，或者由中油和美孚等三公司达成一个市场协定来统一分销产品。麦雅等对此并不认同。② 本次会谈讨论的主要问题不再是石油开发，而是美孚等更为关注的修复高雄炼油厂所带来的市场销售问题。美孚等三公司的目标是要限制中油参与终端的市场销售。

1946 年 7 月 11 日，翁文灏通知美孚等三公司，中国政府决定由中油负责修复高雄炼油厂，不考虑外国公司的加入。翁文灏明确告诉美孚等三公司，中国政府不仅会从事石油的开采和炼制，而且也一定会进行销售。关于甘青项目，翁文灏表示，与中国能自己修复高雄厂相比，甘青项目超出了中国目前的能力，所以才需要外国资本的参与。他强调，甘青联合企业必须由中国控股，公司的董事长必须是中国人，并有决定权。③

---

① Talk with Delegates of the Three Oil Companies，June 17，1946，中国石油公司档案，52 – 2 – 638。

② Talk with Delegates of the Three Oil Companies，June 17，1946，中国石油公司档案，52 – 2 – 638。

③ "The Counselor of Embassy in China to the Secretary of State，July 14，1946"，FRUS，1946，Vol. Ⅹ，p. 1379.

7月13日，美孚等三公司再次与翁文灏进行了会谈。在会谈中，翁文灏重申了关于高雄炼油厂的观点，并数次要求美孚等三公司同意开展甘青项目。美孚等三公司又一次声明，除非高雄炼油厂被包括在甘青项目内，否则不会就甘青项目进行谈判。翁文灏又要求美孚等三公司说服各自的母公司同意甘青项目作为一个单独的计划，并继续商谈。美孚等三公司代表感到中国政府的态度无法协调，进一步的会谈没有意义，纷纷准备在7月20日左右返回美国。所有谈判陷入僵局。[1]

这时美国国务院的介入给了资委会很大的压力。美国国务院出于政策考虑和美孚等三公司面临的压力，开始出面干预。国务院通过驻华大使向国民政府表示，集分配、价格控制、进口许可证发放于一身的中油公司和美国石油公司同台竞争，不但存在歧视的可能，而且将减少美国资本的对华投资；中国把大部分的石油工业都进行国有化，将影响到美国私人资本流入中国；美国所能提供的援助是有限的，必须有私人资本的加入。为此，美国国务院告诫国民政府，美国援华资金不能用在能够取得私人资本投资的项目，援助的目的或者产生的结果也不是要取代现有的私人企业。美国国务院特别指出，美国援华资金不能用于开发、炼制和销售内地石油资源，或是用于进口原油或产品。[2] 这相当于声援了美国的石油公司，意思还是要中国政府和美国石油公司进行合作。

受此影响，1946年7月25日，翁文灏和美孚、亚细亚在上海再次会谈时态度有所改变。在谈到高雄炼油厂时，他请美孚和亚细亚体谅中国政府和他本人的处境，他说，高雄炼油厂属于战争胜利品其包含有复杂的政治问题，中国民众不会同意这些战利品由外国公司控制。翁文灏表

---

[1] "The Counselor of Embassy in China to the Secretary of State, July 14, 1946", FRUS, 1946, Vol. X, p. 1379.

[2] "The Secretary of State to the Ambassador in China, July 19, 1946", FRUS, 1946, Vol. X, pp. 1380－1381.

示准备和外国石油公司在分配和销售方面加强协作以解决此问题。[①]　这表明翁文灏愿意在市场销售和产品分配上做出让步。翁文灏还要求美孚和亚细亚的代表向各自的母公司说明，中国政府不会任由甘青项目无限期地拖延下去。

由于中国政府拒绝美孚等三公司加入高雄炼厂，美国进出口银行拒绝了中国政府为高雄炼油厂所申请的 500 万美元贷款要求。同时，美国国务院再次向中国政府表示：美国政府关注集商业竞争能力和政府管理功能于一体的中国政府企业可能带来的歧视私人公司的问题；美国援华资金不能用于开发中国内地油矿资源和购买原油。[②]

到了 10 月，应翁文灏对甘青项目做出明确答复的要求，美孚纽约总公司表明了态度，主要包括三点：第一，希望中国政府确保私人企业的地位，对不能实施美孚大规模的石油计划感到失望；第二，在当前情况下，中国炼制进口原油并不划算，应在内地发现足够多的原油时才考虑建立炼油厂；第三，愿意发展甘青项目，但希望中国取消原油炼制项目工作。[③]　亚细亚也作了相类似的回复。德士古总公司决定从甘青项目的谈判中撤出。德士古决定等这个项目达成一个可行的协议后，再考虑加入。[④]　这反映了美孚等三公司对甘青项目的消极态度。

面对美国国务院和美孚等三公司的压力，翁文灏一方面引入第三方参与相关的项目，另一方面对美孚等三公司做出让步。他向美方表示，愿意和美孚等三公司达成协议，但是也说明他有权和不久之后将要来中国的英伊公司（Anglo-Iranian Oil Company，英国石油公司前身），还有

---

① "The Consul General at Shanghai to the Secretary of State, July 27, 1946", FRUS, 1946, Vol. X, pp. 1381 – 1382.

② "The Ambassador in China to the Secretary of State, August 13, 1946", FRUS, 1946, Vol. X, p. 1383.

③ Meyer to Wong, October 3, 1946, 中国石油公司档案，52 – 2 – 638。

④ Murray to Texas, October 7, 1946, 中国石油公司档案，52 – 2 – 638。

"其他的美国石油公司"，进行合作商谈。① 他向美孚等三公司表示希望尽快和美孚、亚细亚达成一个谅解，并就炼油厂问题做出保证：目前只是利用和恢复日本人留下的炼油厂，中油在沿海不再建新的炼油厂；开设新的炼油厂会在内地找到充足的原油之后，保证甘肃油矿产品有充足的市场。② 这是对美孚等三公司所关心的炼油厂问题做出的一大让步。

10 月，美孚得知中油和英伊公司签订了一个为高雄炼油厂供应 30 万吨原油的合同。英伊公司的活动引起了美孚的极大关注，美孚关心的不仅是合同本身，还包括英伊是否为高雄厂提供技术、资金和加入甘青开发。事实上英伊公司只是提供原油和协助高雄炼油厂铺设输送原油的管道。但美孚也注意到英伊在上海设立了办事处，预计将进入中国石油销售市场。③

英伊公司此时要进军中国市场不是偶然的。英国为维护其在中国的传统优势，巩固其在远东的石油利益，打算推动英伊公司进入中国市场，以改变原来两家美国石油公司（美孚和德士古）对一家英国石油公司（亚细亚）的格局，平衡战后英美在远东的石油利益格局。④

英伊公司的出现使美孚难以完全坚持其原有立场。1946 年 12 月，应翁文灏之邀，美孚列出了对中国石油事业的几项主要要求，实际上这也是亚细亚的要求，包括五点，第一，中国方面只是利用现有的高雄及葫芦岛炼油厂炼油，不再建立新的炼油厂。第二，希望中国开发内地油矿。第三，两公司组成中外联合调查团先对甘肃进行调查。第四，两公

---

① "The Ambassador in China to the Secretary of State, August 13, 1946", FRUS, 1946, Vol. X, p. 1383.

② Wong to Meyer, October 12, 1946, 中国石油公司档案，52－2－638。

③ "The Secretary of State to the Ambassador in China, October 29, 1946"; "The Ambassador in China to the Secretary of State, November 30, 1946", FRUS, 1946, Vol. X, p. 1390, p. 1991.

④ Lamb to Kitson, August 7, 1947. FO371/63393.

司强烈主张，中国石油的长期利益应是优先开发甘肃油矿，而不是战后日本留下的炼油厂。已有的炼油厂应为内地市场服务。第五，两公司希望：①修复高雄炼油厂，达到在第一阶段能每天炼制 6000 桶原油的水平；②两公司为高雄炼油厂提供原油，两公司所占份额相等。① 与以前相比，这次美孚的要求有了变化。第一，承认中国开办炼油厂，条件是中国承诺不再建立新的炼油厂。现有的炼油厂产品供应内地。现有炼油厂的原油由美孚和亚细亚提供。第二，对于甘青项目，美孚同意组成中外联合调查团对甘肃进行调查。美孚的意图是尽量限制中国炼油厂的规模，从而缩小中油的市场销售规模，并且能控制中国炼油厂的原油供应。

1947 年初，美孚等开始准备有关中外联合调查团事宜。英伊公司也四处活动，准备加入联合调查团，借以进入中国石油市场，但遭到了美孚和亚细亚的强烈反对。美国公司的强烈反对使英国开始退缩。英国担心，在此"重要时刻"，英伊强行挤入中国会引起英美摩擦，进而影响美国对战后欧洲（包括英国）的援助。② 不过英伊公司在中国的活动客观上起到了促成甘青调查团早日成立的作用。③

1947 年 2 月，纽约美孚总公司与亚细亚确认组成联合调查团对甘青油矿进行调查。④ 5 月初，德士古重新加入调查团。7 月，中外联合调查团成行，开始在玉门至高台间进行地球物理勘探，历时 50 多天。在此期间，曾对青海柴达木盆地及玉门地区进行航空摄影，测量地形。⑤

1948 年初，调查结果显示没有大量油矿。1948 年 4 月美孚又代表三

① Meyer to Wong, December 20, 1946，中国石油公司档案，52－2－638。
② Anglo Iranian Oil Company：China Contracts, July 21, 1947, FO371/63393.
③ 《金开英致总经理函》（1947 年 3 月），中国石油公司档案，52－2－638。
④ Meyer to Wong, February 13, 1947，中国石油公司档案，52－2－638。
⑤ Bourne to Wong, May 20, 1947，中国石油公司档案，52－2－638；玉门油矿管理局史志编纂委员会编《玉门油矿史（1939—1949）》，第 191 页。

公司向翁文灏提出另一个建议：第一，由于在玉门老君庙一带没有发现大量可开采油矿，建议将勘探范围扩大到宁夏东南部、甘肃和陕西东部、四川、青海东部，特别是台湾地区；第二，另签订一个 60 年勘探和开采合同。合同内容有：①所有原油开采由三公司进行，中国政府享有净收益权；②允许以官价汇出汇入资金；③三公司知道在当前的矿业法下这个合同无法签订，希望在这个特殊时期可以修改矿业法以达成合同；④如果这个合同在此特定时期无法达成，三公司将有权撤出地质调查。① 这一次，美孚所提的条件又回到了原点，并且要求扩大勘探范围和修改矿业法，条件也更苛刻。

美孚认为在这个特殊的时期中国石油勘探只能依靠它们三公司，且在勘探中没有发现可开采的大量原油，中国政府强硬不起来。而这长达 60 年的合同如果在这个特殊时期为中国政府所接受，美孚将取得长期的中国石油开采权，这也就能长期将中国政府限制在石油市场之外。对此，翁文灏做出了强硬的回复，首先他认为三公司违反了 1945 年 12 月所达成的联合开发甘青油矿原则。其次，扩大勘探范围到四川、台湾等其他区域和签订 60 年勘探和开采合同是非常不合理的。他表示，如果三公司单方面取消已同意的 1945 年的协约，他将向中国政府报告。② 之后，虽然双方合作开发甘青油矿之门没有关闭，但随着国内政局的变化，事实上甘青项目也就至此为止了。

资委会想借美孚等三公司之力开发国内油矿资源未果，却产生了另外的副作用：中油炼油厂的布局和规模受到了限制。一方面事实上放弃了上海炼油厂项目，不再在沿海地区建新炼油厂。另一方面限制了中油主要炼油厂——高雄炼油厂的能力。本来，资委会为了阻止美孚染指高

---

① An Outline of the Proposals Submitted to Wong Wen-hao, April 25，1948，中国石油公司档案，52－2－638。

② Wong to Mitchell，May 8，1948，中国石油公司档案，52－2－638。

雄炼油厂，高雄炼油厂技术合作方选择了美国环球炼油公司（Universal Oil Products Company），原油的供应最初也选择了英伊公司。但是中油公司发现，即使美孚等勉强承认高雄炼油厂的存在，也很难摆脱美孚等三公司的影响。

其中一个问题就是对美援基金的使用。在中油与英伊公司签订原油合同后，中油又与德士古签订了另一个合同，由阿拉伯—美国石油公司（Arabian American Oil Company，中东主要的原油生产企业，美孚、德士古美国总公司与加州标准石油公司、新泽西标准石油公司的合营企业）为中油提供原油。因为中油很快意识到，由于自身外汇不足，必须利用美援，而要用美援基金，必须向美国石油公司购油。① 这样德士古和美孚得以通过阿拉伯—美国石油公司进入中油的原油供应系统。

到了 1948 年，美国国会批准援华法案后，中油想用美援基金支付原油款。美国政府曾明确表示，美国的援华基金不能用于购买原油等产品，这本身就是出于美孚等的压力而出台的限制性措施。现在想要动用美援，必须与美孚等公司商议。为了说服联合国经济合作署中国分署，中油请美国的帕森斯公司（The Ralph M. Parsons Company）对高雄炼油厂进行了工程和经济方面的全面调查。美孚出于掌握高雄炼油厂情况的考虑，加上美国国务院有意促成双方合作，遂同意参加。虽然帕森斯公司负责调查，但这个调查团的成员却是相关的利益方。在美国的调查团成员是资委会、中油、美孚、德士古、亚细亚、环球炼油公司和联合国经济合作署。在中国的调查团成员是中油、联合国经济合作署、联合国经济合作署中国分署、美援委员会、美孚、德士古和亚细亚。② 如果要使这次的调查结果能产生真正的影响，必须协调好参与各方的利益，其中最主要的

① 《纽约来电》（1946 年 6 月 26 日），中国石油有限公司档案，317－2241。
② Final Report Relative to the Taiwan Refinery of the China Petroleum Corporation，November 15，1948，中国石油公司档案，52－2－732。

是美孚等三公司与中油的利益。

在这个过程中，美孚又提出了中油的垄断和关税问题，但资委会表达了和美孚等公司合作的愿望，最重要的是中油同意将每月进口原油限制在 30000 长吨，并放弃其进口石油产品（润滑油和油脂除外）的配额，以"避免任何对主要油公司业务有害的影响"。① 这样，高雄炼油厂的产量就固定化了。在这种情况下，美孚也就达到了限制中油市场销售能力的目的。所以，尽管这次美孚提出了问题，却没有反对中油利用美援。

利益既已得到协调，结论就不难得出，并且产生实际的效果。在帕森斯公司的最后报告中称，经过对台湾高雄炼油厂原有员工、运输、炼制、销售和附加设施等进行全面调查后，认为高雄炼油厂每月最少需要 30000 长吨的原油。建议联合国经济合作署中国分署同意在援华项目中拨出特别资金用于购买每月 30000 长吨的原油。② 中国分署同意了这个建议。③

在掌握所有权的情况下，如何更好地利用外资开发矿产资源是一个新的问题。国民政府本打算以自己为主导，借美孚等三公司之力开发石油，重点是资源的开发，但美孚等三公司关心的是市场。在交涉中，美孚等表现出了强大的对中美政治关系进行施压的能力。美孚等三公司借助美国对华的影响力将中国政府原计划的资源开发导向了市场问题，并在现实中限制了中国的炼油厂布局和高雄炼油厂的生产能力。国民政府虽有所坚持，但面对美孚等三公司和美国国务院的共同压力及对美援的现实需要，不得不做出让步。

---

① Final Report Relative to the Taiwan Refinery of the China Petroleum Corporation，November 15，1948，中国石油公司档案，52 – 2 – 732。

② Final Report Relative to the Taiwan Refinery of the China Petroleum Corporation，November 15，1948，中国石油公司档案，52 – 2 – 732。

③ 美国国务院编，中国现代史料编辑委员会译编《美国与中国的关系——着重 1944 – 1949 年时期》下册，中国现代史料编辑委员会 1957 年翻印，第 1049 页。

第三节　石油进口管制与外资公司管理问题

1946 年 11 月 17 日，因外汇危机，国民政府颁行《修正进出口贸易暂行办法》，对进口商品实行全面许可证制。[①] 1947 年 8 月 17 日，国民政府又颁行《修正进出口贸易办法》。石油产品属于规定办法中的附表 2 所列的货品，适用贸易管制办法。概括起来，国民政府对石油产品输入的办法有以下几个要点。第一，石油产品的输入适用限额制度，但政府需要不在此限制内，可以专案购买。[②] 因此有普通配额和特别配额的分别。第二，配额总额由政府决定，再由一个分配委员会具体分给各进口商。第三，外汇直接由输入许可证决定。输入许可证上显示进口商能从中国的银行得到的外汇数量。[③] 没有许可证，就不能取得外汇，进口商也就无法进口石油产品。这是一种严厉的石油贸易管制手段。

为执行规定，国民政府设立输入临时管理委员会进行管理（该会之后又称为输入管理委员会），委员为最高经济委员会委员长及各部部长，央行总裁和善后救济总署署长。在输入临时管理委员会之下，又设立输入限额分配处，办理输入限额事宜。

不过，国民政府实行石油进口管制与美孚等三公司的交涉进一步暴露出对外资公司行政管理面临的困境。治外法权废除后，国民政府即有了对外资企业的法律和行政管辖权。但涉及具体实行，却碰到了困难。

国民政府石油管制遇到的第一个困境是，政府本想借重美孚等三公

---

① 张公权著，杨志信译《中国通货膨胀史（一九三七——一九四九年）》，文史资料出版社，1986，第 215 页。

② 中国第二历史档案馆编《中华民国史档案资料汇编》（第五辑第三编）（财政经济）（六），江苏古籍出版社，2000，第 551 页、553 页、564 页。

③ 中国第二历史档案馆编《中华民国史档案资料汇编》（第五辑第三编）（财政经济）（六），第 552 页、550 页。

司使石油管制顺利进行，反而被美孚等三公司利用牟利并在相当程度上掌控了中国石油公司的油品供应。国民政府认为，只要争取到控制中国石油供应的美孚等三公司的谅解和合作，石油限额输入就能顺利进行，所以国民政府竭力将美孚等三公司拉入油料分配委员会。在国民政府修订的《进口油料分配供应办法》第五条中规定："为便利分配限额内进口之汽油柴油予各用户起见，在输入临时管理委员会之下设置汽油分配委员会及柴油分配委员会。以输入限额分配处处长或其指定代表为主任委员，并由亚细亚、美孚、德士古及中国石油公司各推一人为委员。"① 这个油配会的功能复杂，不单是分配进口石油，它还涉及全国的石油需求和供应情况预测，协调限额分配等事项。② 美孚等三公司的加入使其在石油分配事务上拥有了发言权。

在得知国民政府实行配额进口石油的确切消息后。美孚等三公司自知无法阻止国民政府管制石油进口，遂把重点转到争取更多的石油配额上。美孚在致输入临时管理委员会下的石油管理委员会的函中表示，美孚在中国市场上拥有超过 50 年的支配地位。美孚的自身努力、资源、巨大的对华投资、长期和中国人共同协作及未来开发中国的计划，使美孚有资格要求享有一定的配额，这个配额是根据美孚多年努力而获得的正当的奖赏。③ 美孚的意思是进口配额分配时应考虑美孚公司的历史地位、能力等因素。这个思路为石油管理委员会所遵循。

经过与美孚等三公司的协商，输入临时管理委员会决定，根据三个因素决定配额数量：战前进口数量（占 30% 权重）；战后进口数量（占

---

① 《进口油料分配供应办法》（1947 年），中国石油公司档案，52 – 2 – 645。

② Report on the Demand and Supply of Petroleum Products in China（March，1948），中国第二历史档案馆藏，行政院输出入管理委员会档案，447 – 2958。

③ Meyer to Oil Allocations Committee of the Temporary Import Control Board，January 8，1947，中国第二历史档案馆藏，行政院输出入管理委员会档案，447 – 2 – 161。

30%权重）；储油能力（占40%权重）。① 配额主要取决于战前进口数量、战后进口数量和公司的储油能力。

表 5 – 1　四大公司战前及战后进口石油产品数量情况

	年份	汽油（加仑）	润滑脂（吨）	柴油和燃料油（吨）	润滑油（加仑）
美孚	1935/1937	20978836	1152.405	100868	4934480
	1946	45500838	1579.012	246748	6294737
德士古	1935/1937	13493468	1151.813	20360	3548746
	1946	38764496	1633.096	217747	8689039
亚细亚	1935/1937	24368869	164.601	261108	2713900
	1946	27881674	123.009	119875	1310694
中油	1946	5650000	359.000	9600	1924742

资料来源：Past importation for petroleum products of registered importers. A 组，Group of big Importers. 中国第二历史档案馆藏，447（2）–54。

说明：1935/1937 年是指 1935～1937 年这三年的平均数。

综合战前进口数量、战后进口数量、储油能力等因素，美孚等三公司在配额的计算上占尽优势。在实际执行中，石油管理委员会还会考虑其他因素，但这三个因素是最重要的，美孚等三家公司实际获得的配额是其战前地位的一种反映。中油公司相对于美孚等三公司而言，只是一个小伙伴。1946 年，中油汽油进口量仅为美孚等三公司的5.0%，柴油的1.6%，润滑油的11.8%。②

除了普通配额，还有专供政府需要的特别配额，由中央信托局或中油公司发出，经国民政府行政院批准，由进口油商公开竞标。特别配额也占消费量很大的一部分，1947 年度石油进口普通配额占64.63%，特别

① 《中国石油公司之炼制及营业情况》（1947 年），中国石油有限公司档案，317 – 1843。

② Past Importation for Petroleum Products of Registered Importers（Group of Big Importers），中国第二历史档案馆藏，行政院输出入管理委员会档案，447 – 2 – 54。

配额为 35.37%（其中军用占 30.81%，公用事业占 4.56%）。根据经合署中国分署统计，美孚约占有 1947 年度石油特别配额的 21%，德士古约为 31%，亚细亚约为 15%，中油仅为 6%。[1]

　　这种分配方式固定了各公司的石油进口地位，从而保证了美孚等三公司的利益。美孚等三公司不仅在石油进口配额中占有绝对优势，而且还为中油供应油品。根据中油 1946 年 11 月至 1947 年 12 月的购油统计记录，直接由美孚等三公司供油有 36 次之多，占总共 52 次的 69%。[2] 中油对美孚等三公司供油的依赖，中油自己也承认，"无论成品与原油均不免直接间接仰给各大公司"[3]。

　　第二个困境是，美孚等三公司试图施压改变国民政府的输入管制制度。本来国民政府通过"照顾"美孚等三公司进口配额、让美孚等三公司充任分配委员会成员等示好方式，使其达到取得美孚等三公司的谅解与合作以使石油管制顺利进行的目的。但石油进口管制毕竟对美孚等三公司的市场销售产生了影响，加上美孚等三公司一开始就反对管制。因此，当真正实施石油进口配额后，美孚等三公司以各种理由对输入管制提出修正要求。这对国民政府而言是个难题。

　　石油管制开始后，因运输安排、外汇分配和汇率固定等因素，造成了进口石油数量的减少。[4] 进口石油的减少很快就引发了一些问题。1947 年 5 月，民营航运业一度发生油荒。中油公司出面召集美孚、亚细亚、德士古三家公司商讨对策，最后一致认为，在目前供不应求的状况下，

---

① Report on the Demand and Supply of Petroleum Products in China（March，1948），Table Ⅹ，中国第二历史档案馆藏，行政院输出入管理委员会档案，447－2958。

② 《中国石油有限公司营业室工作旬报》（1946—1947 年），见张小欣《跨国公司与口岸社会：广州美孚、德士古石油公司研究（1900—1952）》，第 209～213 页。

③ 《新建上海炼油厂计划书》（1948 年 4 月），资源委员会甘肃油矿局上海炼油厂档案，上海市档案馆藏，Q41－1－142。

④ 《三公司致张嘉璈函》（1947 年 4 月 3 日，1947 年 9 月 16 日，1947 年 5 月 14 日），中国第二历史档案馆藏，行政院输出入管理委员会档案，447－158。

除请求政府考虑实际困难放宽限额，各大小石油进口商一致行动外，准备从 6 月起，按照各行业对经济发展的重要性做先后缓急的配售。① 其后又因石油税负增加和价格管制，石油公司的供货和销售极受影响。

面对石油供求的混乱局面，国内行业人士认为："每季附表（二）类货品限额制定后，以数额太少，不敷分配，如何符合各方需要，实至感困难。"于是各行业纷纷请示输出入管理委员会放宽限额及改善输入办法。②

与国内各行业请求改正石油管制不同，美孚等三公司以增结外汇为由直接对国民政府施加压力以改变石油输入制度。1947 年 5 月 14 日，美孚联合亚细亚和德士古致函中央银行，要求按油品到岸价格（CIF）增结25% 的外汇的额外费用，理由是出口到中国的油品费用增加了 25%。并表示，如果配额增加，这项负担就会减少。③ 美孚等三公司的要求关系到中国石油进口，中央银行不得不重视此事，双方就此事展开了交涉。

美孚认为，首先，美孚等三公司所销售的油料到岸价格并未包括油料生产、提炼、运销及分配过程中的手续、利息和折旧等项费用。其次，油料在运到目的地之前经过的各个环节，包括生产者投资、出口商加工、船舶公司运输等各部门都要获得一定的利润。所以根据以上两项，所有运到中国销售的油料在国外和各项支出需按到岸价格增结 25% 的外汇的额外费用。④

在提出要求不久，美孚等又于 1947 年 6 月 10 日致函输入临时管理委员会，在分析了世界范围内对石油需求空前增长和供应不足的情况后，

---

① 中油公司：《柴油供需情形》（1947 年 6 月 12 日），见中国第二历史档案馆选编《1946—1948 年石油制品进口》，《历史档案》1983 年第 4 期，第 75 页。

② 中国第二历史档案馆编《中华民国档案资料汇编》（第五辑第三编）（财政经济）（六），第 623～627 页。

③ The Three Oil Companies to Chang Kia-Ngau, May 14, 1947, 中国第二历史档案馆藏，行政院输出入管理委员会档案，447 – 158。

④ 《中央银行吴长赋呈文》（1947 年 5 月），中国第二历史档案馆藏，行政院输出入管理委员会档案，447 – 158。

"提醒"输入临时管理委员会（下文简称输管会），由于世界煤炭供应不足，各国对石油需求竞争激烈，愿意以较高的价格（到岸价格加上一定的利润）进口石油的国家比只按到岸价格进口石油的国家更受石油公司的欢迎。[①] 这是暗示输管会，如果不增结外汇，提高价格，石油公司有可能考虑更多地将石油出口到价高的国家。美孚知道中国缺乏外汇，所以在提出增结外汇的理由之初就表示，"考虑到中国严重的财政问题，现时暂不要求汇率方面的利益"[②]。7月7日，美孚又致函中央银行，在更详细列出要求增结外汇的理由后，特别向中央银行提出，可以通过两个方法减轻中国的外汇花费。第一，增结25%的到岸价格是根据现时官方配额定的，配额大量增加后负担则可减少。第二，修改当前营业额登记系统，根据一般商业习惯降低产品销售费用，以达到一个真实的到岸价格。[③] 这一点实质是要降低油品税负。

美孚在交涉增结外汇一事中，实际提出了两个问题：一个是到岸价格问题，另一个就是增加配额的问题。从最初1947年5月14日到7月7日的信函中，都提到了通过增加配额来降低外汇的负担。这是此事中美孚始终关注的问题。换句话说，就是想压迫输管会增加石油配额，改变输入制度。美孚致中央银行要求解决外汇问题，也有策略上的考虑，中央银行总裁张嘉璈同时是输管会的主席。美孚致函张嘉璈就是要其考虑外汇及输入制度的问题。

尽管美孚等提出了这样的要求，不过中央银行认定此案"系纯粹性质之结汇问题"。理由是："一、关于管理等费用，三公司所附油价表的

---

① The Three Oil Companies to the Board of the Temporary Regulation of Imports，June 10，1947，中国第二历史档案馆藏，行政院输出入管理委员会档案，447 – 158。

② The Three Oil Companies to Chang Kia-Ngau，May 14，1947，中国第二历史档案馆藏，行政院输出入管理委员会档案，447 – 158。

③ The Three Oil Companies to Chang Kia-Ngau，July 7，1947，中国第二历史档案馆藏，行政院输出入管理委员会档案，447 – 158。

海岸总成本（Prime Cost at the Gulf）一项，并不能证明确未包括此类费用；二、关于消耗材料及各项外汇材料之申请情形，分别按照输入条例，予以核结；三、关于固定资产之折旧，凡属在中国补充者，当无结汇之理由；四、关于厂栈及货品之保险费，如该各费系外汇性质者，可随时向非进口外汇审核处申请之；五、关于在途之损失，及延期起岸罚款，似难估计其确数。"所以，"似未便照准"①。从中央银行拒绝的理由看，中央银行并非完全漠视美孚所提的关于输入管制的问题，也不是不知道由此可能带来的后果，却以"政府外汇头寸拮据为理由"拒绝，认定为纯粹的外汇问题。这是因为中央银行，包括输管会本身都无法解决油品配额的增加和改变输入管制的问题，这与当时国民政府的财政情况及政治需要联系在一起。但是，美孚等三公司的行动给了中央银行、输管会等机构相当的压力。

第三个困境是，三公司对小石油进口商的排挤直接损害了国民政府的声誉。国民政府在实行石油限额输入制度时，将中外各种小进口商也包括在内。这些小进口商得到的配额数量并不少，比如1947年第三季度，输管会给予了小进口商该季度总数17%的配额。② 美孚等三公司对此甚为不满，主要原因是小进口商自行从国外进口油品，冲击了美孚等三公司的销售市场和价格体系。有时小进口商以低价进口劣质油品，以低于美孚等三公司的价格出售，而美孚等三公司价格不能随便变动，销售大受影响。有时小油商又囤积油品，待涨价时再行销售，从中渔利。美孚等三公司对此往往束手无策。

由于美孚等的反对，当年4月小进口商所得到的配额已大为减少。

---

① 《交下美孚等三公司函以请准予照起岸价格增结外汇百分之二五之额外费用等由谨将该案之经过情形呈报并签注意见敬祈仍由业务局正式签复由》，中国第二历史档案馆藏，行政院输出入管理委员会档案，447–158。

② The Three Oil Companies to Chang Kia-Ngau, September 16, 1947, 中国第二历史档案馆藏，行政院输出入管理委员会档案，447–158。

第五、六季度（1948 年 2 月至 7 月）① 石油配额有 1433 万美元，小油商获得的配额为 90.8 万美元，约为总额 1433 万美元的 6%。就是这些配额也不能按时拨给各小进口商。而美孚等三公司早已取得了输管会的批准，对市场上急需的石油产品，可以先给予结汇用于进口石油，等将来限额分配后再予以扣除。因此，输管会担心，如果再不按时拨给小进口商外汇，"于本会一年来所苦心树立之信誉亦必有大损害，更使本处对外无词以对"②。

1948 年 4 月，美国国会批准 1948 年援华法案，由联合国经济合作署（下文简称经合署）负责美援计划。经合署原则上同意将小石油公司列入美援石油分配计划。中国中央银行担心美孚等会影响美援，因为当时美国经济合作署石油局正局长是纽约美孚的高级经理，副局长是印第安纳标准石油公司的高级经理。③ 这种影响是中央银行无法忽略的。所以中央银行致函输管会输入限额分配处，称"查美援业已成立，其中分配石油产品金额计美金 5000 万元，为尽量利用美援以搏节油料外汇支出起见"，要求该处以后暂缓核发给各小进口商所申请的油料进口许可证。④

同时，经合署虽然在原则上同意小石油公司列入美援石油分配计划，但规定小石油公司所购买的石油产品的到岸价格不得高于有储油设备的大石油公司的价格。这实际是进一步压缩了小石油进口商的空间。因为小石油进口商要么没有储油设备，要么数量很少。不少小石油进口商进口的油品是用箱或罐装的，价格比散装的要贵。对第二季度的美援油料

---

① 这种季度的界定是当时输管会定的。

② 《沈奏廷函》（1948 年 4 月 27 日），中国第二历史档案馆藏，行政院输出入管理委员会档案，447－2－46。

③ 江红：《为石油而战——美国石油霸权的历史透视》，东方出版社，2002，第 224 页。美孚公司与经合署的关系见该书的第 220～224 页。

④ 《中央银行业务局密电》（1948 年 7 月 9 日），中国第二历史档案馆藏，行政院输出入管理委员会档案，447－2－46。

配额，各大石油公司早已瓜分完毕。所以输管会认为，尽管经合署同意石油小进口商进入美援计划，但如果小进口商要参加第二季度的美援油料计划，则要对各配额进行重新修正分配，"费时甚多，影响整个美援油料计划，决定对小公司的申请稍缓发放"。在第三期和第四期的美援石油配额中，石油小进口商终于得以加入，但输管会又规定，石油小进口商所得的配额油量由各大石油公司从其进口的石油中予以转让，石油小进口商不得直接由国外进口。① 至此，石油进口已完全掌握在四大石油公司手中。

　　不久，美孚等三公司又致函输管会称，因为各石油小进口商最近领到的进口许可签证有效期限为 7 个月，他们很多都不及时提购自己所得到的转让油料，而是继续存放于大石油公司手中。美孚等三公司认为这不利于这些油料的迅速分配以供应各行业的急需，所以提请输管会将各石油小进口商的许可证有效期限缩短。输管会同意了这个要求。②

　　美孚等利用增结外汇来增加石油配额并不成功，但利用美援提供的机会对石油小进口商的进口价格干预，降低其份额直至最后将进口商纳入美孚等三大公司的供应数额之中却做到了。

　　从石油进口管制与美孚等三公司的交涉看，国民政府对外资公司的管理很困难。国民政府想利用美孚等三公司以达到控制石油进口的目的，而美孚等三公司用实力和美援作为筹码来获利，并不时反对国民政府的政策，排挤石油小进口商，给国民政府带来了负面影响，增加了国民政府行政上的困难和损伤了政府声誉。不得不说，在美国政商的双重压力下，国民政府对战后国际石油公司的管理仍难按自己的意愿进行。

---

① 《输出入管理委员会函》（1948 年 7 月 22 日），中国第二历史档案馆藏，行政院输出入管理委员会档案，447 - 2 - 46。

② 《输出入管理委员会函》（1949 年 4 月 14 日），中国第二历史档案馆藏，行政院输出入管理委员会档案，447 - 2 - 46。

从近代中国历史进程看，战后是中国全面恢复主权、实现政治和经济自主的良机。另外，近代不平等条约体系的崩溃使所有在华外资企业都面临着重新建构、调适与中国关系的问题。成立中油公司、引导外企开发石油资源和加强外资石油公司的管理等一系列事件是国民政府实现经济自主的重要实践。与此相对，维护甚至扩大在华利益则是美孚等外资公司在战后中国的必然选择。因此，战后国民政府自主发展和管理石油事务的举措与美孚等三公司的交涉可看作在此背景下中外政商关系的一个例子。

战前，美孚等从经销处的设立，处理税务、销售、商标问题到建设油栈、码头，获得内河航运权和土地等，均受惠于近代不平等条约体系。美孚等在不平等条约体系的保护下，开拓了中国石油市场，设立了覆盖中国的营销网络，最终确立了美孚等三公司在华石油市场的垄断地位和石油工业的巨大影响力。战后，国民政府不但设立了大型国营中国石油公司，而且成了石油资源的控制者，理论上的外企管理者。这是中国政治独立后的必然结果，也是美孚等外资公司不得不面对的新环境。这使得美孚等外资公司不得不从受不平等条约体系保护的垄断者向维护、扩大市场的优势者角色转化。美孚等三公司一方面反对国营中油公司设立、修复炼油厂和管制石油进口（虽然它们并不能阻止国民政府的这些行动）以维护其利益。另一方面，尽管有各种考虑，美孚等三公司还是参与了甘青石油资源的开发以及与中油、输管委等机构进行了合作。这反映出美孚等三公司在失去不平等条约保护和垄断地位后的一种转变。值得注意的是，国民政府在与美孚等三公司交涉的过程中，与战前美孚等三公司习惯于利用不平等条约和外交压力相比，战后美孚等三公司与国民政府直接打交道已成为常态，且层次越来越高，竟一度成为国民政府油品分配委员会委员。这是近代国际石油公司入华以来，首次参与中国政府对石油事务的管理。美孚等与中国政府的关系达到了前所未有的紧密程度。这表现出战后美孚等三公司转变策略中复杂的一面。

国民政府设立国营石油公司发展石油工业，尝试引导外资公司开发石油资源，加强外企管理等一系列动作固然直接触及美孚等三公司的利益而被其反对，但更应注意到美孚等三公司的母国——美国和英国，尤其是美国的反应。美孚是美国在华最大企业和在华利益的标志之一。美孚等三公司碰到的问题，美国国务院将之视为不平等条约体系结束后中国对外经济政策变化的反映。国民政府以成立国营企业形式发展石油工业，既与美国战后提倡的自由贸易和发展私营经济有严重分歧，又打破了美孚等三公司原有的垄断利益链条。再加上战后美国政府想借助石油公司实现其对华政策的意图，这几点使美国政府对国民政府与美孚等三公司的交涉施加了极大的压力，形成了美国企业和政府组合起来的压力集团。在这个压力集团的压力下，国民政府固然可以通过国营企业的形式发展石油工业，但在引导外资公司进行石油资源开发，并尝试管理外资企业方面在事实上并没有做到。从经济自主的角度看，国民政府争取、实现经济自主的行动实际上受到了束缚。对中国而言，全面的经济自主仍是一个未解决的问题。

第六章

美孚与新中国政府

　　1948 年 11 月，中国共产党解放了东北。1949 年，共产党领导的军队彻底击溃了国民党部队主力，10 月，中华人民共和国成立。中国政权的更替对美孚的影响虽然也有，却是有限的。美孚在华已超过 70 年，经历了多次政权更替，业务仍不断推进。但在 1949～1950 年，美孚卷入了复杂的中国共产党与美国、国民党与美国、中国共产党与朝鲜、美国与朝鲜的关系中，美孚的业务带上了浓厚的政治色彩。要理解美孚与中华人民共和国政权的关系和美孚在华的命运，从冷战考虑并不是唯一的角度，最起码不是美孚选择的角度。这一问题的关键点在于美孚自身的转变。

　　二战期间，美孚与美国政府的关系因战争而变得密切。美国政府、国务院对石油在军事和政治上的意义认识得更为深刻。在战时和战后，美国政府逐渐形成了一个综合的对外石油政策，以此实现美国的全球政治目标。这个时期的美孚与美国政府的关系已与洛克菲勒时代有很大的不同。在寻找石油资源和市场上，美孚与美国政府联系紧密，互相配合。这是美孚的重大转变。了解美孚的转变是理解美孚与中国共产党政权关系的起点。

第一节　美孚的重大转变

促使美孚经营战略发生重大转变的主要因素是美国政府的追求和美孚自身对石油资源及市场的考虑。第二次世界大战期间，美国是同盟国石油的主要提供者。1941年12月到1945年8月，同盟国消耗的70亿桶石油中有60亿桶来自美国。[1] 战争消耗了美国国内的石油资源。1942年，战争石油署和石油工业战争委员会（这是战时美国政府和民间负责石油供应的主要组织）发出警告，世界大战对美国石油的生产需求增长率超过了勘探增长率，这种趋势将使美国失去石油的自给能力。[2] 在战时供应和美国石油安全的压力下，美国政府开始寻找确保供应充足的石油政策。

1943年6月30日，美国政府成立石油储备公司（the Petroleum Reserves Corporation），以便能够在紧急时期购买外国石油。这个计划的重点是美国政府在海外购买石油特许权，主要是沙特阿拉伯石油特许权。这个以政府形式获取石油特许权，占有石油资源的计划被美国朝野反对，尤其是美国主要石油公司和英国石油公司强烈反对。整个美国石油界都坚决反对美国政府直接经营中东的石油业务。[3] 1943年，美国政府不得不放弃此计划。

不久，美国政府又想出另一个计划。1944年2月，石油储备公司宣布与阿美石油公司[4]达成协议，将由美国政府出资，通过石油储备公司修

---

① 江红：《为石油而战——美国石油霸权的历史透视》，东方出版社，2002，第142页。
② 赵庆寺：《试论美国对外石油政策的形成（1941-1954）》，《史林》2010年第6期，第162页。
③ Edward W. Chester, *United States Oil Policy and Diplomacy*, *A Twentieth-Century Overview*, Greenwood Press, 1983, pp. 19-20.
④ 该公司由加利福尼亚标准石油公司为开发沙特石油设立，创办于1933年。开始时称加利福尼亚-阿拉伯标准石油公司，1936年改组为加利福尼亚-德克萨斯石油公司，1944年改称阿拉伯-美国石油公司（the Arabian-American Oil Company，简称阿美石油公司，Aramco）。该公司是由美国资本控制沙特石油资源开采的垄断组织。

建一条连接沙特和科威特油田直通地中海的阿拉伯输油管道，总投资约
1.3 亿～1.65 亿美元，所有权归美国政府。阿美公司为军方建立 10 亿桶
的战略石油储备，并且美国政府在战争和紧急时期有购买公司所产石油
的优先权。这个计划同样为美国石油界反对，他们反对政府直接参与石
油工业，也担心中东廉价石油涌入美国冲击开采业。1944 年 3 月，石油
工业战争委员会决议取消石油储备公司的阿拉伯输油管计划。几次尝试
都失败后，美国政府直接控制石油供应的计划被终止。但在此过程中，
美国政府逐渐认识到了中东石油在未来世界石油格局中的战略地位，① 因
而开始了和英国争夺对沙特石油的权益。

　　虽然 20 世纪 30 年代美国石油公司控制的阿美公司垄断了沙特的石油
资源开采权，但沙特的政治、经济和军事由英国主宰，美国甚至和沙特
没有外交关系。早在 1941 年，阿美公司即向罗斯福总统求助，希望通过
美国政府出面援助财政困难的沙特政府以抵制英国在沙特对阿美公司的
"威胁"。之前战争石油署署长也曾向罗斯福提出过要援助沙特以保证美
国石油利益。1943 年初，阿美公司的实际控制人加利福尼亚标准公司和
德士古公司向战争石油署投诉英国正破坏美国石油公司在沙特的利益。
随后，加利福尼亚标准、德士古公司负责人和美国国务卿、战争部长、
海军部长、陆军部长、战争石油署署长等高级官员举行一系列联席会议，
最后一致认为美国必须采取行动保卫美国在沙特的石油利益。之后，这
个意见的备忘录被送到罗斯福手中，罗斯福认可这个意见，遂于 1943 年
2 月宣布给予沙特援助。此外，美国政府还在沙特正式建立了军事基地。②
这是美国争夺沙特的重要步骤。

　　美国的动作引起了英国的反应。1944 年，美国政府的阿拉伯输油管

---

① 赵庆寺：《试论美国对外石油政策的形成（1941－1954）》，《史林》2010 年第 6 期，第
　163 页。
② 江红：《为石油而战——美国石油霸权的历史透视》，第 155～157 页。

道计划公布后，英国马上要求美国不能损害英国在中东的利益。接下来的英美两国政府的谈判中，美国取得了优势，并一度促成了美英政府主导的中东石油"卡塔尔"协议的形成。这个协议同样被美国石油界和舆论反对，反对的焦点是全球性政府石油"卡塔尔"的出现和政府对国外石油生产的垄断。但这个协议显示了美英在争夺沙特石油的较量中，美国取代英国确立了它对沙特的控制地位。①

美国取得了沙特石油开采权后，怎样开发马上就成了一个大问题。阿美公司中实力较弱的加利福尼亚标准到 1946 年已投入了 8000 万美元，后续还需要几千万美元的投入。此外，为了进入欧洲，阿美公司计划铺设一条从波斯湾到地中海的输油管（与美国政府的阿拉伯输油管方案相同），建设费用超过 1 亿美元。开发这一项目需要巨额资金，美国政府参与又被反对。还有一个更现实的挑战是，即使沙特石油到了欧洲也无法进入欧洲市场，因为欧洲市场被美孚和新泽西标准控制。而如果不能大规模开发石油，保证沙特政府拥有相当规模的收入，沙特政府将有可能收回特许开采权。② 这意味着美国在沙特石油权益的丧失。美国国务院虽然可以解决中东地缘政治问题，却无法解决沙特石油开发的现实经济和政治风险。

阿美公司需要资金和解决市场问题，可能的做法是将阿美公司组成一个更大的合营企业，以分散风险和解决无法进入欧洲市场的问题。沙特国王阿萨特为了抵制英国在沙特的影响，表示阿美公司如增加合伙人，必须保证百分之百是美国的。同时，美国国务院为保证沙特为美国所掌握，也鼓励阿美公司增加有财力和市场渠道的美国石油公司。实际上符合条件的公司只有两家，新泽西标准石油公司和美孚石油公司。这两家

---

① 江红：《为石油而战——美国石油霸权的历史透视》，第 160~162 页。
② 〔美〕丹尼尔·耶金：《石油风云》，东方编译所、上海市政协翻译组编译，上海译文出版社，1997，第 499~500 页。

公司是标准系统最大的公司，不但财力雄厚，而且控制了欧洲市场，其在远东的业务也很大。[①]

沙特的石油对新泽西和美孚虽然是巨大的机会，但这两家公司要加入阿美公司却面临着巨大的障碍。因为它们都是伊拉克石油公司的股东，受 1928 年《红线协定》约束。[②] 新泽西和美孚加入开采处于红线范围内的沙特石油将违反《红线协定》第 10 条款。这个协定的背后是美、英、法在中东的较量。为了加入阿美公司，新泽西和美孚想了一个借口以摆脱《红线协定》的约束，英伊和壳牌愿意协商，但法国和商人古尔金反应激烈。[③]

除了法国和古尔金要将新泽西和美孚诉至法院的麻烦外，这两家公司还有一个难题，新泽西和美孚一起加入阿美公司会违反美国的反垄断法。因为新泽西、美孚、加利福尼亚标准三者都是从原来的标准托拉斯分出来的，而且新泽西和美孚是最大的两家。无论是政治还是法律问题都不是新泽西和美孚能解决的。

这时美国政府出手了。美国政府与法国进行了法国所需要的政治妥协，并在商业上增强了法国在伊拉克石油公司的地位。作为交换，法国国家石油公司将诉讼撤回。在法律上，新泽西等四家公司从美国司法部长那里得到保证，新泽西等四家美国公司组成新的阿美公司对美国是好事，"在法律上并无异议"。[④] 这样，在美国政府帮助解决政治和法律问题

---

① 〔美〕丹尼尔·耶金：《石油风云》，东方编译所、上海市政协翻译组编译，第 499～502 页。

② 1928 年的《红线协定》是美英石油企业为瓜分中东石油资源达成的第一个协议，是美国石油公司打破英、法势力涉足中东石油资源的重要一步。协议方有新泽西、美孚、壳牌、英伊、法国国家石油公司五家和古尔金（此人为伊拉克石油公司创始人），协议划定了四国五家公司的共同开采范围，即埃及以东，波斯以西除科威特之外的全部海湾国家。这个范围被圈了一条红线，沙特就位于红线的范围内。

③ 〔美〕丹尼尔·耶金：《石油风云》，东方编译所、上海市政协翻译组编译，第 503～504 页。

④ 〔美〕丹尼尔·耶金：《石油风云》，东方编译所、上海市政协翻译组编译，第 507～508 页。

后，新泽西等四家公司又经过与古尔金的谈判，1947 年 3 月新泽西和美孚加入阿美。1948 年 12 月，新的阿美公司合同正式生效，公司的股东从两家变成四家。股权分配比例为加利福尼亚标准占 30%，德士古占 30%，新泽西占 30%，美孚占 10%。1949 年 11 月，贯穿沙特经叙利亚直达地中海港口的输油管由阿美公司建成使用，中东石油已具备了源源不断地进入欧洲的条件。① 对美国政府而言，虽然政府未能直接控制石油资源，但通过美国石油公司排挤了英国在中东的势力，掌握了沙特乃至中东石油开采的主导权。随着世界石油生产重心转移到中东，美国实际掌握了世界石油的中心。这不但为美国的石油安全提供了保证，而且为其在全球竞争提供了有力手段，成为战后美国构建全球霸权的重要基础。

单拥有源源不断的廉价的沙特石油是不够的，要使石油权力机制运转并发挥效用还需要市场的配合。产品和市场结合才能使石油权力机制产生作用。国务院给美孚等中东石油找到的市场是欧洲。在战后援助欧洲的马歇尔计划中，石油是计划中的重要组成部分。从 1948 年 4 月到 1952 年 4 月，美国政府通过马歇尔计划向欧洲提供的 131 亿美元贷款中，用于购买美国石油公司石油的资金就占了 1/10，超过 13 亿美元。这些石油都是产自中东。美孚等公司因而大发其财。②

美国石油公司大量向欧洲输入石油改变了欧洲的能源结构。战前欧洲能源结构的主体是煤炭，占 90% 以上。战后的西欧煤炭产能下降严重，能源供应紧张。当时援助欧洲的马歇尔计划规定可用美国贷款购买美国石油公司的石油。很快，欧洲从中东进口石油的比例就从 1947 年的 43% 提高到 1948 年的 66%，1950 年则达到 85%。欧洲对美国控制的中东石油能源依赖可见一斑。巨量石油涌入欧洲改变了欧洲煤炭的地位。1950 年，煤炭在欧洲能源中占比为 85%，到 1965 年下降到 47%，石油占比则

---

① 江红：《为石油而战——美国石油霸权的历史透视》，第 163~164 页。
② 江红：《为石油而战——美国石油霸权的历史透视》，第 222 页。

上升到了 51%。美国政府通过"鼓励"美国石油公司扩张欧洲业务，改变了欧洲能源结构，使欧洲的能源依赖美国，从而使美国能够控制、遏制欧洲，实现其争霸全球的目标。① 至此，美国政府构建了一个比原来仅仅保障美国石油安全而更广泛的体系，这个体系由美国政府、石油公司和石油生产国构成，它不单是为了保障石油安全，还是美国政府扩张和称霸世界的有力武器。

美国在战时和战后寻求的一个综合的对外石油政策的过程实际伴随着美国势力在中东和欧洲的扩张。虽然美国石油业与美国政府吵吵闹闹，但在美国政府与国际石油公司，主要是标准系的互相配合下，美国政商合力控制了中东石油，形成一个新的世界石油中心。美国政府直接利用马歇尔计划为美国石油公司扩展了欧洲的市场。美国政府以石油为手段达到政治目的。这样，战后美国政府与国际石油公司的政商合作的机制形成。对美孚而言，掌握石油资源和市场是永恒的主题。美国政府既然能帮助美孚获取沙特石油并且找到市场，美孚自然愿意配合美国政府，这才是战后的大生意——中东石油和随着美国势力扩张而直接扩大的市场。美国政府与标准系的石油公司（美孚是主角之一）在这一阶段是一种紧密的合作关系，至少之前美国政府从未直接提供过市场。战后的美孚与美国的扩张紧紧绑在一起是这一时期美孚与美国政府关系的特点。正因为如此，美孚发生了重大的转变，一是美孚与政治的关系更紧密了。"与政治保持距离"虽仍是美孚的理念之一，但实际上在这一时期其表现出更愿意与美国政府合作，或者说美孚更愿意利用战后美国的扩张获利。二是美孚既然愿意与美国政府配合以谋求其在全球的利益，美孚在华业务在相当程度上就将从属于这个目标。在美孚这个石油巨头眼里，石油资源和市场远比冷战重要。在这种背景下，美孚在中国表现出一种对美

---

① 江红：《为石油而战——美国石油霸权的历史透视》，第 220～222 页。

国国务院政策的"支持"。

第二节　美孚与中国共产党最初的接触

在中国共产党解放了东北和华北以后，如何处理这些地区的业务成了美孚迫切要解决的问题。在华北，美孚拥有庞大的销售组织和管理人员（包括外籍员工）。中国共产党在控制这些地区后，由于军事和经济的需要，对石油产品也有一定程度的需求。这就使美孚开始了与中国共产党的直接接触。

一　美孚继续供油

1949 年 3 月左右，中国共产党计划向美孚、德士古和亚细亚三家石油公司购买一批煤油和汽油。这批石油产品在香港交易，然后运往北方。由于当时美国政府对石油运到中国共产党领导的区域的政策不明朗，亚细亚和德士古"保守"地拒绝了中国共产党的购买要求。与德士古和亚细亚不同，美孚接受了这笔生意，并继续从香港向北方的中国共产党领导的区域运入石油。美孚的态度对亚细亚造成了压力。不久，亚细亚也决定继续供油。面对这种情况，德士古一边暂时坚持不向中国共产党领导的北方省份输入石油，一边要求美国国务院明确向中国共产党领导的区域运送石油的态度。[①]

在德士古和美国国务院犹豫不决之际，苏联石油大量涌入东北。据德士古和亚细亚各自统计确认，1949 年 2 月，苏联向东北出口了 12 辆油罐车（360 吨）的汽油。3 月，运量达到了 120 辆油罐车（3600 吨）。这样，苏联在两个月之内就向东北出口了近 4000 吨的汽油。这些汽油全部

---

① "The secretary of State to the Consul General at Shanghai（Cabot），April 1，1949"，FRUS，1949，Vol. Ⅸ，pp. 1002 - 1003.

从哈尔滨用火车运到了东北野战军手中。德士古和亚细亚还注意到，国民党建立的中国石油公司在天津塘沽附近的设施成了东北野战军后勤保障的一部分。①

　　鉴于苏联石油不断输入东北的情况，加上考虑到自己在华北的投资和中国潜在的市场，美孚在1949年初持反对完全切断对中国共产党领导区域的石油供应的态度。另一个实际情况是，如果只是对一部分地区实施石油输入控制，石油将会从其他不受控制的地区流入受控制的地区，最后使控制的收效甚微。美孚的观点也被德士古和亚细亚所认可。总之，美孚等认为美国政府如对石油贸易进行干涉要小心行事。因此，1949年初美孚等三公司与国务院讨论关于中国共产党领导区域的石油供应问题时，一致反对美国政府对与中国共产党石油贸易密切相关的香港进行干预。理由是石油在香港交易有便利性的特点以及可以避免引发美国公众对石油输入中国共产党领导区域的过度反应。此外，由于香港对中国共产党取得石油极为重要，香港石油贸易受到阻止将被中国共产党认为是美国实行禁运。这也可能给苏联增加石油进口提供机会，并有可能促使中苏石油贸易公司之类的组织建立，进而使苏联对共产党领导区域的石油市场形成垄断。②

　　基于以上考虑，美孚等三公司对共产党领导区域的石油贸易，特别是经由香港的石油贸易继续进行。1949年4月，有15万桶汽油从香港运到华北，其中大部分就来自美孚等三公司的香港公司。③ 美孚等三公司维持对共产党领导区域的石油供应使得华北地区的石油储量达到了一定的水

---

① "The Consul General at Tientsin（Smyth）to the secretary of State, April 4, 1949", FRUS, 1949, Vol. IX, pp. 1003－1004.

② "The Consul General at Shanghai（Cabot）to the secretary of State, April 18, 1949", FRUS, 1949, Vol. IX, pp. 1007－1008.

③ "The Consul General at Shanghai（Cabot）to the secretary of State, April 22, 1949", FRUS, 1949, Vol. IX, pp. 1007－1008.

平。表 6 - 1 列出了天津、北平和塘沽的美孚等三公司的石油储量情况。

表 6 - 1　美孚等三公司在天津、北平和塘沽的石油储量（约 1949 年 4 月）

类别	汽油 （美加仑）	煤油 （美加仑）	航空汽油 （美加仑）	航空润滑油 （美加仑）	柴油 （公吨）	商用润滑油 （美加仑）
美孚	284000	495000	11590	27280	1090	216470
亚细亚	141000	103960	221380	460	1060	125400
德士古	1028800	10630	11500	23820	980	508940
总计①	1454800	609590	348470	51560	3130	880810

资料来源："The Consul General at Tientsin（Smyth）to the secretary of State，April 29，1949"，FRUS，1949，Vol. Ⅸ，pp. 1010 - 1011.

①总计这一栏中的航空汽油和商用润滑油数额疑误，但原文如此，不做修改。

　　粗略估计，1948 年华北每月消耗煤油量约为 33 万加仑，美孚等三公司的煤油储量约可供应两个月。1948 年华北每月汽油消耗量约为 55 万加仑，美孚等三公司的储量只能提供约 3 个月的使用量。但要说明的是，美孚等三公司储油量不仅与平时的需求量有关，还与在当时中共手中的外汇数量有关。由于担心中共的资金及外汇状况，美孚等三公司表示，在外汇问题得以解决前不会再输入石油到华北地区。①

　　尽管美孚等三公司在华北的储油处于相对低的水平，但美孚等三公司可以随时从香港运入，也可以通过在香港出售给第三方的方式将石油输入华北，这事实上保持了一定的石油供应。而且，当时美孚等三公司在共产党领导区域的石油交易考虑最多的是外汇问题，而不是其他。这说明了美孚，当然也是亚细亚和德士古的态度。虽然当前政治情况和美国国务院的政策未明朗，但继续为中国共产党控制的华北供油。美孚并不排斥与中国共产党的石油交易。

―――――――

　　①　"The Consul General at Tientsin（Smyth）to the secretary of State，April 29，1949"，FRUS，1949，Vol. Ⅸ，pp. 1010 - 1011.

　　1949 年 4 月，人民解放军解放南京。在占领南京后，即 1949 年 5 月 7 日，中共外事办（the Affairs Office）在第一时间与美孚等三公司的三名南京代表就双方合作和中国共产党对石油公司的政策进行了交谈。中国共产党的代表是中共领导人之一陈毅，这足见共产党对石油公司的重视。陈毅向美孚等三公司代表表示，政府希望石油公司能继续正常营业，并承诺保护公司的财产安全。会谈气氛被认为是"真诚的"。美孚和德士古的代表都表示公司会继续照常营业。亚细亚的代表因对会谈前一星期解放军扣押了其一批油桶而颇有些意见。起因是中国共产党的军管会曾发布命令，在接管时期，未经许可不能随意转移货物。一些解放军士兵见亚细亚没有军管会的书面许可而搬动油桶，遂扣留了亚细亚的这批油桶。不过这件事情在反映后，油桶很快就还给了亚细亚。①

　　在会谈中，德士古代表表现较为活跃。他向中国共产党的代表表示，在共产党占领南京之初，德士古南京公司的存油已经很低。不过他保证，只要军事形势许可，德士古会尽快安排石油输入。这次接触美孚等三公司代表对中国共产党的印象是正面的，起码不反感。② 在这次会谈中，美孚等三公司亦得到了中国共产党的对三公司政策的明确信号，石油公司可以继续营业，中国共产党的也需要石油公司继续进行营业。

　　总体上，中国共产党在与外国公司，特别是石油公司的最初接触中保持了一种谨慎而友好的态度。1949 年 5 月，中国共产党的部队与国民党军在上海交战时，上海电力公司一侧有一艘载有 400 吨爆炸物的船。这些爆炸物如果发生爆炸，在上海电力公司附近的亚细亚和中国石油公司将有可能完全被毁。由于战斗正在进行，爆炸物随时可能发生爆炸，使

---

①　"The Ambassador in China（Stuart）to the secretary of State，May 11，1949"，FRUS，1949，Vol. IX，pp. 1012－1013.

②　"The Ambassador in China（Stuart）to the secretary of State，May 11，1949"，FRUS，1949，Vol. IX，pp. 1012－1013.

亚细亚处于非常危险的境地。美国驻上海总领事将此事通过电话告诉公安局长，局长马上通知共产党军方。20分钟后，德士古向总领事报告，这艘危险的船正被共产党士兵拖离这个区域。这件事给美国领事和上海外国公司留下了深刻的印象，他们认为，共产党对外国人的要求表示出了极大的关注。在与中国共产党普通士兵的接触中，美国人也感到这些士兵是友好的。①

在这种氛围下，美孚继续向华北供油。1949年6月8日，美孚向一家公司提供了3309桶汽油，然后由这家公司装上另由亚细亚提供的2981桶汽油驶往天津。② 这实际上是共产党—商人—美孚三方贸易。美孚的这种安排，一是可以保持对华北的供油，二是可以让中间商人解决与共产党的外汇问题。

在涉及政治立场问题的生意时，美孚亦小心采取措施以避免中国共产党对其产生反感。1949年6月左右，国民政府准备向各石油公司订购6万桶航空汽油供应台湾。对这笔生意，美孚和德士古等美国公司表示不参与投标。美孚主要是考虑到，接受国民党政府的大笔生意极有可能被中国共产党认为是支持国民党，进而变成中国共产党的敌人。在现在中国共产党表现出友好态度的情况下，"支持国民党"是不明智的。美孚的这种态度，动摇了英国政府石油部支持英国或加拿大石油公司拿下订单的信心。③

各地美孚分公司与中国共产党的直接对话时间是不同的，华北地区的经理们在1949年初就正式与中国共产党做生意了。而在华南，直到1949年11月梧州公司才与中国共产党接触。

---

① "The Consul General at Shanghai（Cabot）to the secretary of State，May 26，1949"，FRUS，1949，Vol. Ⅷ，pp. 1156－1157.

② "The Consul General at Hongkong（Hopper）to the secretary of State，June 8，1949"，FRUS，1949，Vol. Ⅸ，p. 1014.

③ "Memorandum，June 24，1949"，FRUS，1949，Vol. Ⅸ，pp. 1015－1016.

　　1949 年 11 月 25 日，中国人民解放军进入梧州市。在解放梧州市的过程中，美孚受到的伤害是 11 月 29 日国民党飞机轰炸梧州水面船只时，美孚的散装罐厂和货栈管理员的住所被流弹击中，但损伤微乎其微。在解放军进入梧州市的同一天，即 11 月 25 日，解放军也解放了柳州市，美孚在柳州的货仓、设备和人员均安然无恙。①

　　不过，接下来发生了美孚柳州公司存货被封一事。1949 年 12 月 9 日，美孚柳州公司货栈大门和里面桶装汽油被解放军贴上了封条，上面写着"此地物资不准翻动"字样。同时，解放军在门口安排了两个卫兵。美孚柳州公司也留了职员看守这些汽油。美孚柳州公司负责人对此颇为紧张，找到部队有关人员了解情况。美孚柳州公司负责人向解放军部队一位军官说明，这些货物属于美孚石油公司的，这是一家美国的商业公司。这位负责人还告知部队的军官，这些货栈里面的存油，除了小部分是中央航空公司的外，大部分是美孚和亚细亚的。柳州公司负责人强调，这里没有属于国民党的军用物资。这位军官听后表示解放军贴封条的主要原因是为了保护公司的存货以防被破坏和偷盗。军官进一步解释，此行动并不是要对这些存货进行征用，因为这不是敌资。美孚柳州公司负责人问，如果上级公司指示，美孚柳州公司是否能处理或搬运这些存货。军官很肯定地回复，在此时不能搬动这些存货，并表示，此问题将交由不久后成立的柳州军管会（Liuchow Military Control Committee）处理。1949 年 12 月 12 日，柳州军管会成立后，美孚柳州公司负责人和亚细亚柳州公司负责人一起到军管会要求解决此事。②

　　美孚梧州公司在获悉此事后曾推测，这可能是柳州政府需要美孚公

---

① Wuchow to Canton，November 30，1949；Liuchow to Wuchow，November 26，1949. 广西档案馆藏，L66－1－96。

② Liuchow to Wuchow，December 13，1949. 广西档案馆藏，L66－1－96。

司的存油。[1] 美孚梧州公司显然有些担心新政府强行征用油品。1949 年
12 月 27 日，美孚柳州公司致函柳州军管会称，冻结和派警卫守护柳州公
司货栈存油是为了保护公司财产不被溃军抢夺，公司对解放军的行动深
表谢意。现时柳州的局势已归于平静，公司想尽快恢复营业，请解除冻
结命令以便公司进行营业。[2] 尽管美孚梧州公司对此有过种种猜测，但美
孚柳州公司的交涉出乎意料的顺利。两天以后，即 12 月 29 日，柳州军管
会同意马上解除禁令。[3]

　　几乎在同一时间，美孚梧州公司自己也要应付筹借军粮的事情。梧
州军管会要求梧州商会出面为过路部队筹借军粮。梧州商会便向全市商
家和居民进行军粮借贷。按军管会规定，除外国教会和医院外，所有外
国商家都不能免除军粮借贷义务。不过，军管会也说明，所借贷的军粮
可用以后的税收和汇费扣抵。由于军管会催促很紧，美孚梧州公司在与
当地的外国公司商讨后，决定支付自己分到的份额。这一次，由于事情
紧迫，美孚梧州公司甚至未来得及取得广州区公司的同意。事后，美孚
梧州公司向广州区公司报告，梧州公司为军粮支付了 540 元（港币）。梧
州商会给了梧州公司一张面额为 3000 斤大米的临时收据。美孚梧州公司
解释道，由于借贷及利息可用公司以后所产生的税收和汇费扣抵，公司
应该不会吃亏。[4] 在付出这笔钱后，梧州公司在 12 月即申请用粮贷扣抵
梧州公司 11 月份的汇费。梧州公司的申请得到批准，但每批汇费只有
40% 可用粮贷抵扣，另外的 60% 还是要支付现金。即使是这样，至 1950
年 2 月 13 日，也就是在两个月内，梧州公司的这笔粮贷以税收和汇费的

---

① Wuchow to Canton, December 17, 1949. 广西档案馆藏，L66 - 1 - 96。
② SVOC to the Military Control Committee, Liuchow, December 27, 1949. 广西档案馆藏，
　　L66 - 1 - 96。
③ Liuchow to Wuchow, December 29, 1949. 广西档案馆藏，L66 - 1 - 96。
④ Wuchow to Canton, December 14, 1949. 广西档案馆藏，L66 - 1 - 96。

形式分 5 次得以偿清。①

在柳州和梧州所发生的这两件事反映了中国共产党与美孚在最初接触中保持着一贯的平和态度。梧州的军粮借贷具有军事应急的性质，因为当时广西的解放战争还在进行中，而且这笔粮贷事实上很快就偿还了。在柳州还发生了部队向当地美孚和亚细亚各借 150 桶汽油的事，部队也很快还回汽油，整个过程不到两个月。② 这说明美孚所担心的掠夺并没有发生。

综观美孚与中国共产党的最初接触，美孚总的观点是保持对共产党解放区的供油，避免引起不必要的政治麻烦。这种观点虽说不上积极，但考虑到美国政府对华政策的态度，美孚的做法还是比较现实的。因解放战争在全国各地的进程不一致，美孚在各地的情况也不一样。大体上看，中国共产党对美孚的政策，也可以认为是对外国石油公司的政策，是一种谨慎平和的政策。美孚和中国共产党在最初的时间都保持着有节制的交往。

二 德士古供油合同

1949 年 5 月 20 日，中国共产党天津地方政府采购部与善于做政府生意的天津德士古接洽，向德士古订购 1.5 万桶润滑油供南满铁路之用。政府代表向德士古承诺支付外汇并提供进口许可证。除了润滑油外，政府代表还向德士古表示了购买汽油的意向。天津德士古对取得这笔生意甚为满意，认为是"看到了与中共石油贸易的未来"。为此，天津德士古建议总公司对此事保密。③

---

① Wuchow to Canton, December 28, 1949; February 22, 1950. 广西档案馆藏，L66 - 1 - 96。

② Liuchow to Wuchow, February 16, 1950. 广西档案馆藏，L66 - 1 - 96。

③ "The Consul General at Tientsin（Smyth）to the secretary of State, May 21, 1949", FRUS, 1949, Vol. IX, p. 1014.

在此后不久，中国共产党又向德士古上海总公司提出购买原油的合同。内容是德士古每年为中国石油公司葫芦岛炼油厂（现由共产党控制）提供最少 7.5 万吨，最多 15 万吨的原油，合同期是 3 ~ 5 年。因美国国务院已介入石油公司业务很深，所以德士古就此向国务院做了说明。国务院向德士古说明，国务院虽不反对供油，但认为签订长期合同的条件还不成熟。因此，德士古拟以当前中国局势未稳，未便签订长期合同，但仍会继续为葫芦岛炼油厂供油回复中油公司，以满足各方利益。不过，德士古提醒国务院，如果德士古不接受这笔生意，英伊公司就会接手。意思是德士古如出于政治考虑不接受中油的 3 ~ 5 年的供油合同，英伊就有可能因没有政治压力而接受这个较长期的合同，这就抢了德士古的生意。德士古向国务院表示，德士古愿意与英伊平等竞争，但不能因政治原因吃亏。听了德士古的意见后，国务院就此事和英国进行了交涉，想要英国也采取美国一样的立场，并且保证德士古的利益。① 原油合同引发了英国政府、英伊公司及美孚和亚细亚对各自利益的考虑，从而发生了争端。

英国就此事向美国声明，英国的石油公司不会未经与英国政府讨论就与中共签订供应原油的长期合同。并且，英国说明，英伊公司迄今未提及此事。英国表示，希望英美两国政府保持一致的政策，意即德士古也不能与中国共产党签订长期合同。② 英国的态度表面是要与美国保持一致，实际是要求美国平等对待英国的石油公司。英国本来对之前英伊公司进入中国市场受到美国公司的阻拦就颇有微词，现在德士古又抢先与中国共产党直接商洽长期原油合同，如果成功，美国石油公司将占领了

---

① "The secretary of State to the Ambassador in the United Kingdom（Douglas），June 24, 1949"，FRUS，1949，Vol. Ⅸ，pp. 1016 – 1017.

② "The Ambassador in the United Kingdom（Douglas）to the secretary of State，June 27, 1949"，FRUS，1949，Vol. Ⅸ，pp. 1017 – 1018.

潜在的共产党解放区的市场。事实很清楚，中国共产党解放整个中国是早晚的事。英国为了表示对美国存在差别对待政策的不满，英国下令英国的石油公司不卖航空汽油给台湾，理由是国民党对共产党进行封锁影响了英国的在华利益。① 实际是告诉美国，美国的对华政策要能真正有效地实施，必须有英国的合作，而要英国的合作，就要考虑英国的利益，包括英国石油公司的利益。

就在德士古原油供应合同还在讨论之际，德士古又接到了几单来自中国共产党的大生意。1949 年 8 月 2 日，德士古青岛公司运了 20 万加仑的航空汽油到北平。同月，德士古又接到来自中国共产党为上海炼油厂购买原油的合同。美国国务院内部对上海炼油厂的购油合同虽有不同意见，但最后的决定是不反对德士古与中国共产党签订的合同，但期限要尽量短。不过，美国国务院表明了对德士古的一系列行为可能违背国务院政策的担心。德士古为此做了解释，德士古不会违背国务院的政策，并且强调这是为了维持德士古在中国的地位。②

美孚对德士古的行为极为不满。在 1949 年 10 月间，中共中油上海公司曾与美孚等三公司接洽，希望美孚等三公司提供石油产品，但因价格问题无法达成协议。事实上，除了价格问题，美孚等三公司还有一个非常重要的考虑，那就是不想让中油扩大其市场份额。按照之前联合国经济合作署与中油合作的框架，中油的市场份额不能超过 15% ~ 20%。如果供应过多的产品给中油，相当于削弱了美孚等三公司对市场的控制力。为了应付可能到来的各方竞争，亚细亚甚至打算从荷属东印度进口较高

---

① "The Ambassador in the United Kingdom（Douglas）to the secretary of State, June 28, 1949", FRUS, 1949, Vol. IX, p. 1018.

② "Memorandum, August 23, 1949" "Memorandum, August 26, 1949", FRUS, 1949, Vol. IX, pp. 1024 – 1025, pp. 1026 – 1027.

价格的石油产品参与竞争，以减少中油从其他渠道进口石油的利益。① 美孚认为，德士古既然加入三公司愿意与他们合作，却又准备与中国共产党签订原油供应合同，将会损害各方的利益。美孚表示，如果德士古与中国共产党签订原油供应合同，那么美孚等三公司都要承担市场损失和政治的代价，而德士古将负最大的责任。针对德士古声称如果德士古不接受合同英伊就会接手的说法，美孚说，英伊公司根本就没有接到中油方面的邀约，不知为何有这个传言。美孚除了自己敲打德士古外，还提请美国国务院注意，如果中油自己进口石油产品超过民用消费量，特别是进口原油，除了削弱美孚等三公司的地位外，还可能服务于共产党政权的军事和政治目标，而这将有悖于美国的政策。之后，美国国务院遂倾向于说服德士古将合同期限定得更短和减少原油供应数量。②

　　中国共产党向德士古购油的一系列活动，特别是订购原油的安排，引起了英美政府之间，美孚、德士古和亚细亚之间的争端。美国国务院把中国共产党的行为说成是"拉一派打一派"的政治手腕，破坏了石油公司之间"友好的关系"。但从美孚和亚细亚的角度看，德士古过度活跃的行为，不仅取得了不少中国共产党的订单，更重要的是打破了美孚等三公司之间利益的平衡。德士古和中国共产党的接触，有利于德士古以后树立在中国共产党治理下中国市场的优势地位。认为美孚尽管现在政治局势让人捉摸不透，但谁也不能否认这种可能，如果放任不管，那就是在冒险，所以，美孚不但自己反对德士古与中国共产党签订原油合同，而且借着英国政府的反对和亚细亚的支持，将德士古的行为与美国的政策联系起来，鼓动美国国务院压制德士古。所以，美国国务院明确告诉

---

① "The Consul General at Shanghai（McConaughy）to the secretary of State, October 22, 1949", FRUS, 1949, Vol. Ⅸ, pp. 1029 – 1030.

② "The Consul General at Shanghai（McConaughy）to the secretary of State, November 14, 1949", FRUS, 1949, Vol. Ⅸ, pp. 1030 – 1031.

德士古，只有合同期限更短，原油供应数量更少，才能减轻美孚和亚细亚的不满，而这也符合美国国务院的政策。①

三　中国共产党的政策

中国共产党在国内局势略为稳定后，开始推行自己的政策。中国的经济中心上海是这些政策实施的重点。1949 年 7 月 12 日，中国共产党对外贸易局与美孚等三公司的代表进行会谈，讨论以后的石油市场销售问题。中国共产党对外贸易局向美孚等三公司的代表说明政府的有关政策如下。

　　①对于汽油，包括当前的存油和以后的进口全部由政府收购。但考虑到各公司对加油站及各种销售设施的投资，政府打算，大的客户用油由政府供应，小客户经由各公司的分销组织供应。不过，各公司的这种分销属于政府代理商性质，只能根据定价或其他协定的价格进行销售。这个措施的具体细节仍未确定，欢迎各公司提供建议。

　　②对于柴油，政府打算控制价格实行定额配给。政府对柴油不进行收购，而是由各公司自行进口销售。

　　③对于煤油和润滑油，政府计划仍经由各公司自行销售，但政府会根据目前情况制定一个公平的价格。

　　④对于航空汽油，目前虽无必须，但政府的计划是拟同汽油类似的安排。

　　⑤所有石油产品取消进口配额制，恢复自由竞争。进口商取得进口许可证后即可以在自由市场上购买外汇。在何种情况下发出进

---

① "The Consul General at Shanghai（McConaughy）to the secretary of State, November 14, 1949", FRUS, 1949, Vol. IX, pp. 1030－1031.

口许可证，如何在自由市场进行外汇交易现仍不清楚。

⑥要求公司尽快提交：a. 想卖给政府的汽油的数量；b. 各公司认为公平的各种石油产品价格及具体的计算方法；c. 各公司运输及存量的定期报告。①

这些政策对美孚等三公司震动很大。政策的核心是政府要将美孚等三公司部分变成政府的代理。虽然政府未对所有石油产品进行收购，美孚等三公司还可以自由销售柴油、煤油和润滑油，但价格由政府决定。如果真正实行起来，美孚等三公司在中国的市场地位无疑会发生根本性变化。共产党发布的外贸管理政策很快在上海部分实行。在这次会谈后不久，上海实行了汽油定价定量供应。②

中国政府的这种外贸管理政策的推出除了是要解决暂时的经济和军事困难外，也是其对外贸易政策和如何处理外国公司思想的一种折射。中国共产党的对外贸易管理思想体现于一系列重要的文件中。这些文件是《新民主主义论》（1940 年 1 月）、《目前形势和我们的任务》（1947年 12 月）、《在中国共产党第七届中央委员会第二次全体会议上的报告》（1949 年 3 月）和《论人民民主专政》（1949 年 6 月）。

在《新民主主义论》中，毛泽东认为，大银行、大工业、大商业，统归（新民主主义）共和国所有。和孙中山的思想一样，"凡本国人及外国人之企业，或有独占的性质，或规模过大为私人之力所不能办者，如银行、铁路、航空之属，由国家经营管理之；使私有资本制度不能操纵国民之生计，此则节制资本之要旨也"。国营经济在国家经济中占主要的

---

① "The Consul General at Shanghai（Cabot）to the secretary of State, July 13, 1949", FRUS, 1949, Vol. IX, pp. 1019 – 1020.

② "The Consul General at Shanghai（McConaughy）to the secretary of State, July 30, 1949", FRUS, 1949, Vol. IX, p. 1020.

地位已是新民主主义共和国的经济方针。①

在 1947 年 12 月发表的《目前形势和我们的任务》一文中，再次明确表述了新民主主义国民经济的成分包括了三个部分：第一，处于领导地位的是国营经济；第二，由个体逐步向集体方向发展的农业经济；第三，独立小工商业者的经济和小的、中等的私人资本经济。② 在这种理念的背景下，尽管在 1947 年以前并未明确提出应如何确定外国企业在中国的经济地位，但有一点是很清楚的，那就是不允许外国经济在中国市场处于领导地位。

到了 1949 年，共产党夺取全国胜利已成定局，并且开始直接处理与外国人的贸易问题，与外国人做生意的政策被进一步明确提出来。1949 年 3 月，中国共产党召开的重要的七届二中全会上，毛泽东在所做的报告中，就将来胜利后如何处理与外国资本之间的贸易做了说明。他认为，中国的私人资本主义工业是一个不可忽视的力量。由于中国经济现在还处于落后的状态，在革命胜利后相当长的时期内，还要尽可能利用其积极性。对有利于国民经济的城乡资本主义成分都应当允许其存在和发展，这是不可避免和必要的。但中国资本主义"在活动范围方面，在税收方面，在市场价格方面，在劳动条件方面"都要受到限制。同时，为了恢复和发展国民经济，"没有对外贸易的统制政策是不可能的"。在毛泽东看来，对外贸易统制是解决从落后的农业国变成先进的工业国的不可少的途径。具体的做法是，共产党在进入大城市后首先采取的步骤之一就是要"立即统制对外贸易，改革海关制度"。"剩下的帝国主义的经济和文化事业，可以让它们暂时存在，由我们加以监督和管制，以待我们在全国胜利以后再去解决。""关于同外国人做生意，那是没有问题的，有生意就得做，并且现在已经开始做，几个资本主义国家的商人正在互相

---

① 毛泽东选集编辑部：《毛泽东选集》（一卷本），人民出版社，1969，第 671 页。
② 毛泽东选集编辑部：《毛泽东选集》（一卷本），第 1255 页。

竞争。我们必须尽可能地首先同社会主义国家和人民民主国家做生意，同时也要同资本主义国家做生意。"在 1949 年 6 月发表的《论人民民主专政》中，毛泽东再次肯定了与外国做生意的必要性。①

在这一系列对未来新民主主义国家的经济设计中，国营经济占领导地位，同时允许其他小的工商业成分的私有经济存在的理念被确定下来。关于对外贸易，共产党的观点是要进行统制。对现存的外国经济事业，暂时可以存在，但政府要对其进行管制和监督。至于以后如何处理，在共产党的这一系列重要文件中并没有提到。按照这些理念，中国政府必定对外国在华大型企业进行约束。就石油的重要性和美孚等三公司的规模而言，新中国政府合乎逻辑的做法必然是将中国石油事业国有化并限制美孚等三公司的规模。所以，1949 年 7 月，上海市政府对石油进行了某种程度上的统购统销和提出让美孚等三公司变成政府的代理的政策。

第三节　美孚与 1949～1950 年的美国对华石油政策

美孚出于战后全球经营战略的考虑，有意利用美国在全球的扩张谋利，在欧洲和中东获得了国务院的支持，因而有相当意愿"配合"国务院的政策。美孚在华的经营大体上遵从这一布局。这使得国务院在 1949～1950 年处理与中共关系时将美孚变成了其实现美国对华政策的重要工具。

一　1949～1950 年美国对华石油政策

1949～1950 年美国对华石油政策是其对华政策的部分。从 1949 年初到 1950 年 6 月朝鲜战争爆发，美国在对待中国共产党和新中国的政策是举棋不定的观望态度，是一种所谓"等待尘埃落定"。1949 年初，美国已

---

① 毛泽东选集编辑部：《毛泽东选集》（一卷本），第 1432～1433、1434、1436、1478 页。

相当清楚中国共产党即将成为中国的领导力量，所以首先要对中国共产党治理国家的能力做出评估。美国各方面的评估基本上都承认中国共产党政权是稳固的，至少在短期内不会被推翻。对美国而言，中国与苏联的关系是美国最关心的问题。在1949年春，美国确定的对华政策目标就是："阻止中国成为苏联的附庸。"美国政府内部对中苏关系的预估，一直存在着两种不同的观点，一种是认为中苏之间的矛盾不可克服，美国可以加以利用使中国疏远苏联。另一种则认为，中国革命是以苏联为首的世界革命的一部分，中国政府会站在苏联一边，因而美国要采取强硬的态度。大体上说，在1949年，上半年前一种观点占上风，下半年后一种观点逐渐强势。① 美国对中国政府的这些判断使其认为美国的政策应是既不积极接近，又要避免敌对。

中国共产党曾宣布，不会直接承认国民党过去与外国政府所订立的各项条约和协定，而要加以审查，按其内容，分别予以或承认、或废除、或修改、或重订。美国据此指责中国不履行"国际义务"，以此作为拖延承认中国共产党建立的政权的借口。美国一方面拒不承认中国共产党建立的政权，并力图拼凑不承认中国共产党政权的阵线，孤立新中国政权。另一方面还想通过承认问题和施加经济贸易方面的压力使中国共产党就范。②

对华经济政策对美国政策的实施"有战略重要性"，因为"只有在对华经济关系的领域内，美国才拥有对付中国共产党的有效武器"。美国认为，对采取何种经济政策，可以有两种选择。一是强硬政策，即动员整个西方世界的政治和经济力量，直接、公开地以严格的经济制裁相威胁。以期中国共产党在压力下脱离苏联，转而采用美国能够接受的内外政策。

---

① 资中筠：《追根溯源：战后美国对华政策的缘起与发展（1945－1950）》，上海人民出版社，2000，第221页、224～225页。
② 陶文钊：《中美关系史》（第一卷1911－1949），上海人民出版社，2016，第346～350页。

或者因经济上完全孤立而导致中国共产党政权垮台，至少也可延缓其内部巩固的过程。二是怀柔政策，即恢复对华正常贸易，以期加强中国内部的反苏力量，促使中苏之间产生严重摩擦。中国共产党不需要靠苏联来巩固自己的地位，在新中国政权开始与日本、西方国家的贸易增加之后，会导致与苏联的冲突。美国无法制造这种冲突，但可以通过经济政策予以助长。与此同时，也要向中国共产党展示，在新中国政权开始采取美国认为的危害其战略利益的政策措施时，美国有能力与西方国家及驻日盟军司令部合作，共同采取强硬的限制贸易措施。①

基于各种考虑，1949 年 3 月，美国决定基本上执行第二方案，但要附加一定的限制，即对军用物资实行禁运，并对可能转手出口到苏联、东欧及北朝鲜的有战略意义的物资予以审查控制。这些物资分为 1 - A、1 - B 两张禁运货单，1 - A 类禁运货单限运物资种类数量范围比较小（专门用于军事目的的战略物资）。美国决定对中国的贸易控制先按 1 - A 类禁运货单执行。②

美国的对华经济政策的执行，必须有其他国家的合作，特别是英国的合作。但英国与美国的观点相去甚远，英国特别说明，要将香港和新加坡包括在控制范围内有实际的困难，而且，实际的贸易控制要法、荷等其他国家能一样严格执行才有效，不能单独要英国这样做。英国还认为，如果要禁运，就要对包括国民党治下的地区，如台湾，一起进行，因为这些地区随时有被共产党解放的可能。在 1949 年，美英虽就对华贸易问题进行多次磋商，但始终存在很大的分歧。③

石油在美国对华贸易控制中是一个特殊的存在。石油被列入美国的 1 - B 类禁运清单中而不是更严格的 1 - A 类。石油是军民两用物资。正

---

① 资中筠：《追根溯源：战后美国对华政策的缘起与发展 （1945 - 1950）》，第 244 页。
② 资中筠：《追根溯源：战后美国对华政策的缘起与发展 （1945 - 1950）》，第 245 页。
③ 资中筠：《追根溯源：战后美国对华政策的缘起与发展 （1945 - 1950）》，第 245 ~ 246 页。

因如此，石油是一种相当有用的，兼具经济和军事性质的武器。美国国务院早就充分认识到石油在国家经济和军事实际运用中的重要性和有效性。因此，国务院很自然将石油看作实现对华经济政策的重要手段。

1948 年底至 1949 年初，美国国务院对美孚等三公司向中国运油表示出了极大的关注。1949 年 2 月 11 日，在美国对华（中国共产党）政策还未确定之际，国务院就暂时决定要求美孚和德士古公司注意在中国的石油储备量，并特别指出，针对上海的散装油不能超过 6 周的供应量，包装油类产品不能超过 6 个月的供应量。①

随后，美国国务院不断接到石油公司与中共接触的报告。由于美国政府对中国共产党领导区的石油政策并不明确，美孚和德士古对如何处理与中国共产党的贸易只好自行其是。美孚、德士古和亚细亚等石油公司一再催促国务院表明其对中国共产党领导区的石油政策。直至 1949 年4 月，国务院才向美孚等三公司表明了态度。

①国务院不反对在北方解放区销售石油产品。

②但是，国务院申明，石油公司销售必须控制数量。这个数量是供应最低的民用消费需求，以避免贮存或转为军用的危险。

③而且，国务院虽然不能公开承认或促进这种状况出现，但认为运到共产党治理区的石油产品最好由各公司直接办理。直接销售有利于更好的控制和获取更精确的信息。只要（以后）重建相对正常的商业渠道，公司能得到更有利的讨价还价的地位。

④由于中共治理区没有商业航线，国务院建议不再另外运入航空汽油，售完现有存货即止。

⑤国务院认为各公司对以北朝鲜为目的地的石油销售应遵循限

---

① "The secretary of State to the Consul General at Shanghai（Cabot），February 11, 1949", FRUS, 1949, Vol. IX, p. 1002.

制性的政策。但在这个地区实行有限的贸易是合理的，比如可以提供北朝鲜极为需要的商用肥料等项。

　　⑥国务院正在研究润滑油问题，但由于缺乏有效控制美国润滑油出口方法，在当前除了要求各公司采取保守政策外，未能想出更合理的办法。①

　　美国国务院的这个石油政策是其远东政策和对华政策的反映。美国在远东的政策包括要在朝鲜实现重新"统一"，"隔离"共产主义的扩张，所以，国务院的对华石油政策提到了对北朝鲜进行石油进口控制的问题。国务院的目的是通过南朝鲜的美国石油公司为北朝鲜供油，以便于控制，而不是让北朝鲜自由从中国北方转口石油，这样就可以防范和压制北朝鲜。为实现这一点，国务院就要得到石油公司的合作。比如，美孚上海总公司管辖的业务范围就包括朝鲜，北朝鲜的油品可以从中国输入。由于石油公司的业务关系，对北朝鲜的石油政策也成了对华石油政策的一部分。

　　美国国务院对中国共产党解放区的石油政策是有限制的供应。限制的标准是正常民用数量，以防止中国共产党用于储备和将石油转为军用。这样就有利于抑制中国共产党的军事能力。但同时，又要继续为中国共产党解放区供油，而且要扩展石油公司的销售组织，以使共产党依赖于美国石油公司。这就是国务院的限制和扩展政策。

　　美国国务院对通过石油公司渠道控制中国共产党的期望甚高。国务院向石油公司表示，国务院希望各公司利用讨价还价的能力，重建在华北，包括在东北的分销组织，不过要避免与美国的公开政策相冲突。国务院特别强调，国务院不会公开鼓励这种重建行动，但希望各公司能自

---

　　①　"Memorandum，April 7，1949"，FRUS，1949，Vol. IX，pp. 1004 – 1006.

己行动。因为经石油公司直接与中国共产党解放区进行贸易，再由公司自己分销产品，可以确定收货人及最终用途，达到了解具体石油消耗的信息和有效控制的目的。除此之外，国务院还认为石油公司抢先一步在中国共产党解放区建立销售组织有利于扩大以后的市场，以免被苏联人占便宜。①

美孚对美国国务院的政策表达了疑问。美孚认为，美孚并不反对国务院对某些"合理"的区域实行石油控制，但认为将某些油品，比如重要的润滑油，列入控制表是无用的，只是增加了没有必要的文书工作罢了。亚细亚更明确指出，局部控制润滑油之类的措施根本无效，因为它会从一个不受控制的市场运入受控制的地区。对于扩展政策，美孚询问美国国务院，公司能否在销售上采取主动，国务院对此的回答很模糊。实际上，国务院并没有一个明确的行动计划，只是要各公司自己"摸着石头过河"。②

美孚对在中国共产党解放区重建销售组织心存疑虑。1946 年 3 月，美孚与亚细亚在山东省胶东解放区西海、南海辖区设立了代销店，但遭到了解放区政府的抵制。胶东行政公署为此专门发布命令称："唯查近有美国在青岛设立之美孚及亚细亚等煤油公司，事先并未与政府协商，竟擅在平东南村、掖县沙河等市集之个别商号内，设点代销煤油，且已运入六七百桶。此种行为显系不尊重我民主政府主权之具体表现。我们对美国来解放区经商是欢迎的，但这须以不影响我之主权为原则。西、南海专署接此命令后，立即协助工商机关，即日将该属区一切代销美国煤油之商号所存有和运入之煤油，悉数予以封存，听候处理。在处理之前，如有私行运售或匿藏不报者，一经查获，严予究办。对边沿区继续运来

---

① "The secretary of State to the Consul General at Peiping（Club），April 13，1949"，FRUS，1949，Vol. IX，pp. 1006 - 1009.

② "Memorandum，April 7，1949"，FRUS，1949，Vol. IX，pp. 1004 - 1006.

者，一律令其运回，严禁入口。"① 这表明，在政治层面上取得一致安排前，美孚等石油公司进入解放区是有一定风险的。目前的形势还处于动荡的阶段，美国对华（中国共产党）政策以"观望"为主调，美孚绝不肯冒失地按美国国务院的要求重建和扩展在中国共产党解放区的销售组织。美孚更愿意采取一种保住重要经销点再图发展的政策。比如，美孚在 1949 年 4 月就打算将华北重要的外国职员都送到天津。②

为上海供油是美国政府在这一时期对华政策与石油公司关系纠结的例子。1949 年 4 月，解放军迫近上海。上海电力公司向美国上海总领事报告，因现在局势不好，如果上海电力公司得不到石油供应保障，将撤出外国员工。上海总领事马上意识到此事的严重性。上海电力公司提供了上海大部分的用电，不但提供了照明用电，也是工厂、电话公司、水厂、污水处理厂等的动力来源。上海电力公司停止运转对上海将是灾难性的。所以，上海总领事认为在中国共产党接管上海前应继续维持电力公司的运转。而要做到这一点，必须要为上海电力公司的燃油找到来源。③ 原来上海电力公司在一段时间以来，燃料主要靠美国经济援助项目下的基金拨付。由于经济援助项目下的基金在中国共产党解放上海后不能继续使用，所以上海电力公司在上海解放前的一段时间内发生了燃料无着的问题。为此，美国驻上海总领事做出安排，在中国共产党解放上海前美国经济援助项目下的基金继续用于电力公司，以解决电力公司暂时的急需。很快，上海电力公司就获得了在 4 月 30 日后继续运转所需的燃油。美国驻上海总领事对上海电力公司声明，在中国共产党接管上海后，经济援助项目下的基金不能再用，但在中共作出安排后，可以继续

---

① 吕昭义：《美孚、亚细亚、德士古在烟台设行经历》，载政协烟台市文史研究委员会编《烟台文史资料》第七辑，1987 年 6 月，第 141 页。

② "Memorandum, April 7, 1949", FRUS, 1949, Vol. IX, pp. 1004 – 1006.

③ "The secretary of State to the Consul General at Shanghai（Cabot）, April 27, 1949", FRUS, 1949, Vol. IX, pp. 1008 – 1009.

为其提供燃油（通过购买方式）。同时，美国驻上海总领事还提醒电力公司，储油应比平时略低，但要够用。① 不过，并不是所有的上海用油户都能得到美国国务院的关照，上海的储油正在迅速减少。

1949 年 4 月，上海的储备油已处于不太稳定的水平。表 6 – 2 列出了1949 年 4 月底统计的上海储油情况。

表 6 – 2　1949 年 4 月底上海石油产品储备情况

油类单位：桶/42 美加仑

类别	数量	估计可维持民用消耗天数（天）
航空汽油	71201	54
汽油	137893	103
煤油	144727	177
轻柴油	109569	80
中度柴油	215158	105
燃料油	338539	27
润滑油	66863	95
润滑脂	7073	206
原油	104629	43

资料来源："The Consul General at Shanghai（Cabot）to the secretary of State，April 29，1949"，FRUS，1949，Vol. IX，p. 1010.

从表 6 – 2 中可以看出，原油、燃料油、轻柴油、航空汽油明显低于正常的 3 个月标准。不过其他成品油类储量都足够供应上海 3 个月以上的使用量。但是，美国国务院要求石油公司将上海存放于关栈（未完税）的"多余"石油运到香港、台湾及华南各港口。② 美国国务院实施的减少

---

① "The secretary of State to the Consul General at Shanghai（Cabot），April 28，1949"，FRUS，1949，Vol. IX，pp. 1009 – 1010.

② "The Consul General at Shanghai（Cabot）to the secretary of State，April 29，1949"，FRUS，1949，Vol. IX，p. 1010.

对上海供油的政策立即引起上海外国团体的高度关注。美国驻上海总领事对美国国务院坦陈，如果上海石油耗尽，上海将崩溃。美国驻上海总领事劝说国务院，虽然其本人也想以切断石油供应作为威胁手段，以使中国共产党政权对驻华大使、美国公民及在华的利益给予"充分的尊重"，但不希望美国为上海的崩溃而承担责任。为了打消美国国务院的疑虑，美国驻华总领事表示，虽然美国经济援助项目下的基金在中国共产党政权解放上海后会停止，但只要美国国务院允许，石油公司会和中国共产党方面共同协商解决上海的用油问题。所以，国务院要做的只是对石油公司进行"指导"。①

对此，美国国务院表示在中国共产党接管上海后，可以通过私人渠道向上海供油。② 不久，上海出现石油短缺，美国国务院陷入了尴尬的境地。1949 年 6 月，上海解放后，国民党对上海、青岛、天津、宁波、秦皇岛等港口实行封锁，不允许任何商船通过，并照会有关国家，称如果一切外国船只违反此规定，由此引起的风险将由自己负责。国民党的封港令对上海的进出口产生了影响。6 月份，上海石油产品，特别是燃料油严重短缺。上海电力公司等再次面临燃料短缺问题。美国国务院既要保证上海得到一定程度的石油供应，又要保全自己与国民党交往的面子，此时，运载燃油的德士古油轮无法进入上海港口，国务院替德士古想了一个办法：在某段开始正式封港前的时间利用涨潮时机，进入上海港口，卸下油品后迅速离去。③

---

① "The Consul General at Shanghai（Cabot）to the secretary of State, April 30, 1949", FRUS, 1949, Vol. IX, p. 1012.

② "The secretary of State to the Consul General at Shanghai（Cabot）, April 30, 1949", FRUS, 1949, Vol. IX, p. 1012.

③ "The Consul General at Shanghai（Cabot）to the secretary of State, June 23, 1949", FRUS, 1949, Vol. IX, p. 1015.

上海不但是中国的经济中心，也是外国企业包括美国企业聚集的地方。任何一个针对上海的政策都涉及中国共产党政权、美国及其他国家等多方的利益。虽然美国国务院的对华（中国共产党政权）石油政策是有限制的供给，但考虑到上海的特殊性，美国国务院对上海的供油常常亲自安排和处理，尽力维持上海的用油，避免与共产党政权发生直接冲突，等待"尘埃落定"。

二　输华石油控制模式

美国国务院发现，要按自己的意愿控制对华石油输入还面临着许多困难。1949 年 8 月，亚细亚报告有 4 艘油轮正从罗马尼亚的康斯坦萨（Constanza）运油到大连。据亚细亚得到的消息，这些油轮中，Katemarsk号装了 8000 吨煤油，Kettleman Hills 号装了 13000 吨汽油，Beauregard 号装了 7751 吨汽油和 4800 吨煤油，St. Christopher 号也装了汽油或煤油，数量不详。亚细亚认为这批油品是中国共产党与苏联易货交易得到的。[①] 这次运油由于 Kettleman Hills 号和 St. Christopher 号是美国油轮从而引起美国政府的关注。美国中央情报局将此事报告给了美国总统，总统的第一反应是让海事部门将船拦下来。但美国国家安全委员会认为应先咨询国务院的意见。美国国务院认为，根据 1949 年 3 月 3 日总统批准的对华贸易政策，输华石油产品数量和品种只要控制在一定范围内就应该是被允许的。另外，如果海事部门将船拦下来会面临一系列的法律问题，并且可能收效甚微，非要如此做就只有修改对华政策，鉴于当前情况，美国国务院建议总统最好不直接采取拦截行动。[②]

不久，美国中央情报局又认为这批输华石油产品数量很大，再次引

---

① "The Ambassador in the United Kingdom（Douglas）to secretary of State，August 5，1949"，FRUS，1949，Vol. IX，p. 1021.

② "Memorandum，August 19，1949"，FRUS，1949，Vol. IX，pp. 1022 - 1024.

起了总统考虑要更加严格地控制石油出口到共产党解放区的问题。① 对此，美国国务院采取的措施是私下给运输公司施加压力。不过，拥有Kettleman Hills 号的运输公司并不买政府部门的账。这家公司声称，现行美国法律并没有禁止将美国油轮租给苏联使用，公司的行为也没有违反现行法律。基于此，公司与苏联各个部门签订的租船合同会继续履行。这家运输公司还表示，作为一个明智的美国公民，除非注意到自己的行为损害了国家的利益，或者是政府正式要求，公司才会中止业务。因此，办理此事的政府交涉部门对美国国务院表示，只有美国国务院或其他政府直接发出正式命令才能阻止美国运输公司的行为。但是，为了防止其他美国的油轮再次加入类似的业务，必须对所有的油轮公司都发出命令。并且，为了有效地对东北实施石油控制，还要取得挪威和丹麦等国家的一致同意，使这些国家也保证不接受共产党解放区目的地的业务。② 但要实现这一点并非易事。英国对美国的政策虽不是公开反对，但只是部分赞同对华贸易控制。在石油问题上，英国不打算过分控制，以免激怒共产党，危害英国在华的利益。因此，说服英国和其他国家与美国步调一致实际上是一件很困难的事。

考虑到法律上和联合各国的困难，美国国务院转而寻求一种更简单更现实的可操作石油控制模式，那就是通过控制着大部分石油进口的美孚、德士古和亚细亚石油公司来实现目的。

在控制石油输华的问题上，美国也要注意其主要盟友英国的态度。英国的对华石油政策的重点是控制，而不是严格地限制。早在 1949 年 7 月，英国就向美国表明了对华石油控制的观点。英国认为，由于石油特别重要，英国打算让英、美、荷三国的石油公司联合实施针对中国的长

---

① "The Assistant Director of Executive Secretariat（McWilliams）to the Deputy Under Secretary of State（Rush），August 22，1949"，FRUS，1949，Vol. Ⅸ，p. 1024.

② "Memorandum，September 7，1949"，FRUS，1949，Vol. Ⅸ，p. 1027.

期或大规模供油合同的签订，同时有限度地提供民用石油产品。英国这样做的目的是，通过三国的石油公司可以随时监控中国的石油情况，便于采取相应的有利措施。[①] 在利用石油公司控制输华石油的问题上，英美两国的思想基本相同。1949 年 11 月，美国国务院召集美孚和德士古讨论石油输华问题。美国国务院向美孚和德士古表示，美国国务院认可英国的提议，通过非正式的方式与英、美、荷三国及三国的石油公司联合控制运华石油。为了有效地实行对华石油控制，美国国务院列出了三点措施：第一，三国政府共同估算运华石油的数量；第二，各国互相交流在华石油储备和进口信息；第三，由于在美国之外的油源不受出口许可证的控制，政府只能依靠石油公司的配合。面对美国政府要求，美孚首先表示对中国石油市场所占份额的关心。美孚认为，在"正常"的情况下，中油公司的市场份额只占 5%，现在却占了 10% 以上。葫芦岛和上海炼油厂的生产能力为日产 10000 桶，高雄炼油厂日产 15000 桶。如果高雄炼油厂被中国共产党控制，整个中国的生产能力将达到日产 25000 桶，这实际上可以供应当时中国最低用油需求中的大部分。美孚表示了对失去中国市场的担心。美孚还表示，美国国务院要清楚实行石油控制后石油公司的代价。中国共产党目前的政策措施虽然控制了汽油的销售，但允许各公司自由进口及销售散装油。石油公司（美孚等三公司）控制着 75% 的石油散装设施，如果实行严格或完全切断石油供应，这些设施将有可能失去。这也意味着美孚将失去在中国的大部分财产。美孚还担心美国国务院的石油控制要求只对美国的石油公司有效，而英荷两国石油公司继续无限制地向中国供油。美国国务院对此表示，国务院将提供一个投诉的平台来处理类似的问题。[②]

---

① "The Ambassador in the United Kingdom（Douglas）to the secretary of State, July 26, 1949", FRUS, 1949, Vol. Ⅸ, pp. 866－867.

② "Memorandum, November 22, 1949", FRUS, 1949, Vol. Ⅸ, pp. 1031－1033.

美国国务院对美孚和德士古的利益虽未能一一考虑，但仍表示尽力维持和阻止其他（除亚细亚外）的石油公司向中国输入石油。除此之外，还有一个问题要解决，就是要让荷兰及亚细亚同意，因为亚细亚为英荷两国共有。1949 年 12 月 7 日，亚细亚向美国国务院抱怨，美国国务院中国事务司的人告诉亚细亚美国对基本民用石油产品的许可证不实行限制，美国商务部却对亚细亚表示，因美国国务院政策未定，故不能给亚细亚发放出口许可证。这令亚细亚感到无所适从。[1] 让亚细亚觉得对华石油输出问题不清楚的原因部分还在于荷兰政府的态度，荷兰政府的态度在很大程度上决定着亚细亚，包括荷属东印度公司石油的流向。鉴于此，英国决定要求荷兰政府采取与英国一致的行动，并建议美国也向荷兰施加压力。[2] 荷兰政府在控制对华石油输出问题上很难顶住英美两国的压力。

与此同时，在华的美孚等三公司也受到了压力。1949 年 12 月，中油的代理对外贸易公司向美孚等三公司要求为青岛贮备 9000 吨柴油，又准备通过三方贸易向上海进口 11000 吨的油品。对此，美孚上海和德士古上海向各自纽约总公司表示，"拒绝（生意）将导致最不幸的后果，我们相信你们清楚后果是什么"。[3] 美孚等三公司的麻烦与美国国务院的政治考虑相比毕竟是小事，自然也不能动摇国务院通过美孚等三公司联合控制输华石油的决心。

1950 年 3 月 9 日，美孚和德士古应邀与美国国务院商谈三公司联合运华石油问题。美国国务院表示，国务院理解三公司在中国实际上面临的严峻困难，目前最重要的事情是保护公司财产、维持最小规模的运作

---

① "Memorandum，December 7，1949"，FRUS，1949，Vol. IX，pp. 1034 – 1035.

② "The British Embassy to the Department of State，December 19，1949"，FRUS，1949，Vol. IX，p. 1035.

③ "The Consul General at Shanghai（McConaughy）to the secretary of State，December 21，1949"，FRUS，1949，Vol. IX，pp. 1035 – 1036.

和为外籍员工取得通行证。所以，国务院提出的对华石油控制方案是，美孚等三公司联合以最低限度数量石油供应中国。根据美孚等三公司的估计，美国国务院核准目前的数量（最低限度数量）是 15000 吨汽油、5000 吨柴油和 800 吨润滑油。国务院还特别提请美孚等三公司注意，第一，在目前除以上数量石油外不再安排别的石油运华。第二，在增加运华石油时要先与国务院商量。第三，这种安排已包括从其他油源（即非美国油源）运华的 1950 年的石油量。国务院可以考虑修正运华石油数据。美孚对美国国务院的方案表示认同，并准备依据自己的情况在一段时间内安排石油运往中国，而不是立即将石油全部运往中国。美孚认为这有助于其在华利益问题的解决。德士古关心的是已计划运华的 35000 桶柴油是否算在国务院批准的数量中。国务院表示不反对德士古按其计划运油，但这个柴油数量要从将来德士古分到的运华石油数量中抵减。德士古听后，对以前与中共准备签订的原油合同更感到无望。美国国务院方案的核心在于，一是美孚等三公司联合；二是精确控制。这两点事实上都要依赖石油公司。因此，美国国务院在估计中国最低限度民用油品消费数据、数据的修改、香港用油情况方面都留给石油公司很大的发言空间。①

1950 年 3～4 月，美国国务院原则上取得了英国及亚细亚对联合控制石油输华的统一意见。至此，美国国务院通过联合美孚等三公司控制石油输华的模式得以最终形成。至于这种模式的效果，美国国务院认为，采用这种方法可以区别对待中国，避免将中国完全推入苏联一边，另外还可以防止中国的市场完全落入英国及其他国家手中。从操作的角度上来说，可以完全禁运航空汽油和一定量的高标润滑油，使控制供油量达到一种精确的程度。并且，这样做完全符合美国的现实利益，因为继续

---

① "Memorandum; March 9, 1950", FRUS, 1950, Vol. Ⅵ, pp. 622－625.

为中国供油是保证美国石油公司在华的巨大投资和人员安全的前提，这也为美国继续影响中国提供了可能。所以，美国政府认为，这是一种成功的，并值得推广的控制石油输华的模式。①

第四节　朝鲜战争和对华石油禁运

美国国家安全委员会一直趋向于对华实施更严格的贸易控制政策。但美国国务院仍坚持基本按1949年3月批准的对华贸易政策实行，对石油类产品采用有限度供应政策。这一政策在1950年6月之前仍是对华石油贸易的指导方针。到了1950年6月，朝鲜上空武装冲突的气氛更为浓厚，美国国家安全委员会多次催促国务院重新考虑对华贸易政策，特别是对石油等战略物资控制升级的问题。1950年6月初，国务院终于决定要对华实施更严格的贸易控制政策，对1-A类物资绝对禁运，但对1-B类的一定数量的民用产品可以继续出口。大部分的石油产品就属于1-B类。美国国务院的理由有两点。第一，如果美国完全对华禁运1-B类产品，这会增加英国和其他西欧国家对华的出口。在目前情况下，英国和其他西欧国家不会同意对华完全禁运1-B类产品，所以中国很容易从这些国家获得想要的物资。第二，完全禁运1-B类产品将使在华美国公民和财产受到报复。所以，美国国务院认为应继续向华出口一定数量的1-B类民用物资。②

1950年6月25日，朝鲜战争爆发，美国立即对北朝鲜实行全面禁运。由于美国预测中国有可能参加朝鲜战争，即使不参战，美国的对华

①　"The secretary of State to the Secretary of Defense (Johnson), April 28, 1950", FRUS, 1950, Vol. Ⅵ, pp. 632 – 636.

②　"The secretary of State to the Secretary of Commerce (Sawyer), June 8, 1950", FRUS, 1950, Vol. Ⅵ, pp. 638 – 639.

出口物资会间接地壮大北朝鲜的军事能力。现在朝鲜战争既然已发生，美国国务院与国家安全委员会在更严格控制对华贸易问题上的分歧消失了，控制对华石油输出成了国务院重要的工作。6月29日，国务院通知美孚和德士古，要求两家公司中止所有运华石油业务，停止所有合同谈判及合同的履行。美孚和德士古接到美国国务院通知后，向国务院保证它们不再向中国或北朝鲜出售或运输任何在它们控制下的石油产品。而且，美孚和德士古还表示，它们也不会向任何怀疑是在华代理的第三方出售石油。在美国国务院的要求下，美孚和德士古取消了所有运华安排和中止了所有的合同。① 同时，美国国务院要求英国也让亚细亚采取同样的行动。英国对美国的两家公司是否会按国务院的要求做表示怀疑。美国国务院很果断地表示，如果需要，国务院会对其施加压力。②

1950年6月30日，美国国务院通知商务部停止对华1－B类货物许可证的发放。③ 7月1日，法国、比利时、荷兰向美国表示同意马上对中国及北朝鲜实行出口控制。随后，英国殖民部也要求香港和新加坡马上控制对华贸易。但美国想要英国让亚细亚停止石油运华却碰到了麻烦。6月30日，英国远东委员会讨论对华石油控制时就认为供油是英国减轻中国对香港压力的一种保护性措施，与朝鲜冲突并没有直接的关系。④

1950年7月1日，英国回复国务院，亚细亚严格执行之前英国确定的对华石油控制政策，只为中国提供正常数量的民用石油产品。并进一步说明，亚细亚1950年1~5月输华石油数量仅25000吨，5月底在华存油少于25000吨，经香港输入中国内地的石油微乎其微。这个数量的石油对中国战争能力的影响微不足道。为消除美国的过分担心和反应，英国

---

① FRUS, 1950, Vol. Ⅵ, p. 653, Note 3.

② "Memorandum, June 29, 1950", FRUS, 1950, Vol. Ⅵ, p. 640.

③ "The Deputy Assistant Secretary of State for Far Eastern Affairs (Merchant) to the Assistant Secretary of Commerce (Blaisdell), June 30, 1950", FRUS, 1950, Vol. Ⅵ, p. 641.

④ T. F. Brenchley, June 30, 1950, FO371/83492, p. 94.

还强调，英国要求亚细亚不能借美孚和德士古停止供油之际扩大贸易，并将全面检查亚细亚运华石油确保不被用于军事用途。不过，英国也不忘指出，亚细亚 1949 年卖到中国的石油数量仅 82000 吨，而另外的 625000 吨，主要是由美孚和德士古两家美国公司供应的。① 言下之意，是美国的石油公司，而不是亚细亚增强了中国的战争能力。

1950 年 7 月 4 日，亚细亚致函英国外交部，反对对华石油禁运。亚细亚认为，禁运通过香港转口的石油有损与中国的友好商业关系，将使亚细亚面临经济处罚。同时声明，除非英国政府明令禁止，亚细亚会继续履行正在进行的供油合同，以免被中国报复。② 7 月 6 日，亚细亚又致信英国燃料与动力部，表明亚细亚继续执行英国控油政策，不接手美孚和德士古业务，并告知亚细亚按原合同将 6000 桶汽油和 1000 桶润滑油通过"福山"（Fusus）号油轮运到天津，亚细亚总部已指示香港分公司恢复对华南的汽油和轻质柴油的销售等事项。最后，亚细亚还特别给燃料与动力部提供了一个消息：据中国媒体报道，6 月 26 日有 58000 桶高标航空汽油经香港卖给了中国政府。亚细亚断言，如果此消息属实，一定是德士古或美孚提供的，因为只有这两家公司才有此能力。③ 显然，亚细亚并不愿配合美国进行石油禁运。

美国对英国和亚细亚的反应感到不满。美国国务院向英国外交部表示，美国认为北京"极可能"派军队到朝鲜，在这种情况下，美国民众如果知道英国的石油公司还为中国供油将引起不幸的公众反应。英国对此的解释是，以英国的观点看，对华石油禁运应谨慎，因为英国需要保护香港。如果贸然停止对华石油供应，中国可能会对香港做出反应，比

① From Foreign Office to Washington，July 1，1950. No. 3012. July 3，1950，No. 2987. FO371/83492，pp. 90，92.

② From Shanghai to Foreign Office，July 4，1950，No. 674. FO371/83492，p. 96.

③ J. P. Berkin to Stock，July 6，1950，FO371/83492，pp. 139 – 140.

如中国将切断香港的食品供应。这是英国必须考虑的。①

美国并不为英国的解释所动，而是对英国施加越来越大的压力。"俄国坦克加着英国石油屠杀美国人"之类的报道出现在了美国媒体上。英国担心，如果朝鲜局势继续"恶化"，美国民众会认为是英国的石油公司在为他们的敌人提供给养，届时英国的石油公司将成为美国在朝鲜失败的替罪羊。1950 年 7 月 11 日，国务院再次要求英国对华石油禁运。②

面对美国的压力，英国不得不考虑对华石油禁运政策。1950 年 7 月 12 日，英国殖民地部和燃料与动力部等部门讨论对华石油控制问题。会议的基调被定为停止对华供油。殖民地部担心对华石油禁运有可能被认为是针对中国，从而使香港处于危险的境地。对此，燃料与动力部建议，将石油产品列入 1－A 类物资中，将中国、苏联及其"卫星国"一同列入禁运国家，以避免专门针对中国。同时，会议决定尽快与亚细亚沟通。③在英国政府的压力下，12 日，亚细亚正式向英国政府表态，如果英国政府决定对华石油禁运，亚细亚原则上同意停止对华石油供应。④

1950 年 7 月 13 日早上，美国国务卿艾奇逊（Dean Gooderham Acheson）面见英国驻美大使，再次强烈要求英国尽快实施对华石油禁运。下午，英国外交部召集各部门和亚细亚讨论对华石油控制问题。因应英国对华政策，英国外交部认为在对华石油禁运上要注意三点：①避免公开针对中国，不扩大与中国的矛盾；②避免中国军队攻击香港（特别是切断食品供应）；③保护亚细亚等英国大企业在华利益。亚细亚最关心的是英国政府如何处理亚细亚正在履行的合同。亚细亚提出，英国政府应以强制

① From Washington to Foreign Office, July 4, 1950, No. 1860. FO371/83492, p. 108.
② From Washington to Foreign Office, July 11, 1950, No. 1918. FO371/83492, p. 126.
③ Berthoud to Dening, July 12, 1950, FO371/83493, p. 38.
④ K. L. Stock to R. W. Jackling, July 12, 1950, FO371/83493, p. 71.

手段，法律上的"不可抗力"，对亚细亚业务进行管制，以减轻亚细亚不能履行合同的责任，从而保护亚细亚中国的职员安全和财产。会议考虑了亚细亚面临的问题和英国的对华政策后决定：①不公开，或最小限度公开对华石油禁运政策；②由海军部出面冻结香港存油；③拦截正驶往天津的油轮"福山"号。①

在做了这些准备并取得亚细亚同意后，1950年7月15日，英国决定对华实施石油禁运。英国对华石油禁运政策主要有三个要点：第一，任何英国政府的行为都要避免专门针对中国；第二，为了保护香港，禁运措施由英国政府而不是香港政府实施；第三，为了保护亚细亚利益及职员安全，要表明亚细亚停运石油是受到了"不可抗力"影响，以为其开脱。英国打算由海军部执行这个政策，先冻结亚细亚、美孚和德士古三个公司在香港的存油，拦下"福山"号。同时通过巴黎统筹委员会将所有石油产品列入1－A类物资，对香港和新加坡实施石油管制。② 英国的对华石油禁运政策是英国想平衡其与中国和美国关系的反映。一方面，英国抵制不了美国的压力而屈从于美国；另一方面又想保护英国在华的商业利益和香港，不敢过分刺激中国。所以，英国要"最低限度地公开"对华石油禁运，甚至要求美国不声张英国的禁运行动，还煞费苦心地将新加坡列入石油管制范围。

不过，亚细亚确实未完全屈服于英国的对华石油禁运政策。就在英国决定对华实施石油禁运后，美国军方发现亚细亚香港公司正准备运送13000桶汽油到青岛和天津。美国军方对此极为关注，认为这些运往中国北方的油品将可能直接或间接送到北朝鲜手中，增强北朝鲜的军事能力。所以美国国防部要求国务院发出最强硬的抗议要英国政府切实履行对华

---

① Record of meeting held at the Foreign Office on Tursday, July 13, 1950, FO371/83493, pp. 31－36.

② From Foreign Office to Washington, July 15, 1950, No. 3207. FO371/83493, pp. 12－13.

石油禁运的决定。[1] 不单是亚细亚，英国对禁运的理解也与美国不一样。1950年9月前后，德士古香港公司想向台湾出口一批航空汽油，香港政府拒绝给德士古发放出口许可证。在英国看来，台湾是中国的一部分，既然对华实行石油禁运，台湾自然也包括在内，台湾随时有可能并入中国共产党的统治范围内。美国对英国的说辞不以为然。英国又指出，亚细亚报告说在1950年8月6日和8月10日，从日本神户有船只向天津运送石油。美国表示对此并不知情，但会进行调查，确保日本石油不会输入中国。[2] 而英国的意思是美国人连日本都管不住，就不要对英国横加指责。可以看出，无论是英国政府还是亚细亚，对美国的对华石油禁运政策的理解和行动都有不同。英国的考虑是尽管实行石油禁运，但要给新中国政府政治上的认同，努力维系英国与中国的关系，以保护英国在华利益。亚细亚、美孚、德士古也深知只有将禁运的责任推给政府才有可能在处理自己在华资产的问题上保住自己的在华财产。

尽管有这些不同，美英在解决美孚等三公司的问题后，又陆续迫使其他欧洲国家加入对华石油禁运行列。1950年7月，在美国的"催促"下，巴黎统筹委员会将石油加入了1-A类物资表，对中国、苏联及东欧国家实行严格的禁运。在美英两国的活动下，8月初，大部分欧洲国家同意对华禁运1-A类物资，包括石油产品在内。[3] 1950年5月底，亚细亚在华存油数量仅2.34万吨，美孚和德士古两个公司的存油估计比亚细亚还少。[4] 美孚等三公司在华存油量已明显低于1949年输华石油数量（70万吨以上）的水平。1950年7月以后，在亚细亚、美孚、德士古三公司

---

[1] "The secretary of Defense（Johnson）to the secretary of State, July 19, 1950", FRUS, 1950, Vol. Ⅵ, pp. 654 – 655.

[2] "Memorandum, September 13, 1950", FRUS, 1950, Vol. Ⅵ, pp. 660 – 662.

[3] Foreign Office. S. W. July 1, 1950, From Foreign Office to Rangoon, August 4, 1950, No. 79. FO371/83493, p. 64, p. 157.

[4] Oil supplies to Communist China, June 30, 1950, FO371/83492, p. 130.

停止了对华供油后，无论是从西方国家的行动还是输华石油数量上看，这是中国第一次真正受到了西方国家的石油禁运。

第五节　美孚在华业务的结束

早在 1949 年解放战争还在进行时，为免受战争损失，美孚准备收缩其机构和人员。美孚的打算是先将重要的职员，主要是美国人撤到比较大的城市，比如天津、上海等地。在这些地方，无论是回国还是以后再回原地都比较安全和方便。美国人撤出后，当地的业务交由中国职员处理，在这个过程中，美孚也带走了一些重要的设备。[①]

一　收缩机构（1950 年 12 月 28 日以前）

随着中国大部分地方相继解放，中国共产党得以推行相应的经济政策。美孚认为中国共产党会越来越趋向于对其业务进行管制，特别是 1949 年 7 月份在上海实行汽油统购统销后，加剧了美孚对统制的担忧。同时，美孚看到了中国国内汹涌的工人运动使正常业务一时无法开展。美国国务院以担心美国人的安全为由，做出了让外国人撤离中国的决定。[②] 对美孚而言，中国共产党限制外国石油公司业务的政策与美孚的行销方式格格不入，美孚所关心的外汇问题在短期内也看不到能得到较好解决的可能性。特别重要的是，美国政府的对华石油政策是要限制对华石油的输入量，这种数量只能供应最低的民用消耗标准。美国对中国共产党的态度又是如此不清晰，中美政治上处在一种不稳定的状态，而中

---

① "The Minister-Counselor of Embassy in China（Clark）to the secretary of State, July 13, 1949", FRUS, 1949, Vol. Ⅸ, p. 1281.

② "The Consul General at Shanghai（Cabot）to the secretary of State, July 7, 1949", FRUS, 1949, Vol. Ⅸ, pp. 1261 – 1265.

国当时的经济状况又是如此让人失望。这一切让美孚觉得继续在华维持最小规模的经营及将业务的重心移到香港是更明智的选择。在中国大陆，美孚继续维持可能的最小规模的经营，而将香港作为与内陆进行贸易的中心。香港具有许多优势，比如处于英国的管理下、外汇容易得到及方便的运输条件等可继续开展相关业务。香港与内陆的联系也极为方便，无论是中国国内商人赴港交易，还是美孚安排船运都相当容易。在这种情况下，美孚决定进一步收缩其在华机构，处置公司的在华财产。这个过程发生于 1950 年 1 月至 5 月。

1950 年 2 月前后，即柳州解放两个月后，美孚广州区公司下令关闭柳州公司。[①] 差不多同时，美孚广州区公司又关闭了桂林办事处，结束事宜交其代理行兴祥行办理。对桂林办事处的家具及办公用品，能卖则卖，不能卖的重要物品则运回梧州或交给兴祥行保管。[②] 桂林和柳州两地的结束事务办理的颇为顺利。美孚南宁办事处的关闭则手续复杂一些，因为美孚在南宁有比较大的房产。1950 年 2 月，美孚南宁办事处发现自己附近有许多木牌子，上面写着"军管会指定军区后勤部建筑基地"。美孚南宁办事处猜测附近将要被征用。[③] 这种征用正合美孚公司要处理公司财产之意，卖不卖不是问题，问题是如何赔偿，问题一是对房子建筑材料的估计，这一点对美孚有利，因为解放军方面不计算建筑物折旧。问题二就是货币兑换的计算问题。美孚当时建的时候，所用货币是银元，要转化为现在通用的人民币。解放军想要以官价兑换，而南宁办事处认为要将官价折算才合理。美孚南宁办事处向解放军说明，当前人民币与银的比价很不稳定。按南宁办事处的算法，赔偿金额为 2.1818 亿元人民币（旧币，以下同）。对此，解放军认为价格太高，不能马上接受，要呈省

---

① Wuchow to Liuchow，February 1，1950，广西档案馆藏，L66－1－96。

② 谭世勋致杨志光，1950 年，广西档案馆藏，L66－1－22。

③ Nanning to Wuchow，February 25，1950，广西档案馆藏，L66－1－59。

委会和财经委员会决定，美孚颇担心支付的时间延得太长。不久，军方通知南宁办事处新的计价方式，提高了银的贬值率，将赔偿金额减为 1.8787亿元，以 1.8 亿成交。解放军认为，这个数字还是很高的，希望美孚的南宁办事处尽快接受此价格。[①]

美孚广州区公司显然也想尽快处理这件事，同意接受 1.8 亿元的赔偿。事实上美孚的南宁办事处的房屋在 1945 年日军撤退时局部受到了损坏。美孚广州区公司同意后，解放军表示，政府愿意支付现金。几天后，解放军通知南宁办事处尽快准备好相关文件签署。解放军要求南宁办事处不要拖延，南宁办事处也认为此事要尽快解决。[②] 1950 年 4 月 17 日，美孚正式与军区后勤部签署房屋买卖协议，以 1.8 亿元的价格出让了南宁办事处的办公室及住宅建筑。[③] 交易达成后，南宁美孚办事处（公司）遂关闭，重要人员撤往梧州。总的看来，美孚并没有受到压制，美孚的财产更不是被征收，资产处理是正常的交易。

从柳州、桂林、南宁三地的情况看，1950 年 1~4 月，美孚正在进行机构收缩，并处理公司的财产。在这个过程中，美孚并没有受到压制，而是一种较从容的撤离。这个过程不久就被突然爆发的朝鲜战争打断了。1950 年 6 月 25 日，朝鲜战争爆发，6 月 29 日，美国要求美孚和德士古停止向中国运送石油产品。7 月 18 日，英国也同意停止对华石油供应，对华石油禁运已成事实。10 月，中国人民志愿军入朝参战，中美两国全面走向对抗。随后，美国的对华贸易政策也越来越严厉。1950 年 11 月，美国决定加紧对华 1-A 类及 1-B 类产品的出口控制，这表明美国此时的对华贸易政策已发生了重要的改变。美国对中国的出口控制变得与苏联及其他社会主义国家一样了。1950 年 12 月 2 日，美国商务部下令对中国

---

①　Nanning to Wuchow，March 20，1950，广西档案馆藏，L66-1-59。
②　Nanning to Wuchow，April 9，1950. 广西档案馆藏，L66-1-59。
③　Nanning to Wuchow，April 18，1950. 广西档案馆藏，L66-1-59。

实行贸易出口许可证制度，规定对运往中国大陆、香港和澳门的一切由美国出口的产品，不论是否列入绝对禁运单，都实行出口许可证制度，由美国外贸区前往中国的船运也适用这一规定。12 月 16 日，美国国务院下令控制所有中国在美资产及禁止所有在美国注册的船只前往中国港口。① 作为美国禁止对华贸易和冻结中国资产的回应，中国对美国的在华资产采取了行动，美孚等大公司首当其冲。1950 年 12 月 28 日，中国政府宣布对美孚实行军事管制。

二 军管和征用（1950 年 12 月 28 日至 1953 年 2 月）

美国对华的贸易控制并没有以 1950 年 12 月 16 日冻结中国财产而止步，它还打算与各国一起实施全面的禁运。美国的打算不能得到各国的赞同，转而提出有选择制裁的方案。在美国的运作下，1951 年 5 月 7 日，美国政府代表正式向联合国额外措施委员会提交了一份关于有选择地对中国进行贸易禁运的提案。5 月 18 日，美国的提案做了某些修正后得到联合国大会的批准。② 由于美国这些极端的反华政策，促使中国对美国的在华企业实行了更严厉的措施。1951 年 7 月 18 日，中国宣布征用美孚办公楼以外的所有资产，征购油料。征用范围不包括现金、银行存款及各项流动账款，公司业务及债权等仍由企业负责人负责处理，但继续受政府管制。③

1951 年 4 月 7 日，英国政府决定在香港征用中国油轮"永灏"号，并将其交给英国海军用于朝鲜战争。1951 年 4 月 30 日，中国政府遂采取报复性措施征用了亚细亚除办公楼之外的所有财产。中国政府在颁布这

① 林利民：《遏制中国——朝鲜战争与中美关系》，时事出版社，2000，第 218 页、220 页。
② 林利民：《遏制中国——朝鲜战争与中美关系》，第 223 页。
③ 上海市档案馆、财政部财政科学研究所编《上海外商档案史料汇编》（三），内部整理资料，1987，第 637 页。

项命令的同一天就由上海、重庆、广州、福州、汕头、汉口、南京和青岛的军管会执行。亚细亚被征收后的业务仍由其管理机构执行，但处于军事管制的监督下。[1] 这表明英美在华企业的命运与中国与英美的对抗有着密切的关系，美孚、德士古和亚细亚等大企业是首要目标。

美孚在被宣布征用后，军管会同时对其所存油料进行征购。上海美孚征购油料的价值在 54 亿元人民币以上，青岛美孚征购价值在 27 亿元以上。[2] 在美孚得到的这些钱被用于税收、罚金、企业职工工资等方面。

按法律程序，美孚必须解决其职工及债务问题。美孚在太平洋战争时期在华资产被日本军方侵占，因此，职工在战争期间并未拿到工资。战后复业时，美孚对战前的职工都发了复员金（约为 2~3 个月的薪水）。此后，职工在工资上并无意见。但在美孚被征用后，职工在战争期间的工资被再次提出。1951 年 6 月，美孚长沙及湘阴地区公司职工何某等 6 人向法院起诉美孚，因为他们在太平洋战争期间曾为美孚看守财产，在抗战后又少发了 19 个月的工资。1953 年前后，美孚汉口公司张某等 9 人曾致函美孚要求补发战争期间 4 年的薪金及年终双薪，美孚拒绝。湖北有关部门亦认为应对这些职工补发解雇费。美孚在被征用后，职工问题部分由政府出面解决，部分协商解决。关于战前美孚接受各地经销商保证金，有部分在战后尚未了结，在美孚歇业清理期间，各债权人纷纷持件要求清偿，但美孚当时手中已没有现金，只能进行登记。不过，据估计，除广州区公司管辖地外的战前未了账款仅约为 17 万美元。[3] 从美孚角度看，这个数字并不大。但对于美孚的债务，无法从美孚内部获得相

---

① 〔以色列〕谢艾伦：《被监押的帝国主义——英法在华企业的命运》，张平等译，中国社会科学出版社，2004，第 31 页。

② 上海市档案馆、财政部财政科学研究所编《上海外商档案史料汇编》（三），第 681~685 页。

③ 上海市档案馆、财政部财政科学研究所编《上海外商档案史料汇编》（三），第 675~676、661 页。

关信息，所以当时的上海和中国有关部门都无法搞清楚，不敢随意裁决。

　　至于美孚的财产，政府有不同的态度。在上海总公司，接管人员在仓库发现大批五金材料，都是抗战前或抗战后初期买入的。由于积压在仓库的时间较长，已有生锈、变质等现象。但这些材料数量确实不少，尤其是 1/8 尺寸钢板一项，存量达 37 万磅，价值 14 万美元。按以往美孚的用量，可用两三年。其他如筑路、曳引、抄吊等类型车辆，洋烛箱板、铆钉等也为数甚多。1951 年 7 月 18 日美孚被宣布征用后，美孚上海公司并未被立即接管。1951 年 7 ~ 8 月，上海公司继续开工，为中国石油公司代加工制造了一批新桶。所用的生产材料，除了一部分是从外采购外，大部分属原公司移交的材料，经军管专员批核使用。①

　　关于美孚的地产，新中国法律规定，一切土地收为国有，美孚的土地都是没有价值的，美孚只有房产。尽管美孚一直努力办理清楚各种手续，但美孚的房产本身也有各种各样的问题。美孚在上海市区和郊区共有房产 42 处，其中包括租地 3 处。自有土地的 39 处中有 23 处已由民国时期国民政府发给所有权证，经审查产权契证未发现问题。其余 16 处所有权证户名不是美孚的，这是有问题的。比如华山路公寓 1 幢，该处房地产所有权证户名是中国人杨某（美孚的高级职员）。杨某于 1937 年取得土地所有权证及执业证。1947 年美孚与杨某订立一张买卖契约（上面未填年月及卖价），双方一起向国民政府地政局申请办理地产移转。国民政府地政局在 1948 年 1 月 24 日批准，但直到解放，双方始终未去办理任何手续。1950 年 9 月，美孚和杨某又另订立买卖契约，杨某以人民币 208250 元出让。1950 年 10 月，上海进行外国人房地产户登记时，美孚前往登记，声称户名为杨某的房地产已归美孚所有。美孚公司借杨某的名义取得在上海的土地还有延安西路及市中心翔殷路 2 块空地。前国民政

　　① 上海市档案馆、财政部财政科学研究所编《上海外商档案史料汇编》（三），第 649 ~ 651 页。

府地政局发给的土地执业证上是杨某的名字，但杨某出具"所有权声明书"声明这些土地是代表美孚购买的，购得后即为美孚所有，真实业主为美孚公司。美孚公司就是凭这个声明书将土地作为自己的财产。在处理时，有关部门认为依法土地属于国有，对这些有问题的美孚所有的房产概不承认。①

另一类是产权本身有问题。如上海宛平路住宅楼，该楼在 1925 年 8 月 25 日由美国领事馆批注转移给美孚美籍职员葛思。葛思在 1947～1948 年一面向前国民政府地政局申请登记，一面又多方活动拟将该产业转让给美孚。经交涉，国民政府同意由美孚购买，但双方始终未办理手续。直到解放前的 1949 年 3 月，葛思取得了地政局发给的以葛思为户名的土地所有权证。1951 年美孚向地政局申请办理登记时，声称该房地产已归美孚所有，但交不出葛思的土地所有权证及买契。由于该房地产直至 1947 年 3 月仍为葛思户名，美孚又拿不出任何所有权证件，政府认定该产权有严重问题，不予承认。② 对其他产权不清的房产，政府或代管或不予承认。

1951 年底至 1952 年 6 月的半年多时间里，全国开展了"三反五反运动"。"三反"是在党政军机关中反对贪污、反对浪费、反对官僚主义。"五反"是在私营工商界中反对行贿、反对偷税漏税，反对盗骗国家财产、反对偷工减料、反对盗窃国家经济情报。③ 美孚也卷入了这场运动中。

"五反"运动主要针对私营工商界。基本做法是将工人店员发动组织起来，作为依靠力量，责令资本家坦白交代自己的行贿、偷税漏税、盗骗国家资财、偷工减料、盗窃经济情报行为，采取多种形式对不肯老实交代自己不法行为的资本家进行教育、帮助，对极少数"五毒"行为严

---

① 上海市档案馆、财政部财政科学研究所编《上海外商档案史料汇编》（四），第 378 页。
② 上海市档案馆、财政部财政科学研究所编《上海外商档案史料汇编》（四），第 380 页。
③ 孙瑞鸢编《三反五反运动》，新华出版社，1991，第 1 页。

重而又不彻底坦白交代的不法资本家展开斗争，并组织专门的队伍，对资本家的不法行为进行检查。① 美孚内部的"五反"运动持续了很长的时间。美孚职工检举，抗战胜利后日本在原企业上海延安东路、浦东油栈、黄浦江中、光华油栈、苏州油栈、汉口油栈、镇江油栈以及南京、济南住宅等各处建筑物中遗留有植物油、燃料油、工业用油、浮筒、码头设备以及内燃机零件等大量资财，这些均被美孚隐匿，并擅自盗卖、拆除或耗用以抵补在战争期间的部分损失，所以在接管日资产列表上这些物资已不存在。对此，美孚代总经理于1952年10月28日签字承认。军管会对此的处理是从美孚的资产中剔除这部分资产，再计算这部分隐匿敌伪财产的使用费，将其变成美孚的负债。②

在"五反"中，广州区公司负责人坦白，有以下违反金融管理法令的行为。

①1950年1月17日原企业广州分公司按照其香港公司的指示，代交港币5000元给广州英国领事署。

②由1950年11月起至同年12月止，代香港公司美籍职员支付捐助东山安老院共人民币450000元。

③广州沙面办事处租金（广州美孚办事处当时设在广州汇丰银行办公大楼内），在1950年3月以前，统由香港公司直接交付与房东香港汇丰银行总行。

④原企业前广州分公司美籍经理住宅租金，在1950年3月以前，统由香港公司直接交付房东香港万国银行总行。

⑤从1949年10月14日广州解放起至1950年6月止，原企业广州分公司按月代香港同济船务行支付租金及该行工人薪金每月计等

---

① 孙瑞鸢编《三反五反运动》，新华出版社，1991，第35页。
② 上海市档案馆、财政部财政科学研究所编《上海外商档案史料汇编》（四），第656页。

值港币 500 元的人民币。①

对这些行为，有的没有具体数字，有的无法证实是否已在国外收到外汇，有的日期不能肯定（如广州管汇令是 1949 年 12 月 7 日公布的，港币于 1950 年 2 月 10 日后禁止流通）等原因，对此军管会并不做处理。

美孚的职工又检举企业有严重的逃套外汇的行为。上海市军管会金融处调查后，企业代总经理承认套出套进美金 494216.06 元、港币 60 元、澳镑 2040 元。此案移送上海市人民法院处理，法院两次传讯代总经理，并于 1953 年 9 月 22 日当庭判决美孚有逃套外汇的行为，处罚金 5846730000 元（旧人民币）。判决后，美孚并未上诉，判决就此成立。1953 年美孚曾分批缴纳了一部分罚金共计 2100000000 元，但由于美孚的存款即将告罄，余款已不能再支付，余下部分遂成了美孚的负债。②

由于美国对中国的封锁，虽然上海公司和纽约总公司还有函件来往，但已不可能再提供任何的资金或油品。尽管在征用后美孚在法律上还是一个实体公司，但已经没有任何商业性事务。1953 年 2 月，中国政府终于批准了上海总公司歇业的请求，各地分公司亦相继歇业。美孚长达 70 多年的对华贸易业务结束了。20 年后，美孚再次重返中国，但美孚在华曾有过的"无与伦比"的成就只能留在美孚人的记忆中。

美孚与中国共产党政权的关系尚未正式构建即已结束。中国共产党所关注的石油事业国家主导（至少限制外国石油公司的地位）与美孚维持市场的领导地位的意图看起来相去甚远，但这不是一个新问题。与北洋政府、国民政府不同的是中国共产党政权的性质、所处的国际环境和美孚的母国——美国正在进行战后全球扩张，因而美孚与中国共产党政权的关系有着更为复杂的政治背景。美孚主动加入美国全球扩张的进程

①　上海市档案馆、财政部财政科学研究所编《上海外商档案史料汇编》（三），第 696 页。
②　上海市档案馆、财政部财政科学研究所编《上海外商档案史料汇编》（三），第 652 页。

牟利奠定了其在华行动的基调。这些因素共同决定了美孚与中国共产党政权的关系及美孚在华的命运。需要看到的是，虽然美孚因自身全球策略的转变愿意"配合"美国对华政策，但在具体处理与中国共产党关系时仍是谨慎的。美孚仍是一个自主的公司。

余　论

　　本书叙述了美国的跨国石油公司美孚与近代中国政府互动的历史，两者的关系，可以一般性地描述为"合作"或竞争、"友好"或对立的复杂而又动态变化的，基本上是不稳定的关系。本书研究的目的不单是要描述和还原这些事件，更要尽可能地去发现和理解两者互动在历史中产生的结果和意义。

　　第一，本书论述了美孚在哪些方面受到了中国政府的影响。从美孚进入中国后与中国政府交往的过程来看，无论是清政府、北洋政府还是国民政府明显都不能将美孚的活动及业务限制在通商口岸。美孚一步步将其业务扩展到整个中国。不管政府用何种手段限制美孚的业务都阻挡不了美孚的扩张。美孚在中国的长江和西江等主要内河上组建的由数百艘船组成的船队，规模超过中国最大的轮船公司——轮船招商局。当碰到政府质疑煤油安全问题时，美孚能自己解决。官员们想禁用煤油时，美孚找美国国务院出面帮忙。地方政府不愿租让土地时，美孚用钱、耐心和联系美国国务院出面解决。美孚自己决定是否与中国政府合办石油矿产开发和合办公司。在煤油安全方面，中国政府一度因安全问题或明或暗的要禁用煤油时，美孚不得不改进了煤油的炼制方法和提供更安全的油灯。在用地方面，虽然美孚不断突破原来通商口岸的限制，但大体上也要经过海关、地方政府和领事的合议。在税收方面，除了关税和子口税外，实际上还有各种地方税捐，美孚对地方税捐有抵制也有妥协。在法律管辖方面，随着二战中各国列强在华治外法权的逐渐废止，美孚在战后也被纳入中国法律的管辖。因此，结合起来看，中国政府对美孚的监管经历了一个从无到有、从少到多的过程。如果考虑到美孚是美国最大的在华企业，可以说，近代中国政府对外国企业有着有限但渐强的监管。

需要强调的是，中美之间订立的条约体系，使美国政府的介入扭曲了美孚和中国政府的关系，也减弱了中国政府对美孚的影响。美国政府支持美孚，确切说是支持美国石油业，原因并不是美国政府和民众多喜欢美孚。许多美国人，包括美国政界反对美孚和石油业的大有人在。在他们眼中，各大石油公司，特别是标准系，是利欲熏心的资本主义托拉斯。但同时出于大国沙文主义和经济民族主义，大多数美国人又往往将美国公司——不管这是什么样的石油公司——在国外的活动看作他们世界力量的一个体现。① 而美国国务院则与美孚有着密切的直接利益关系。因此美国政府和国务院在美孚的事务上始终对中国政府施有一种压力，而中美之间的条约体系将这种压力具体化和放大了。

此外，美孚自身的实力也在一定程度上决定了中国政府监管的效果不明显。相对于中国政府而言，美孚实在过于强大，不仅长期是中国石油市场的领导者，而且是世界主要的石油巨头之一。美孚在世界石油业中所联结的国际政治是当时中国政府无法触及的领域。这是这种跨国大企业的一个特征，也是很多发展中国家面临的难题。美孚曾明确告诉国民政府，美孚的母公司是新泽西标准和纽约标准，这两个公司遍布全球的资产数倍于在美国的其他资产排名稍后的竞争对手。仅新泽西标准而言，其1945年生产的原油即达世界产量的13.5%。在美国、波斯湾和

---

① 〔比利时〕让·雅克·贝雷比：《世界战略中的石油》，时波等译，新华出版社，1980，第37页。

荷属东印度这三个中国主要的石油进口来源地——这"也是中国能得到的最便宜的油源"——新泽西标准和纽约标准"都有很大的利益"。[①]这实际上是告诉国民政府，美孚有足够的实力讨价还价。

　　第二，中国政府在与美孚的互动中产生了什么样的结果。美孚将石油产品引入中国，固然使中国人的生活、交通和工业水平得到提升，但美孚在中国政府眼中的形象不好，因为在早期开拓中国石油市场过程中，美孚依持条约和美国政府，"合法"或非法地在中国取得土地，突破中国政府的种种限制。在与北洋政府和国民政府开办油矿的谈判中，美孚则表现出了维持其垄断市场利益的强硬态度。在市场方面，美孚联合亚细亚和德士古形成了对中国石油市场的垄断并消灭潜在的竞争对手。比如，20世纪30年代美孚等三公司对广东、广西土制煤油业和上海光华火油公司的毁灭性打击。[②]摧灭竞争正是垄断公司的特征之一。美孚对于垄断的追求和对对手的打击不遗余力。而美国政府对美孚的在华业务又抱着开拓市场、发展美国工业的目的。这种含有扩张美国工业，政经不分的行为，很难说不是帝国主义的行为。在中国政府的眼里，美孚是一个帝国主义的、强势的垄断托拉斯。所以梁启超称之为"生计界之帝国主义"，熊希龄将美孚看作"专横"的"国敌"，翁文灏亦认为美孚定"不愿他国多产以妨碍美油销路"[③]。

　　知识分子和官员的这些观念，既是近代以来中国面临西方政治经济的压力而出现的下意识的反应，也是他们在这个历史阶段对石油工业有更清晰的"利权"观念。清末所产生的新危机使有政治觉悟的商人和官

---

① B. L. Meyer to Oil Allocations Committee of the Temporary Import Control Board, January 8, 1947. 中国第二历史档案馆藏，447（2）—161。

② 美孚等三公司对上海光华火油公司的打击见吴翎君《美孚石油公司在中国，1870—1933》，第251～254页。

③ 《翁文灏呈复筹研玉门油矿招收商股吸收外资之利弊》（1941年12月11日），陈谦平编《翁文灏与抗战档案史料汇编》（上），第242页。

员出于对西方帝国主义的关注，或对外国控制中国工业的关注，使他们开始参与政治和经济的活动，提倡"商战"。现代企业如此重要，不能仅让商人去办。除了官员，商人也认识到，对任何中国新兴的大企业，特别是当它面对资金雄厚的外国企业时，国家的倡导、支持和保护是必不可少的。李鸿章在上海设立中国轮船招商局和上海机器织布局最重要的目标是恢复"利权"。因为他们看到了外国人对上海经济生活的掌控。①

但中国的企业能与外国公司特别是大型跨国垄断企业竞争吗？钱德勒在研究了美孚等美国的大企业组织结构和经营战略后，有这样一个观点，如果先行者不犯错误，如果没有政府干预以及技术和市场的根本变化，后来的跟进者很难战胜创造组织能力方面的先行者。② 这里的先行者之一就是美孚。高家龙在研究了英美烟草企业与中国最大的烟草企业——私营南洋兄弟烟草公司在中国的竞争后得出的结论是，短期内南洋兄弟烟草公司与英美烟草企业的跨国大公司进行竞争是可能的。但从长远看，要继续保持竞争力是困难的。③

不过，英国福公司是外国公司与中国公司竞争的另一类例子。在袁世凯授意下，河南组织起官商合办的中原煤矿股份有限公司与英国福公司抗衡，并与福公司合并组成福中总公司，将福公司变成了中外合办的联合企业。④ 这是一个中国官僚资本与民族资本相结合与外资公司竞争并取得成功的例子。当然，这也意味着民族资本很难单独与受条约保护，财力、技术占优的外国企业竞争。英美烟草企业和英国福公司的例子，

---

① 〔美〕费正清等编《剑桥中国晚清史》（下），中国社会科学院历史研究所编译室译，中国社会科学出版社，1985，第186～187页，第411页。
② 〔美〕艾尔弗雷德·D·钱德勒：《战略与结构：美国工商企业成长的若干篇章》，孟昕译，云南人民出版社，2002，前言第26页。
③ 〔美〕高家龙：《中国的大企业：烟草工业中的中外竞争（1890—1930）》，樊书华等译，商务印书馆，2001，第347页。
④ 薛毅：《英国福公司在中国》，武汉大学出版社，1992，前言第1～6页。

还有轮船招商局的例子，实际也与钱德勒的观点呼应，说明了一个事实：在经济层面，利用政府企业，如果可能再加上民族资本，去抗衡外资公司是维护中国经济利权的一个选择。所以，毫不奇怪，当熊希龄和翁文灏在分析各国的石油工业政策时，两个不同时代的人一致认定，如任由外国石油公司操纵本国石油资源，国家和民众均受其害，而如果由政府经营，能抑制美孚之专横，使国家人民受益。①

以国营公司维护"利权"，与外国企业竞争，争取经济自主的观念终于在特定的历史时刻等来了机会。抗日战争不但让国民政府充分意识到石油工业的重要性，而且战时美孚等三公司的影响力下降，此时又能利用美国政府的资金和技术发展自己的石油工业。在政治上中国也取得了独立的地位。战后国民政府又接收了日本在华的相关石油设施。这些条件最终促成了国营中国石油公司的建立。国营中国石油公司成立后，美孚与中国政府的冲突，只不过是中国政府坚定的国营石油工业观念与美孚垄断中国市场斗争的余波。在特定的环境中，美孚可以限制、束缚中国国营企业，但不可能永远如此。当一个更坚定的以国营企业作为经济核心的政权出现后，美孚的选择只有妥协或者离开。在这个意义上，朝鲜战争只是一个插曲。美孚与中国政府打交道的历史告诉了中国政府石油的重要性，让中国政府感受到了一个石油托拉斯的力量，催生了中国政府坚定实行石油国营主义。

第三，美孚在中美政治经济关系中是什么样的角色。近代美国对华投资的一个特点是大托拉斯企业对华投资占主要地位。除了美孚外，花旗银行、杜邦、德士古、美国钢铁和西屋电器等美国大托拉斯企业都对华进行了投资。这些大公司的投资在整个美国对华投资中占的比重很大。

---

① 《为修正筹办全国煤油矿大纲呈袁世凯文》（1914 年 12 月 9 日），周秋光编《熊希龄集》（五），第 191～192 页。《翁文灏呈复筹研玉门油矿招收商股吸收外资之利弊》（1941 年 12 月 11 日），陈谦平编《翁文灏与抗战档案史料汇编》（上），第 241～242 页。

1914 年，美孚等 8 家大公司的投资占美国对华投资总额的 73% 。1930
年，17 家大公司占美国投资总额的 82% ，而其他 336 家中小企业仅占
18% 。1950 年前后，美孚和德士古等 4 家公司的投资占 75% 以上。① 这
显示出中美关系中大公司的重要性，也反映了大公司在美国政府对华关
系中的分量。

现实主义者认为这些美国大公司是美国扩张和实现美国国家战略意
图的工具，在与美国政府的互动中处于劣势地位。自由主义者一般认为，
这些大公司是资本主义市场化的产物，大公司凭借其强大的资本向最适
合的地方拓展市场。按照市场的规则，大公司有可能与美国政府的目标
一致，也有可能背离。② 美孚在中国投资、筹办中国石油矿产开发、战时
石油供应和对华石油禁运等问题上与美国政府政治目标有一致的地方，
比较愿意配合美国政府的政策。但在承认南方革命政府问题上，美孚实
际突破了美国国务院维护原来条约体系的意图。而在抗战时期日本垄断
东北石油市场问题上，国务院并没有坚定支持美孚。在与两广地方实力
政府的交往中，美孚则自行其是。美孚公司的在华行动与美国政府的在
华目标可以是合作，也可以是反对，也可以是自行其是。这反映出像美
孚这一类大公司独立自主的特点。美孚凭借实力和全球视野，可以赞成
或反对美国政府的对华政策，也可以从其全球角度放弃东北，甚至中国
大陆的市场。美孚在美国对华政策的角色可以是参与者和合作者，也可
以是煽动者和反对者。在当代中美关系中，跨国大公司角色的多元性尤
应重视。

---

① 魏子初：《美帝在华经济侵略》，人民出版社，1951，第 10 ~ 16 页。
② 樊勇明：《西方国际政治经济学》，上海人民出版社，2001，第 289 ~ 291 页。

附　录

1-1　议定洋商试办火油池栈章程折

光绪二十年六月初九日

奏为上海浦东地方洋商试办火油池栈，现与议定设限防险章程，恭折驰陈，仰祈圣鉴事：

窃臣等承准军机大臣字寄："光绪二十年三月十八日奉上谕：'御史褚成博奏洋商违约筑池，存储火油，大拂民情，请饬禁阻一折。据称去冬有德国商人在上海浦东陆家渡地方购地筑池，为存储火油之用，众情疑骇，力求禁阻。南洋大臣曾委苏松太道聂缉椝与该国领事再三辩论，今年二月该洋商不候华官允准，擅将火油装运抵沪，且闻另有洋人在汉口购买地基，亦为存储火油而设，请饬速行阻止等语。洋商开池存油，是否有碍民居，着南、北洋大臣详细查明，设法阻止，妥筹办理。原折均着抄给阅看。将此各谕令知之。'钦此。遵旨寄信前来。"当经转行钦遵去后，伏查此案。上年六月间，据苏松太道聂缉椝以上海洋商在浦东地方设立火油池栈，事属创办，恐与地方居民有碍，禀经臣等饬与洋官商禁。一面咨经总理衙门，向各国驻京使臣驳阻，旋值津海关道盛宣怀在上海清理织布局务，并经饬令会商筹办。内外坚持，几及一年，彼族总以欧洲各埠以及日本等处均已设有油池，储油于池较之装油于箱、存箱于栈尤为稳妥，再三辩论，坚求不已。盖向来运销洋油，皆系储以马口铁桶，外套板箱，既费工本，又耗水脚。洋人工于牟利，精益求精，是以近年来凡各国运销洋油之处，大都船改统舱，栈设油池，以期便于利运。上海所设池栈集经该道等督同员绅前往确勘，该栈基北临浦岸，东南西三面均属田畴，地极空旷，相距镇市亦尚遥远，附近有居民二三十户，均非贴邻，民情亦尚相安。该栈外筑围墙，内设圆桶三具，高约三丈有奇，围圆约二十丈有奇，悉用钢板制成。即系储油之具，名虽为池，实则形类于桶。各桶之下填筑塞门泥土，以防渗漏，桶顶蓄水，桶旁竖杆，以避日炙电触之虞，桶外设有钢管机筒，各油船抵埠用以吸油于桶。三桶之外，复设小桶一具，为澄净油渣之用。一切做法，均尚周密坚固。复经聂缉椝电询出使英、法、义、比大臣薛福成查覆伦敦油池十余处做法相同，出使日本大臣汪凤藻亦谓东洋油池自设立以来尚无危险之事。上海所设油池，油系俄产，英商资贩，德商经售，三国商人合力营运，所费资本甚巨。在中国系属创见，在各国实已视为故常，是以坚请试办，情词极为迫切。再四体察筹商，事虽难以中止，不能不与议立设限防险之法，以示范围而杜流弊。当乘油船抵口之际，一再饬令禁止进口开舱，一面与之切实筹议。该商始允先存汇号银十万两，并将存单送道以备不虞赔恤之需。又经聂缉椝等与地方绅董逐细讨论，转商领事，议定章程十条。惟第二条设限一节，英国使臣以事系英、俄、德三国合办，又以英领事无管理别口之权，未肯允行。臣鸿章因校阅海军，适在威海、烟台，迭晤英参赞，令其较致英使臣必须照办，遂据交到节略，改为上海浦东一处，暂行通融办理，以后他处不得援此为例。如欲仿办，必须禀由本管领事照会关道，查明于地方居民有无险害，察报总理衙门，照会饬知遵办。既须禀官查勘，以后即可杜其私设，遂饬令苏松太道聂缉椝与各领事照议签押。兹据会同津海关道盛宣怀照录章程、绘图详请具奏前来。

臣等查池栈之设，必当体察地方民情，既经勘明栈设旷地。并无贴邻，所制桶管亦均稳固，油船必须出海洗涤、油池严防渗漏，亦已备列设限防险章程之内，似与民居汲饮不致有妨。且又载明倘有渗漏碍及汲饮，或有失慎殃及民居，确有明证，除赔偿外，即由地方官会同领事饬令将池拆毁，不得再行建造。该商等既费巨资营此贸易，苟其事稍有微险，似不肯议立此章，轻为尝试。凡此皆为日本章程所未及，所议尤为严密。仍当饬令现任苏松太道黄祖络留心查察，如有未尽事宜，务即随时妥筹商办，以期益昭详慎。至汉口地方，饬据江汉关道恽祖翼查覆，尚无筑池形迹。现已将所订章程通行各口，一体遵照。

除图说、章程咨送总理衙门查核外，谨合词恭折由驿覆陈，伏乞皇上圣鉴训示。谨奏。

刘坤一：《刘坤一集》（第二册），陈代湘校点，岳麓书社，2018，第 301～303 页。

1-2 美孚租建厦门嵩屿油池租约

立租约。美国纽约省三达洋油公司理事员妥玛士禀，由大美国驻厦领事官安会商大清国福建兴泉永道玉、汀漳龙道李请租厦门港口嵩屿海埔一所、小山一座，暨海埔后毗连之林李两姓民地一区，约明租作油池，务照新近图式建造严密，并建造设油池必需之零屋，不作别用。当经由县会勘，准予承租。计此地由海滩官地起，向西北直行至小山石墩，立有石界牌一所，名曰甲牌，甲牌竖立之所离小山上中国更楼之东北角，约二十五尺有一百之九十七。由此循小山边至乙牌，计七十尺有一百之十九，又由乙牌折而远北（此处折角计九十九度有五十九分）至丙牌，计一百三十三尺有一百之二，又由丙牌折向西北（此处折角计九十二度有四十六分）至丁牌止，计四十尺有一百之二十二，又由丁牌折向东北（此处折角计七十八度有四十七分）至戊牌止，计二百九十二尺有一百之三十六。该戊牌竖立之处计离牌后民房之东北角共三十五尺有一百之五十五，离该屋之东南角计七十四尺有一百之十五，又由戊牌折向东南角（折角八十七度十分）至巳牌止，共一百三十九尺有一百之六十二，又由巳牌折向东北（折角九十七度一十四分）至庚牌止，计一百八十三尺有一百之六十九，又由庚牌折向东南（折角八十三度十二分）至辛牌止，计九十六尺有一百之二十，又由辛牌折而向东（折角一百三十八度四十九分）顺大山地势至寅牌止，计二百三十八尺有一百之八十五，又由寅牌折向东南（折角一百四十九度八分）至石头穿止，计一百二十七尺有一百八十一，又由此处直量到海滩官地原起处，均为该商租地，会县勘立石界，依后附之图为凭。所有各地，以每地一丈见方核算，共得一百零三丈四尺一寸五分。三达公司愿照三面议定之租价，于立约之日遵付重洋七千元，一次交清。此外仍照厦门别国油池成案，每地一丈见方按年纳租银一两，计每年共应租银一百零三两四钱一分五厘，但既有此项租银，凡钱粮捐输各款，一概免缴。惟洋油厘税，则应照完。该公司按年如不短欠租银并不违背防险章程致有损害，官亦不得索回原地不租。此约以华文翻译之英文为主，章程以华文为准，合缮租约。

英华各伍份。先由三达公司签字，送请美领事核准用印。再照送兴泉永道、汀漳龙道复核签字加印。一送福州洋务局备查。一存兴泉永道署。一存汀漳龙道署。一存美领事署。一付商人收执。立此租约为据。

西历一千九百零五年十月初七日

大清光绪三十一年九月初九日

大美驻扎厦门领事官 签字

大清福建兴泉永道玉 签字

大清福建汀漳龙道李 签字

中国第一历史档案馆等编《清代外务部中外关系档案史料丛编——中美关系卷》第 4 册，中华书局，2017，第 480 ~ 483 页。

1-3　议订美孚洋行九江开设油池试办章程

1909 年

一，查通商场禁例，无论华洋行铺，均不得多积火油。此次建设油池，特在通商场之外另择偏僻地段，以免危险而保治安。

二，所设油池，应须慎重建造，预筹防患之法，以保卫邻近居民之生命财产。该行认于油池上建置圆形铁盖，并配置流通空气之孔及引电铁杆，并于油池四围加筑土堤，堤内之地足敷容积油池内所贮之油，以免火患，并免于渗溢之弊。该行并认仿照上海公司防火办法，于厂内屯积沙堆并木桶等件，以备不虞。又须早日购买救火汽车两具，安置厂内。另雇可靠更夫若干名，按时周巡厂内地段。关道暨洋务局可随时派委熟悉工程之洋员或华员前往察看，倘该员为格外慎重起见，欲添设沟墙或别项工程，该行应即按照所言，立即兴修，费由该行自备。所有该厂工程图样，应即绘送关道暨洋务局存查。

三，火油系易于引火毒烈之物，一切意外之事，所有妥慎保安各节，应惟该行承认。该池主或代理人应格外谨慎防护，以免渗漏。如有渗漏，应即修补。其修补工程，须由关道限期令其依限修竣。如逾期尚未能修补完固，全厂油池即须停工，俟修补完好，方能再开。关道暨洋务局随时可派谙悉机器之洋员或华员前往查勘全厂，以祛疑惑而安舆情。

四，倘因管理之人不慎，或另因不测之事，伤害华人性命及毁坏屋房、舟船、财产、植物、动物等项，该池主或其代理人须格外从优分别给予抚恤，并照值赔补。至赔恤数目，应由关道暨洋务局与领事官公允议定。

五，日后倘油池渗漏，流入田地及江河水道，有碍耕种及居民饮水；或被电所触、或失火，以致轰发，伤及附近民人庐舍产业；则油池有害，确有明征。除向该行照所损害之数取偿赔款恤款外，应由地方官会同美领事官详细查明。如果出意外之灾，人力所不及防者，即应另筹妥慎办法重行营建，或择他处迁移，如系该行经理不慎，致肇灾患，即将油池拆去，不得再行建造。

六，该油池行主或其代理人须出具上海汇丰银行保单，或另觅中国官员合意之殷实保人出具保单，担保关平银二万两，以担保第四、第五两款之赔恤各款，届时如尚不敷若干，仍须由该行补足。此项保单应于立章程后送存关道衙门，以为格外担保之据。

七，该行须雇一熟悉管理之西人常川驻宿，设一时未得其人，亦必选派诚实可靠之人，终年无论雨雪昼夜，认真查看梭巡，以昭慎重而免疏虞。

八，倘现在或他日油池邻近房屋产业及货物购买保险，而保险公司因其附近油池之故，所索保费较无油池在此，须多加若干，则所有多索之保险费，应由该行代邻舍补缴。

九，运油之船进口之后，须由海关给予开舱准单，方能放入担保油池之内。此项油船无论何时，永不准在吴淞口内及长江或湖泊运河以内洗涤，以免贻毒江河之水。该池主或其他代理人须向往来本口之运油船主切实告之。此条如不恪遵，当重罚，以示炯戒。其所罚之数，当由关道、税务司与美领事公断。

十，该行油池租地应照亚细亚章程另立租地专章办理。

十一，本口行船章程，税务司如有酌改之处，装油之船应即遵照办理。

十二，倘日后油池换主，其接办池主仍应遵守此章，并照前主在关道、洋务局暨税务司处所立条结及准单办理。惟此系专指九江一处火油池而言，他处口岸不得照援为例。其报效捐一节，浔埠既不援汉章按加伦抽取报效捐款，其汉口原收之捐亦不得援浔章邀免。

十三，以上条款系试办章程，若增益防损，尚有未尽事宜，应由彼此商准酌改，以期永远相安。此项章程共缮六分〔份〕，一存关道，一存洋务局，一存税务司，一存美领事，一存地方官，一存美孚火油行，并由关道暨洋务局将此项章程详请抚宪咨明，外务部核示遵行。

中国第一历史档案馆等编《清代外务部中外关系档案史料丛编——中美关系卷》第 2 册，中华书局，2017，第 429 ~ 432 页。

1-4　1930 年代美孚设置储油设施的城镇

东北	大连、安东、长春、抚顺、哈尔滨、开原、吉林、公主岭、辽阳、沈阳、牛庄、子窝、新民府、四平街、铁岭
华北	天津、新河、安定门、彰德府、枕头、齐化门、哈德门、河南、西直门、张家口、崑山、广安门、郾城、保定、新乡、德州、清化、通州市、西安府、东便门、易州、榆次、正阳门、塘沽；济南、周村、黄太州、乐口、博山；青岛、青州、峄山、维县、新浦；烟台角、烟台市
华中	长沙、常德、衡阳、禄口、益阳、湘潭、湘阴；镇江、海安、淮安、宿迁、兴化、如皋、泰州、清江浦、东台、盐城、通州、礌湾；重庆、万县、泸州；嘉兴；汉口、长江埠、陈陵矶、驻马店、峰口、许州、黄陂、宜昌（下）、宜昌（上）、吉州、临颍、老河口、沙市、仙桃镇、新镇、新堤、信阳州、西平、津市、团风、武昌、武穴、郾城、岳家口；九江、安仁、樟树、河口、赣州、吉安、饶州、陵川、乐平、南昌、涂家埠、潘阳；南京、浦口、蚌埠、徐州府、六合、归德；宁波、余姚；浦东、海门、昆山、温州、复兴岛、杨树浦、上海、台南、加龙；芜湖、高淳、南陵、芜湖市
华南	香港、广州、汕头、厦门、海南岛、北海、海口、南宁、梧州、昆明、广州湾、江门、澳门

根据中国第二历史档案馆藏，全宗号 447（2），案卷号 161，Exhibit B 整理。

2－1 美孚推广事业合同（又称"中美合资创办石油公司合同"）

一九一四年二月十日，北京

此合同于中华民国三年二月十日，西历一千九百十四年二月十日，由代表中华民国政府农商总长张謇、国务总理熊希龄、财政总长周自齐、交通总长朱启钤，代表美国纽约士丹达油公司（即美孚油公司）艾文澜订立。

兹因中国陕西省内延长县及他处有石油出产，又因该石油之性质、区域及所值若何未尽明晓，又因美孚于石油事业最有经验，且具有能力，凡采取、制炼以便销售等事均较他公司独为优胜，是以双方订定条款如左：

第一条 美孚允派极得力之专门家一人或数人，立即前往陕西省延安府延长县、直隶省承德府及两处附连地方产油场所，详细探查，中国政府允派应用护导翻译及足敷保卫之军队，所有费用由中国政府及美孚分任。

第二条 一俟探查完竣，或在探查期间，如按专门家之意见，其报告足证明延安府延长县或承德府油厂，双方可以获利，中国股东及美国股东即行组织一中美合资公司，此公司在美国领照，并在中国注册，于探查完竣后六个月内从事开采。

第三条 公司股本美孚估占百分之五十五，中国占百分之四十五，此百分之四十五内有三十七分半系由公司赠与作为，作为取得中国政府所给特权之代价，其余七分半由中国政府于公司成立之日起两年内照原价购买；如过期不买，仍作为美孚之股本。此合同期内，所有中国股本不得售于非中国人或为非中国人所有。将来在第一条所开场所加增资本，亦照上列办法按数分摊。公司完全管理经办之权授予董事部，以美孚人员及中国人员按照股本多寡，平均分配组织之。一俟此合同签字之后，即由中国政府之代表与美孚之代表会定公司名称及其规则章程。中国国民可在市面购买中美公司之股票。

第四条　中国政府应允美孚，将陕西省延安府延长县、直隶省承德府及其附连产油场所，全行交与中美合资公司开采、制炼及销售。中国政府应允极力相助，并加以保护，并应允无论何项外国人不给以产油场所专利之权，并允如中美合资公司所办开采之事未得中国政府及美孚满意，中国政府不将中国境内产油场所给与其他外国人办理，惟自此合同签押之日起，不得逾一年之限。

此合同自签字之日起实行，六十年为满，在此期内，中国政府应允不准其他外国人或外国团体在上开地方出取石油及其副产物。

倘陕西省延安府延长县、直隶省承德府及其附连油厂查明不值开采，应准在直、陕两省内别处地方处理，仍以专门家探查所指为限。

第五条　中国政府应允，凡中美合资公司所出石油及其副产物由产油场所运至水道，或用铁路，或用管线，均给予中美合资公司运输之利便。中美合资公司为利益起见，得以建筑、保养、使用此种路线，惟须先呈请交通部允准。

第六条　中国政府允与各地业主，或租户，或在上开地方现开油井之人，议定办法，将所有应用产油场所均归公司开采，别人不得开采。所有因让地方之一切费用由中国政府商订，并归公司支给。所产粗油按一千分之十五分报效中国政府，在产油场所交纳。

第七条　此合同所开各条款，应俟美孚所派之专门家探查报告，经美孚认可，始能有效。

第八条　如中国政府欲在美国办理债项，美孚公司应允暗中帮助。

第九条　此合同缮具汉、英文各四份，如有疑义，以英文为准。

中华民国三年二月十日

西历一千九百十四年二月十日

王铁崖编《中外旧约章汇编》（二），生活·读书·新知

三联书店，1959，第 183、1005～1007 页。

2－2　中美石油公司新合同草案

1914 年

谨拟中美石油公司新合同草案，录呈钧核。

本契约之当事人，第一方面为中华民国农商部总长周自齐、筹办全国煤油矿事宜处熊希龄中政府。第二方面为美国纽约州美孚油公司，以下省称美孚公司。第三方面为依据美国德拉维亚州法律组织之美煤油公司，以下省称煤油公司。因一千九百十四年二月十日，中华民国政府与美孚公司所缔合同，以下省称原合同。规定组织一煤油公司，以便开采中国直隶、陕西两省某某油石，并将由此取得之煤油及其生产物，制造售卖。又因原合同期限已满，中政府特别通融，仍予以商榷之余地，又因美孚公司请求中政府，扩张原合同所授予陕西省权利之范围。又因美孚公司于勘矿以后，对于直隶省有无供商业需要之油产存在，颇存疑虑，故请求中政府商议，能否另给他省权利，以代直隶省之权利。又因中政将出自特别友谊，愿扩张陕西省之权利花围，并准给□□省中，如下文所述之权利，以代直隶原有权。又因须将原合同所规定权利特权，按照现时变更情形，授于煤油公司，并须将原合同所明示隐示，关于煤油公司应行享有之权利转权各条件详细决定，并须将煤油公司种种责任明定范围。又因中政府依□□年□月□日大总统命令，特设筹办全国煤油矿事宜处，以下省称油矿处，管理全国油矿业务，并代表政府处理与此相关之一切事宜，兹于□□年□月□日订立本契约各条件如下：

一，根据后开各条件，中政府依孚公司之同意，授与完全权利于煤油公司，使得开采下列各油田，计开：甲、位于陕西省境内之渭河以北所属各地方；乙、位于直隶省境内之□□部。

二，本契约第一条所揭之完全权利，系指在上开两煤田内，充分生产制造并分配石油及其生产物，又因各该油田之最佳利起见，得以其他方法经营之。

三，煤油公司享有受准许权利之时期，系由原合同成立之日起算，扣满六十年为止。但依本契约下文规定（第二十条），亦得早日终止之。当原定期限或早日终止之期限已届，各该油田及油田上所有机器、房厂及公司各种产业之在油田者，一律缴纳油矿处，无须给以赔偿，且得任意处置之。

四，中政府对于煤油公司应授与下列各种之便利：

甲，以履行本契约所必需之各种通行状或准许状，于应用时，发给或使发给于煤油公司。

乙，以油产地间及由油产地可以通航水道或铁道，应行需要之铁道大路及导管线建筑权，随时授与煤油公司或为其请得之。

丙，对于煤油公司业务上随时应行需要之土地使用权，及道路通行权，应代为取得授与公司使用。

丁，代煤油公司收用所有油井主人之权利，遇有争执时，并为其商定赔偿之条件。

戊，颁布规则，禁止他人不得在煤油公司矿区范围以内开采油矿，如于必要时，并为其商订赔偿之条件。

前项责任遇有与条约，或他人之取利权利，或中国现行法律之规定有冲突时，油矿处得不履行之。

本条约所指之各种工程之详细计划，应依通常办法，先行禀呈油矿处，转咨交通部或其他该管官厅，并经其核准。

以前各项之铁道、导管建筑费，土地或道路通行权之取得费，原有采油家权利之收用费，油地主人被禁辍业者之赔偿费，以及关于上述各事或任一事之代价及经费，皆均由煤油公司担任。

五，煤油公司之资本为美金□□□元，分为□□□股，每股□□元，股东之责任有限，所谓责任有限者，即除股本未交足，当然须补足外，公司倘有亏蚀，不得股东分任债务。

六，甲，煤油公司因受有上述各种权利，应将该公司付足股本之股份□□股，每股票面价值□□元，交与中政府。又将来该公司如须增加资本，仍应以付足股本之股分交与中政府，数目等于所增资本额面百分之三十七分半，俾中政府时时可得该公司营业净利百分之三十七分半，而对于该公司所遇之损失完全不负责任。

乙，除前项股分外，煤油公司应将原股本及增加股本百分之七分半，提出于中政府，任其认购，并许以期限二年，俾中政府认为必要时，得向中国资本家招集股分。

丙，甲项所指之赠与股分，及乙项所指中政府或中国资本家所购之股分，应记明只可让售于中国人，其余股分各国人均可购买，中国人亦在内。

丁，美孚公司与中政府约定，认购煤油公司原股本暨增加百分之五十五，但依本契约二十条规定，所有美孚公司偿还中政府之款项，及煤油公司组织证书成立以前，美孚公司所支出之堪矿费，均认为美孚股本曾经缴付之一部分。美孚公司又与中政府约定，凡乙项所指股本，未经中政府或中国资本家认购之部分，皆由美孚承受，但此项剩余股分，须二年限满后，立刻购买，或在限内，经中政府声明，政府及中国资本家均不愿购买时，美孚得购取之。

戊，如依美国德拉维亚州法律规定，本条甲项交与中政府之股分或其一部分，须以现金购买，则美孚公司与油矿处中政府约定，由该公司备资缴足，以履行原合同之规定。又如股东有限责任，不能依据德拉维亚洲法律而得充分保障，则美孚公司对于本条甲项赠给中政府之股分，愿代中政府担一切之损失。

己，甲项所揭之净利，系指煤油公司每年收入，除去该公司营业账册上之一切经营费用，此项费用，系照该名词之严格解释。其该公司资本账册上之费用，或因贷借款项，或发行社债随时所付之利息，不得包括在内。

七，煤油公司除经中政府准许外，对于业经授与之权利，连油田上之房厂、机器不能有处分之权，修理及改新等事不在内。如该公司欲行使该公司组织证书或章程所保留之权利，发行社票券或以其他方法募借款项，不得将上述权利及产业作为抵当，或使之负责。

八，煤油公司应按采油地方生煤油之价值，以其百分之一分半报效政府，此项报效金，应由煤油公司缴交油矿处中政府。

九，甲，煤油公司须经董事九人管理，其中四人须由油矿处中政府选派，其余董事应依寻常办法，由股东大会选举。

乙，除在美国设立各级事务所外，煤油公司须在北京设立一事务所，凡该公司在中国境内之事务，悉归其管理，管理此事务所之董事，中国人须得半数。凡煤油公司各种事务，必须经过此事务所，该所实为在美国之总事务所及该所及该公司在中国营业间之唯一交通机关，在该所之中，应保管煤油公司中英文账册，以及该公司较要文件之副本及译本。

十，按照开滦煤矿先例，应由中国政府任命煤油公司督办一人，随时视察保护公司业务之进行，并报告于中国政府，该督办薪水应由煤油公司支给之。

十一，煤油公司在中国境内应以交通银行及中国银行为其委托之银行，凡中国境内一切营业，以及中美两国间汇兑，连同各种对外营业之款项汇划，以及该公司在中国境内随时之款项存储事宜，若其价格或取费系照其时其地之通常行市者，皆由该两银行办理之。

十二，煤油公司应于其营业中多雇中国职员，而关于采油、制油、建筑铁道、敷设导管及其他技术上之业务，尤宜雇此项人员为宜。凡事实上可能办到，该公司应广罗欧美大学及专门学校毕业生，或有经验学识之中国人，以资臂助。凡该公司所雇工人，应为中国人。

十三，煤油公司应将其产品以同一价格不分轩轾爱憎，批发于随时志愿担任分销之各公司、商店或个人，其用意乃在奖励中国人设立及发达其分销公司或商店，此类中国商人既受上述公平竞争之条件，应准其享有各种便利，以圆满达其需要。油矿处如查得煤油公司之营业方法，有危害本条之用意时，得自由禁止之。又有权得限制或禁止该公司预卖其产品，如该公司未得油矿处之许可，预将其合共三个月以上之出产品之一部或全部，立约售出，或与人以尽先权购买其产品，油矿处得取消其契约。但上述规定，不得视为有剥夺该公司自设分销机关以分销其产品之解释。

十四，煤油公司应于采油、制油之主要地点，设立学校或发行校外讲义，期以最近最佳之采油制油暨其他方法，以及关于油业种种情事，就理论上及事实上教授中国学生，并养成此等人才以为煤油公司效力，或油矿处决定之他种任用，酌委以他处之职务。

十五，煤油公司如不致有背德拉维亚州法庭及他美国法庭之治权，应遵守中国政府之法律暨矿业条例及税则，但本条所规定，不得视为有免除该公司完纳随时通行之通过税，及他税之义务。

十六，煤油公司凡购买机器材料，须用投标方法，如中国货物与美国或他国机器货物品质相同，而在使用者地方安设之价值亦复相同，则当尽先向中国购买。

十七，战时所需煤油，与平时军用目的所需之煤油及副产物随时由中国政府定购，煤油公司应供给之，此项命令对于该公司之其他义务有优先权利，应从速履行之。

十八，如经中政府许可设立其他与煤油公司同类之公司，如此类公司自相竞争或与煤油公司相竞争时，油矿处得核定一划一油价，令此类公司及煤油公司遵守，以免中政府负担损失，如竞争全部停止或一部停止时，油矿处得随时划定油价，俾人民不致受亏。

十九，煤油公司因享有受与权利及特权之故，应与油矿处约定担任下开各事。

甲，担任在陕西省内于本契约成立后六个月内，实行开工。在□□省内，十八个月内实行开工，此项开工，非指勘矿、测量而言。

乙，担任将其随时获得之矿区内取出及蕴藏之油产，按照当时最佳之方法开采精制及分布之，又将该油田尽量开采，以尽科学家之观测力，及一般经营家之冒险心所能达到者为度。又将所授有之完全权利，就各方面推行谨遵第三条之所规定。

丙，遵守及履行本契约加于煤油公司之一切条件责任，无论其为明示者为隐示者。

丁，推行上述之业务，以谋煤油公司之最佳利益，其董事诸人之唯一注意，应在夫公司之利害关系。

二十，因上述各理由，美孚公司与中政府约定，由该公司尽力扶助煤油公司，推行本契约所指煤油公司之义务。又中政府前因勘矿时所垫付机器及他种之费用，截至煤油公司证书成立之日止，由美孚以现金偿还。

二十一，如煤油公司或美孚公司不能履行或遵守本契约之任一条件，中政府有权以文书通告，限于不超过六个月之某时期内将此条件履行，如仍继续不肯履行，则中政府有权将所授与之权中止之。

二十二，如煤油公司于准许期限届满以前，因油田采尽或有其他原因，以致停止开采者，则该公司所享之权利应认为业已终止。

二十三，甲，美孚公司不得放弃其根据本契约或原合同所负之责任，但此项规定并无阻止美孚公司不得依寻常推广方法而改组之意，不过此项责任应由如是改组之公司承任之。

乙，如将来中国政府将油矿处之职务全部或一部归并于他机关时，该机关即应视为油矿处代替者。

二十四，现经三方面同意并声明，自兹以后，原合同之效力应以本契约更替之。惟关于美孚公司之责任，未于本契约内明示者，则原合同对于美孚公司仍有裁制之效力。

二十五，如关于本契约内容事项或发生事项，致有问题或争端，随时起于油矿处或中政府一方面，与煤油公司或美孚公司他方面之间，则此项问题或争端，应交由两公断人裁判，此项公断人，一由中政府委派，一由美国驻华公使委派，如公断人不能解决，则由两公断人合同选派另一仲裁人，将彼此意见交其决定，如公断人对于仲裁人不能同意派定，则中国政府及美国驻华公使会同请求他国公使，以友邦资格代为指定一仲裁人，此项仲裁人之决定，即为最后决定，对于两方均有强制之能力。

二十六，如煤油公司证书及章程中各条文，以及行使各该条文时，有与本合同有冲突之处，不得以中政府曾承认该证书及章程之故，致将本合同为所压倒，如遇有前项冲突时。本合同应视为最上势力之文件。

二十七，契约用中、英文字各制成四份，两份存中国政府，美孚及煤油公司各执一份，如有疑义时，以英文为准。

周秋光编《熊希龄集》（五），岳麓书社，2008，第 245~252 页。

3-1　广东省煤油贩卖业营业税征收章程
廿一年六月三十日省府第六届委员会第二百次会议通过

第一条

本章程系在广东省营业税征收章程第四条物品贩卖业之油类业内提

出煤油贩卖业，参酌营业税局征收贩卖煤油商店营业税之现行办法另订之。

第二条　课税范围

凡在广东省内，无论中外商民，设有一定之商铺或营业场所，继续为煤油之营业者，规定直接向美孚亚细亚德士古三公司或其他类于该三公司之油煤公司，暨在广东者内开设之土制煤油厂领油发卖之商店场所，均称为煤油总代理，此等总代理，准依照民国二十年四月二十四日财政部行广东省政府之咨案，认其为纯粹之批发商店，免其课征营业税。凡煤油公司及制煤油厂，所有煤油只准直接卖于总代理，即纯粹之批发商店，不准卖于其他商店及用户，凡纯粹之批发商店，即总代理，所代理之煤油，只准卖于贩卖之商店，不准直接卖于用户，凡向总代理买煤油贩卖之商店，无论其为分代理或非分代理，专营或兼营，一律称为煤油贩卖业零售店，此等零售店均负依章报纳营业税之责任。

第三条　课税标准及税率

凡总代理将比重表四十五度以上煤油卖于零售店时，均由零售店暂按每十加仑计（即一箱或两罐）报纳营业税国币一元。凡总代理将比重四十五度未满三十九度以上煤油卖于零售店时，均由零售店暂按十加仑计（即一箱或两罐）报纳营业税国币二元。凡报纳煤油贩卖营业税之国币、照通案加三十计算、以毫银申缴。凡应纳煤油贩卖业营业税之零售店，均按买卖成交次数，将营业额（即是去向总代理买入煤油之种类数量）即时申报于总代理所在地之煤油贩卖业营业税分局，随同申报书缴纳税款。

第四条　机关设置及稽征方法

广东财政应附设广东全省煤油贩卖业营业税总局（下文省称总局）督办全省煤油贩卖业营业税征收报解事宜。凡煤油公司及土制煤油厂自本章程公布实行后，均于通知后一星期内总局申报请领营业证，同时将该公司或该厂已设油仓或总代理之地名列报，如继续增设亦继续列报。凡煤油公司或土制煤油厂设有储蓄煤油之仓者，（或池或船均作仓论）均由总局于该地附近派驻稽查油仓专员专办稽查仓油出入，填发连单事宜，其办理章则另定之。凡煤油公司或土制煤油厂设有总代理之地方，均由总局组设该地煤油贩卖业营业税分局，办理征税事宜，其章则另定之。凡煤油公司或土制煤油厂所列报之总代理，均须向当地之煤油贩卖业营业税局分局申报请领营业证。各总代理所代理某公司或某厂之某唛头煤油，须先向当地之煤油贩卖业营业税分局报明登记，方准代理。各总代理向某公司或某厂起运煤油时，须先向该公司或厂之该管稽查油仓专员报领运单，方准出仓起运，油与运单不准相离，此运单照章粘贴印花不另纳费。各总代理将煤油运抵代理处所时，须报经营地之煤油贩卖业营业税分局验明缴销运单，换贴验讫证，方准存储批发，此验讫证每张收手续费毫洋一分，不另收费。前第二条第四项所称之零售店，依照前第三条第四项之规定申报纳税时，须将该煤油总代理之批发单据与申报书同时缴请分局核验相符，加盖验讫截记、即时将单据发送，经核验完税之煤油即任由各零售店如何贩卖，不问所之。凡煤油公司或土制煤油厂之油仓，及与油仓存油发油有关系之簿据，暨各总代理存储煤油处所，及与存入煤油发出煤油有关系之簿据，煤油贩卖业营业税总局暨当地分局或该管之稽查油仓专员所派出之检查员，凭未逾时效之检查印令，得随时依照令开事理施行检查。

第五条　违章瞒漏罚则

凡广东省内之煤油公司或土制煤油厂，暨各公司各厂所委托之总代理，及直接向各总代理贩卖煤油之零售店，如有不遵照本章程办理者，应先勒限遵办，若逾限不办又不于限期内呈明故障，或所呈故障之事由，实含有违抗性者，得制止其营业。凡煤油公司或土制煤油厂暨各公司各厂所委托之总代理，如有违反本章程第二条之第二第三项规定，将煤油直接卖于用户者，一经查获，除将油全数充公外，并处以一百元以上五千元以下之罚金，凡向各总代理贩卖煤油之零售店不依照本章程规定瞒漏营业税者，一经查获、除将油充公外、并处以税额三倍以上二十倍以下之罚金。除各公司各厂各总代理各零售店违章瞒漏，应照前两项之规定处罚外，其他商民如有走漏本章程应征之营业税者，一经缉获，照财政应处理走漏其他税捐之章案办理。

第六条

本章程实行时，广东省营业税征收章程第四条物品贩卖业表所列油类业，即将煤油业除外。各营业税征收局对于专营煤油贩卖业之商店，即停止征税，如有其他贩卖业兼营贩卖煤油之商店，仍照其他贩卖业营业税之规定征收。

第七条

本章程由广东省政府议决，于公布日施行，如有修改由广东省财政厅呈 广东省政府核准修改之。

《广东省政府公报》1933 年第 229 期。

3-2　美孚火油公司、亚细亚火油公司、德士古火油公司与广东省政府财政厅互订预缴煤油营业税款合约

1936年2月26日

美孚火油公司、亚细亚火油公司、德士古火油公司与广东省政府财政厅互订预缴煤油营业税款合约。

（一）美孚火油公司、亚细亚火油公司、德士古火油公司联合预缴广东全省煤油营业税款港币五百万元交与广东省政府财政厅核收。

（二）广东省政府财政厅规定广东全省煤油营业税率每两罐即十美加

仑征收大洋三元法币伸合广东省定毫洋法币（以下简称法币）（将来法币如有变更时，照广东各种税捐所缴纳之法币同等办理）三元九角，无论华商煤油厂或外商煤油公司均照规定税率（即两罐十美加仑征收大洋三元）划一征收不得退税，并于每次应缴纳税款时即以现款缴纳，不论时间久暂，均不得挂税及用任何名义补助华商煤油厂及外商煤油公司。

（三）广东省政府财政厅规定华商煤油厂或外商煤油公司凡运购在华氏寒暑表六十度时保米表（法译 Beaume）二十五度以上向来制造煤油之原料柴油（英译 Distillate）（以下简称原料油）均应先行向广东全省煤油营业税总处或分处领取运照方许进口。广东省政府财政厅于中华民国二十四年十二月一日规定华商煤油厂每月领运照运入保米表二十五度以上之原料柴油，每月额定不得超过八百吨俾资调节市场之通告内载之限额不得增加。凡制造煤油之土场必须按照民国二十二年十月十四日所颁布之法令。曾经领有设厂证及营业证乃许制造，但土场购运之原料柴油无论直接间接除洋商煤油公司外，全省总额每月不得超过八百吨之数。

（四）凡华商运运柴油商号只准领取在华氏寒暑表六十度时保米表二十五度以下之燃料柴油（英译 Riguid Fw）运照不得领取，二十五度以上之原料柴油运照并无论华商煤油厂及外商煤油公司及华商营运柴油商号如运入保米表二十五度以下之低力度柴油或偈油或其他油类掺入可制煤油原料、可能制成煤油发售，希图瞒税款者，无论在何时何地发觉，即照原料柴油征税并科罚金，其用作机器燃料之柴油，在保米表二十五度以下者免税。

（五）煤油营业税征收标准规定原料柴油在保米表二十五度以上规定每一吨（二二四零磅）可能制成煤油五十八罐（每罐五美加仑）为计算征收标准。无论华商煤油厂及外商煤油公司于购运原料柴油入口时即须报明当地煤油营业税，总处或分处报明购运数量，照每吨五十八罐每两罐十美加仑税率大洋三元推算，同时缴纳税款并向煤油营业税总处或分处照所报罐数领用检验证并照数加一一领用，以资弥补废烂损失。（例，如报纳原料柴油一百吨即五千八百罐，领用检验证五千八百枚加一数，六百三十八枚共领六千四百三十八枚），如非用作制造煤油者，无论如何用途均须一律照征税标准纳税，惟不给发检验证。

（六）华商煤油厂及外商煤油公司于制成煤油后均得以罐装或散装发售，俾应市场需要，但发售罐装煤油应以检验证粘贴罐面发售，散装煤油应照罐数以检验证随行作证明完税标志。

（七）对外贸易委员会所收之煤油进口登记费每吨大洋六元，不得增加及不得补回华商煤油厂及外商煤油公司，以示平等。

（八）此项预缴煤油营业税款由预缴税款之美孚、亚细亚、德士古三火油公司美百元扣除利息六元，此项利息于交付款项时由三火油公司一次过扣除之。

（九）此项预缴税款无论每次所缴纳之税款若干，均应扣抵四分之三（例如纳税款三元扣抵二元二角五仙），由抵扣之日起一年为期。如届一年期满仍扣抵不足则此后每次所缴税款得全数扣抵至扣足预缴税款数目为止。

（十）此项预缴税款在未扣抵清楚以前如有特别情形及其他事故，广东省政府财政厅有取消广东全省煤油营业税时其未扣抵清楚之预缴税款，无论数目若干应由广东省政府财政厅于取消。此税之日起一个月内以现款清偿。

（十一）扣抵税款大洋一元伸合法币一元三角，再以是日广州市银市早市众盆港币价格为标准，以法币伸合港币计算（例如某日某公司应缴纳税款大洋四万元，全数伸法币五万二千元，是日港币伸法币早市众盆为加四则，某公司将应扣抵四分三之税款。大洋三万元即法币三万九千元伸合港币二万七千八百五十七元壹角四仙三文。某公司即缮具收到广东省政府财政厅还回港币二万七千八百五十七元一角四仙三文，凭据一纸连同现款法币一万三千元交营业税总处或分处核收，即由营业税总处或分处发给缴到大洋四万元收据交某公司收执）。每月终将抵过税款若干及尚欠未偿之数列表交三公司核对。

（十二）柴油入口纳税后如将制成之煤油转运出省外应准将税款照规定之数每十美加仑大洋三元之税率计算退回，若系转运本省内商埠，应由总处发给运照以免重税。

附　则

（甲）此约由双方签字之日起，即由三大火油公司将已经扣除息金之港币四百七十万元银行支票（全款为五百万元，先扣每百元利息六元之息金三十万元，实得四百七十万元）交与广东省财政厅核收。广东省政府财政厅即将印收交三火油公司收执为据。俟广东省政府财政厅将支票向银行取得此款，即准三火油公司将新约之预缴税款扣抵。

（乙）此约经双方签字之后即将中华民国二十三年九月二十八日双方所签订之旧合约及印收核对清楚，注销作废。

（丙）此约分缮四份，广东省政府财政厅存一份，美孚、亚细亚、德士古三火油公司各存一份。

美孚火油公司

亚细亚火油公司

德士古火油公司

广东省政府财政厅厅长

中华民国二十五年二月二十六日

广东省档案馆藏，广东省政府财政厅档案，档案号 004－001－023－004－053。

3-3　美孚等致广西财政厅要求清还1936年
广西煤油预缴税款函
1948 年

　　敬呈者。案查公历一九三六年三月二十一日，敝美孚、亚细亚、德士古煤油公司曾与贵省政府订立合约，由敝三公司预缴运入广西煤油税款港币一百五十万元。该约细则业已详载梧州区税捐稽征局致敝美孚公司公函所附之征收煤油税办法内，其第四款指明，三公司运入煤油或原油，每次应缴税款准在预缴税款内扣还该税二分之一，另收现金二分之一。又，第七款载明，每届月终，由贵省政府填表交给三公司，列明该月内应扣还预税若干，尚欠未扣还者若干。迨至一九四一年六月三十日止，六年内依照一九四一年十二月二十三日贵省政府列表，尚欠应还敝三公司预税港币四十九万五千四百一十四元九角三分。兹将原函撮映附呈，敬乞察阅。又，准钧厅致敝美孚公司不书月日函内开"查本省自三十年六月以后至十二月各月份，贵公司均无煤油进口，因无是项税款收入，无从列表送达"等语（附呈影片），窃以贵省政府应还敝三公司预税仍为港币四十九万五千四百一十四元九角三分，前以地方情形紊乱，故敝三公司从未向贵省政府申请发还。兹以四海承平，百业待兴，敝三公司深冀贵省政府惠将上项预税港币四十九万五千四百一十四元九角三分早赐颁掷，俾清账务。复窃查此项预缴税款，贵国国民政府亦当同负责任。然敝三公司现向贵省政府办理，则较为直接。尤盼能及早完满解决，以清手续，殊属感谢。然敝三公司对于贵国国民政府一切权利，未能放弃。如必要时，仍将径行请其清理。理合备文呈请察核办理，实感德便。

谨呈 广西财政厅厅长。

香港美孚公司总经理裴雅新

香港亚细亚火油公司总经理克德阑

香港德士古煤油公司总经理鲍维尔

广西区档案馆藏《美孚石油公司驻桂机构档》，L66－1－234。

5－1　美孚1946年左右在中国所设办事处

Main Offices 主要办事处	Wade－Giles 英文名称	Pinyin 拼音	Chinese 中文名称
Territory office 区域办事处 District office 地区办事处	Tsientsin	Tianjin	天津
	Moukden	Shenyang	沈阳
	Dairen	Dalian	大连
	Peiping	Beijing	北京
Territory office 区域办事处 District office 地区办事处	Tsingtao	Qingdao	青岛
	Chefoo	Yantai	烟台
	Tsinan	Jinan	济南
	Chengchow	Zhengzhou	郑州
	Sianfu	Xi'an	西安
Division office 分区办事处 District office 地区办事处	Shanghai	Shanghai	上海
	Soochow	Suzhou	苏州
	Nanking	Nanjing	南京
	Chinkiang	Zhenjiang	镇江
	Hangchow	Hangzhou	杭州
	Ningpo	Ningbo	宁波
	Kiukiang	Jiujiang	九江
Territory office 区域办事处 District office 地区办事处	Hankow	Wuhan	武汉
	Changsha	Changsha	长沙
	Shasi	Shashi	沙市

续表

Main Offices 主要办事处	Wade-Giles 英文名称	Pinyin 拼音	Chinese 中文名称
Territory office 区域办事处 District office 地区办事处	Ichang	Yichang	宜昌
	Wanhsien	Wanxian	万县
	Chungking	Chongqing	重庆
	Haimen	Haimen	海门
	Wenchow	Wenzhou	温州
	Foochow	Fuzhou	福州
Territory office 区域办事处 District office 地区办事处	Hong Kong	Hong Kong	香港
	Amoy	Xiamen	厦门
	Swatow	Shantou	汕头
	Macao	Macau	澳门
Territoryoffice 区域办事处 District office 地区办事处	Canton	Guangzhou	广州
	Kongmoon	Jiangmen	江门
	Wuchow	Wuzhou	梧州
	Liuchow	Liuzhou	柳州
	Kunming	Kunming	昆明
	Bayard	Zhanjiang	湛江
	Hoi How	Haikou	海口

香港美孚石油公司编《先锋与典范——美孚在中国的一百年》，附录Ⅵ。

5-2　美孚战前和战后进口石油价值表

单位：美元

1935 年	1936 年	1937 年	1946 年	1947 年	1948 年
5194900	6448100	6404700	24509000	19661550.6	12000000

根据中国第二历史档案馆藏，447（2）—161，B. L. Meyer to Oil Allocations Committee of the Temporary Import Control Board，January 8，1947. Exhibit A 和 447（2）—160，Table X，整理。

1. 1947 年指的是 1947 年度，从 1947 年 2 月至 1948 年 1 月，1948 年度指 1948 年 4 月至 1949 年 3 月。

2. 1935 年缺柴油数，1936 年柴油数字为 894 000 美元，1937 年为 769 000 美元。

3. 1948 年度值是根据档案 447（2）及四公司分配比例估计的美援期间的最少值。

征引文献

（一）未刊史料

广东省政府财政厅档案，广东省档案馆藏，全宗号004。

美孚石油公司广州分公司档案，广东省档案馆藏，全宗号67。

美孚石油公司驻桂机构档，广西档案馆藏，全宗号L66。

中国石油公司档，中国第二历史档案馆藏，全宗号317。

中国石油公司档（中油档案有多个全宗号），中国第二历史档案馆藏，全宗号52。

行政院输出入管理委员会档，中国第二历史档案馆藏，全宗号447。

中国油轮有限公司档，中国第二历史档案馆藏，全宗号467。

中国石油公司：《中国石油公司36年度上半年工作报告》，南京大学图书馆藏。

《行政院液体燃料管理委员会工作报告》，陕西省档案馆藏。

《蒋介石日记》（手稿本），美国斯坦福大学胡佛研究所档案馆藏。

资源委员会甘肃油矿局上海炼油厂档案，上海市档案馆藏，全宗号Q41

Foreign Office Files for China（英国外交部解密档案中国部分），FO371。

（二）已刊史料

陈谦平编《翁文灏与抗战档案史料汇编》（上），社会科学文献出版社，

2017 年。

广东哲学社会科学研究所历史研究室编《省港大罢工资料》，广东人民出版社，1980。

海关总署《旧中国海关总税务司署通令选编》编译委员会编《旧中国海关总税务司署通令选编》，中国海关出版社，2003。

江苏省商业厅、中国第二历史档案馆编《中华民国商业档案资料汇编》，中国商业出版社，1991。

刘坤一：《刘坤一集》陈代湘校点，岳麓书社，2018。

美国国务院：《美国与中国的关系——着重 1944—1949 年时期》下册，1949 年 8 月，美国国务院公共事务处出版科，中国现代史料编辑委员会 1957 年 9 月翻印。

上海社会科学院经济研究所：《英美烟公司在华企业资料汇编》，中华书局，1983。

上海市档案馆、财政部财政科学研究所编《上海外商档案史料汇编》，内部整理资料，1987。

王铁崖编《中外旧约章汇编》（第一册）、（第二册），生活·读书·新知三联书店，1957、1959。

吴景平、郭岱君主编《风云际会——宋子文与外国人士会谈记录（1940—1949）》，复旦大学出版社，2010。

吴景平、郭岱君编《宋子文驻美时期电报选（1940—1943）》，复旦大学出版社，2008。

香港美孚石油公司编《先锋与典范——美孚在中国的一百年》，香港，香港美孚石油公司出版，1994。

约翰·D·洛克菲勒：《洛克菲勒日记》，1880 年 9 月 17 日，文岗译，中国纺织出版社，2003。

赵德馨主编《张之洞全集》，武汉出版社，2008。

周振鹤总策划《中美往来照会集（1846—1931）》，广西师范大学出版社，
　　2006 。

中国第二历史档案馆编《中华民国史档案资料汇编》，江苏古籍出版社，
　　1991、2000。

中国第一历史档案馆等编《清代外务部中外关系档案史料丛编——中美
　　关系卷》，中华书局，2017。

秦孝仪主编《中华民国重要史料初编——对日抗战时期》，中国国民党中
　　央委员会党史委员会印，1981。

周秋光编《熊希龄集》，湖南人民出版社，2008。

Foreign Relations of the United States Diplomatic Papers（FRUS），1870 –
　　1953，Washington：Department of States Washington.

（三）中文著作

〔比利时〕让·雅克·贝雷比：《世界战略中的石油》，时波等译，新华出
　　版社，1980。

蔡鸿源编《民国法规集成》，黄山书社，1999。

陈锦江：《清末现代企业与官商关系》，中国社会科学出版社，2010。

戴鸿慈：《出使九国日记》，陈四益校点，湖南人民出版社，1982。

樊勇明：《西方国际政治经济学》，上海人民出版社，2001。

傅英主编《中国矿业法制史》，中国大地出版社，2001。

广州市地方志编纂委员会编《广州市志·工业志》（下），广州出版社，
　　2000。

〔加〕陈志让：《乱世奸雄袁世凯》，傅志明等译，湖南人民出版社，1988。

江红：《为石油而战——美国石油霸权的历史透视》，东方出版社，2002。

柯伟林：《中国战后计划——中国、美国与战后经济策略（1941 – 1948）》，
　　《孙中山先生与近代中国学术讨论集》，孙中山先生与近代中国学术讨

论集编辑委员会编印，1985。

勒费窝：《怡和洋行：1842—1895 年在华活动概述》，陈曾年等译，上海社会科学院出版社，1986。

梁启超：《新大陆游记》，湖南人民出版社，1981。

林利民：《遏制中国——朝鲜战争与中美关系》，时事出版社，2000。

刘畅：《美国财政史》，社会科学文献出版社，2013。

吕芳上主编《蒋中正先生年谱长编》，国史馆、国立中正纪念堂管理处、财团法人中正文教基金会出版，2014。

毛泽东选集编辑部：《毛泽东选集》（一卷本），人民出版社，1969。

〔美〕艾尔弗雷德·D·钱德勒：《战略与结构：美国工商企业成长的若干篇章》，孟昕译，云南人民出版社，2002。

〔美〕保罗·S·芮恩施：《一个美国外交官使华记》，李抱宏等译，商务印书馆，1982。

〔美〕丹尼尔·耶金：《石油风云》，东方编译所，上海市政协翻译组编译，上海译文出版社，1997。

〔美〕费维恺：《中国早期工业化：盛宣怀（1844～1916）和官督商办企业》，虞和平译，中国社会科学出版社，1990。

〔美〕费正清等编《剑桥中国晚清史》（下），中国社会科学院历史研究所编译室译，中国社会科学出版社，1985。

〔美〕高家龙：《中国的大企业：烟草工业中的中外竞争（1890—1930）》，樊书华等译，商务印书馆，2001。

〔美〕高家龙：《大公司与关系网：中国境内的西方、日本和华商大企业（1880—1937）》，程麟苏译，上海社会科学院出版社，2002。

〔美〕入江昭，孔华润编《巨大的转变：美国与东亚》，复旦大学出版社，1991。

〔美〕史蒂夫·科尔：《石油即政治：埃克森美孚石油公司和美国权力》，

杨蝉宇译，文汇出版社，2017。

〔美〕小艾尔弗雷德·D. 钱德勒：《看得见的手——美国企业的管理革命》，重武译，商务印书馆，1987。

默里·L. 韦登鲍姆：《全球市场中的企业与政府》，张兆安译，上海人民出版社，2002。

〔日〕久保亨：《走向自立之路：两次世界大战之间中国的关税通货政策和经济发展》，王小嘉译，中国社会科学出版社，2004。

斯坦利·L. 恩格尔曼、罗伯特·E. 高尔曼主编《剑桥美国经济史》（第二卷），王珏等译，中国人民大学出版社，2008。

孙瑞鸢编《三反五反运动》，新华出版社，1991。

汤志钧等编《梁启超全集》，中国人民大学出版社，2018。

陶文钊：《中美关系史》（第一卷），上海人民出版社，2020。

梧州市地方志编纂委员会编《梧州市志·经济卷（上）》，广西人民出版社，2000。

魏子初：《美帝在华经济侵略》，人民出版社，1951。

翁文灏著，李学通选编《科学与工业化——翁文灏文存》，中华书局，2009。

吴翎君：《美孚石油公司在中国，1870–1933》，台北，稻乡出版社，2001。

薛毅：《国民政府资源委员会研究》，社会科学文献出版社，2005。

薛毅：《英国福公司在中国》，武汉大学出版社，1992。

〔以色列〕谢爱伦：《被监押的帝国主义：英法在华企业的命运》，张平等译，中国社会科学出版社，2004。

玉门石油管理局史志编撰委员会编《玉门油矿史》，西北大学出版社，1988 年。

张公权著，杨志信摘译《中国通货膨胀史，1937—1949 年》，文史资料出版社，1986。

张小欣：《跨国公司与口岸社会：广州美孚、德士古石油公司研究（1900–

1952）》，暨南大学出版社，2011。

张仲礼、陈曾年：《沙逊集团在旧中国》，人民出版社，1985。

赵兴胜：《传统经验与现代理想——南京国民政府时期的国营工业研究》，齐鲁书社，2004。

资中筠：《追根溯源——战后美国对华政策的缘起与发展，1945—1950》，上海人民出版社，2000。

〔英〕桑普森：《七姊妹：大石油公司及其创造的世界》，伍协力译，上海译文出版社，1979。

（四）论文

陈开科：《抗战前期中苏交通线与苏联军事物资输华》，《俄罗斯学刊》2021 年第 4 期。

陈允耀：《关于煤油贩卖营业税》，政协广州市委员会文史资料研究委员会编《广州文史资料》第 16 辑，政协广州市委员会文史资料研究委员会出版，1965。

程麟荪：《论抗日战争前资源委员会重工业建设计划》，《近代史研究》1986 年第 2 期。

范心田：《我所知道的美孚公司》，中国人民政治协商会议全国委员会文史资料研究委员会编《工商经济史料丛刊》，文史资料出版社，1984。

冯翰伯：《广州沙面洋行旧话》，中国人民政治协商会议广东省委员会文史资料研究委员会《广东文史资料》（第 33 辑），广东人民出版社，1981。

《工商会议开会日刘总长演说词》，《工商会议报告录》，工商部，1913。

孔庆泰：《抗战期间中国石油工业的建立》，《历史档案》1989 年第 4 期，第 113 页；《国民党政府时期的石油进口初探》，《历史档案》1983 年第 1 期。

孔庆泰：《太平洋战争爆发前苏联对华军事援助述略》，《历史档案》1991

年第 1 期。

孔庆泰：《1927—1936 年帝国主义国家在华倾销石油史》，《历史档案》
　　1983 年第 1 期。

李嘉谷：《抗战时期苏联援华飞机等军火物资数量问题的探讨》，《近代史
　　研究》1993 年第 6 期。

罗志田：《北伐前期美国政府对中国革命的认知与对策》，《中国社会科
　　学》1997 年第 6 期。

吕昭义：《美孚、亚细亚、德士古在烟台设行经历》，载政协烟台市文史
　　研究委员会编《烟台文史资料》第七辑，1987 年 6 月。

苗利华：《美孚石油公司》，中国人民政治协商会议全国委员会文史资料
　　研究委员会编《工商经济史料丛刊》（第 4 辑），文史资料出版社，
　　1984 年。

吴景平：《抗战时期中美租借关系述评》，《历史研究》1995 年第 4 期。

张俊义：《南方政府截取关余事件与英国的反应（1923－1924)》，《历史
　　研究》2007 年第 1 期。

赵庆寺：《试论美国对外石油政策的形成（1941－1954)》，《史林》2010
　　年第 6 期。

中国第二历史档案馆选编《1946—1948 年石油制品进口》，《历史档案》
　　1983 年第 4 期。

（五）报纸

《申报》

（六）英文著作

Alice Tisdale Hobart, *By the City of the Long Sand*: *A Tale of New China*
（The Macmillan Company, 1926）.

Edward W. Chester, *United States Oil Policy and Diplomacy*, *A Twentieth-Century Overview* (Greenwood Press, 1983).

Hidy, Rallph W. and Hidy, Muriel E. , *Pioneering in Big Business* 1882 – 1911 (Happer & Brothers, 1955).

Irvine H. Anderson, *The Standard-Vacuum Oil Company and United States East Asian Policy*, *1933 – 1941* (Princeton University Press, 1975).

Thomas Donaldson, *The Ethics of International Business* (Oxford University Press, 1989).

美孚在华大事记

1866 年　海勒姆·邦德·埃弗里斯特与马修·尤因在纽约州罗切斯特创立真空石油公司。

1870 年　约翰·洛克菲勒在俄亥俄成立标准石油公司。

1879 年　标准石油公司收购真空石油 75% 股份。

1880 年　苏州等地禁用煤油。

　　　　一家名为"中国及日本贸易公司"的美国公司利用船只，将标准石油公司的产品引进上海。

1882 年　洛克菲勒将数家公司组合成标准石油信托，总部设在纽约。

　　　　8 月，纽约标准石油公司成立。

20 世纪 80 年代中期开始在亚洲设立驻外站。纽约标准委派第一批当地代理商。

1892 年　纽约标准在上海开设办事处。

1895 年　纽约标准首次在香港设立正式办事处；真空公司在香港开设办事处。

1896 年　总共 13800 箱纽约标准煤油从美国由水路运送至远东区。

1898 年　真空公司在上海开设办事处。

1901 年　纽约标准购入浦东区一块地皮，兴建仓库、码头、油缸、机械店铺及住宅楼房。

在武汉开设办事处。

1906 年　美孚灯引进中国。

1911 年　美国最高法院下令解散标准石油信托。

1912 年　纽约标准运油船队的旗舰"美孚"号正式下水。

1913 年　纽约标准上海办事处的润滑油业务部首次聘用推销员及建立自己的运油船队。

1914 年　中华民国政府与美孚签订《中美合资创办石油公司合同》。

1922 年　美孚上海首家加油站开幕销售 Pratt's Motor Spirits，这是中国第一家加油站。

美孚玻璃厂开始投入生产，首年年产量达 150 万支透气道。1924 年，年产量增至 400 万支。

1926 年　纽约标准出产的汽油引进上海。

首家纽约标准油站在九龙开业。

纽约标准的散装石油货船"美峡"号下水。

1927 年　纽约标准在上海推出首项全面汽油推销计划。

1928 年　首个纽约标准油站在中环开业，并采用"美孚"作为商号名称。

1929 年　美孚与南京国民政府签订《中华民国政府与纽约美孚石油公司关于关税税率修改和合并煤、汽油特税的合约》；纽约标准将散装汽油引进上海；美孚蜡烛厂在上海建成。

1930 年　纽约标准在香港设立油库，位于荔枝角。

1931 年　纽约标准全盘收购真空石油，并改名纽约标准真空公司。

1933 年　纽约标准真空与新泽西标准石油将各自在远东区的设施合并，组成标准真空石油公司。

1934 年　纽约标准真空成为纽约标准真空石油公司。

1937～1945 年　Panay 事件标志着纽约标准船队在长江船行时代的

结束。

日本入侵中国及第二次世界大战严重影响公司的运作。

1946 年　标准真空设于香港的办事处重开。

1947 年　标准真空进口中国的石油产品总额超过战前。

1950 年　朝鲜战争爆发，美国公司对华贸易遭禁止。

中国政府对美孚实行军事管制。

1953 年　中国政府批准美孚上海总公司歇业。

1955 年　标准真空石油公司改为纽约标准美孚石油公司。

1960 年　Mobil Petroleum Company 成立，专责管理纽约标准美孚在标准真空的百分之五十的投资。

1962 年　标准真空解体。

1964 年　香港美孚石油公司成立。

1966 年　公司名称改为美孚石油公司。

1967 年　香港青衣油库建成，取替荔枝角油库。

1968 年　美孚香港新村第一期兴建完成。

1973 年　美孚代表赴中国大陆重建商业关系。

重要人名机构中英文对照表

Alice T. Hobart	爱丽丝·蒂斯代尔·霍巴特
C. E. Meyer	麦雅
Chang Kia-Ngau	张嘉璈
Charles Denby	田贝
Chen Yi	陈毅
Exxon Mobil	埃克森美孚
G. C. Hanson	汉森
Goold	古尔德
Grew	格鲁
H. L. Schultz	舒尔茨
Henry D. Collier	科利尔
Hombeck	霍恩贝克
Huang Ku Chu	黄旭初
J. F. Newman	刘懋恩
J. M. Hansen	汉森
John Carter Vincent	文森特
John D. Rockefeller	约翰·洛克菲勒
John Leighton Stuart	司徒雷登

Johnson	詹森
JosephCullinan	乔瑟·柯利南
Manmohan Singh	曼莫汉·辛格
Marcus Samuel	马库斯·塞缪尔
Paul S. Reinsch	芮恩施
P. W. Parker	帕克
Philip Fugh	傅泾波
Robert Hart	赫德
Saburo Kurusu	来栖三郎
T. C. Bushnell	布许耐尔
T. F. Bayard	贝阿德
Tam Sai Fan	谭世勋
Thornwell Haynes	黑纳斯
Tse-ven Soong	宋子文
W. C. Watson	屈臣
Walden	沃尔登
Walter C. Teagle	蒂格尔
W. E. Bemis	比密斯
WilliamD. Rockefeller	威廉·洛克菲勒
William Herbert Libby	利比
William Lockart Clayton	克莱顿
William Woodville Rochhill	柔克义
Wong Wen Hao	翁文灏
Anglo-IranianOil Company	英伊石油公司
Anglo-Persian Oil Company	英－波石油公司
Arabian American Oil Company，Aramco	阿美公司

Asiatic Petroleum Company	亚细亚石油公司
Associated Oil Company	联合石油公司
British Petroleum	英国石油公司
C. Melchers and Company	美最时洋行
China-America Council	美中委员会
Chinese Petroleum Corporation	中国石油公司
Caltex Oil Company	战后在华德士古的另一英文名
Exxon Corporation	埃克森公司
Exxon-Mobil Corporation	埃克森美孚公司
Jardin & Matheson Co.	怡和洋行
Liuchow Military Control Committee	柳州军管会
Military Control Committee	军管会
Mobil Oil Corporation	纽约标准美孚石油公司（1966 年后英文名字）
Mobil Oil Hong Kong，MOHK	香港美孚石油公司
Mobil Petroleum Company	美孚石油公司
Oil Allocations Committee of the Temporary Import Control Board	输入临时管理委员会石油管理委员会
Rio Grande Oil Company	奥格兰德公司
Rising Sun Petroleum	旭日火油公司
Royal DutchPetroleum Company	皇家荷兰石油公司
Royal/ Shell Group	皇家/壳牌集团
Standard-Vacuum Oil Company，Stanvac	标准真空石油公司
Shanghai Electric Power Company	上海电力公司
Shell Transport and Trading Company	壳牌运输和贸易公司
Socony Mobil Oil Company	纽约标准美孚石油公司
Socony Vacuum Oil Company	纽约标准真空石油公司

Standard Oil Company	标准石油公司
Standard Oil Company of New Jersey	新泽西标准石油公司
Standard Oil Company of New York	纽约标准石油公司
Standard Oil Trust	标准石油托拉斯
Texas Co. China, Ltd	德士古中国股份有限公司
the Affairs Office	中共外事办
the Caltex Oceanic, Ltd	德士古太平洋公司
the China Tanker Company, CTC	中国油轮公司
the Economic Cooperation Administration, ECA	联合国经济合作总署
the National Foreign Trade Council	对外贸易委员会
The Ralph M. Parsons Company	帕森斯公司
The Shell of China	战后亚细亚石油公司在中国英文名
United States Department of State	美国国务院
Universal Oil Products Company	美国环球炼油公司
Universal Trading Corporation	世界贸易公司
Vacuum Oil Company	真空石油公司
Wuchow Sandard-Vacuum Oil Company	梧州公司

图书在版编目（CIP）数据

美孚石油公司与中国政府：1870－1953 / 陈礼军著
. —— 北京：社会科学文献出版社，2023.9
ISBN 978－7－5228－2124－5

Ⅰ.①美…　Ⅱ.①陈…　Ⅲ.①石油工业－工业史－研
究－美国－1870－1953②中美关系－对外经济关系－研究
－1870－1953　Ⅳ.①F471.262②F125.571.2

中国国家版本馆 CIP 数据核字（2023）第 136289 号

美孚石油公司与中国政府（1870－1953）

著　　者 / 陈礼军

出 版 人 / 冀祥德
组稿编辑 / 陈凤玲
责任编辑 / 李真巧　宋淑洁
责任印制 / 王京美

出　　版 / 社会科学文献出版社·经济与管理分社（010）59367226
　　　　　　地址：北京市北三环中路甲 29 号院华龙大厦　邮编：100029
　　　　　　网址：www.ssap.com.cn
发　　行 / 社会科学文献出版社（010）59367028
印　　装 / 三河市龙林印务有限公司

规　　格 / 开　本：787mm×1092mm　1/16
　　　　　　印　张：18　字　数：241 千字
版　　次 / 2023 年 9 月第 1 版　2023 年 9 月第 1 次印刷
书　　号 / ISBN 978－7－5228－2124－5
定　　价 / 99.00 元

读者服务电话：4008918866